中外管理 出品人◎杨光

中国造隐形冠军系列丛书
HIDDEN CHAMPION IN CHINA SERIES

太平洋精锻的故事与哲理

STORY & PHILOSOPHY OF PACIFIC PRECISION FORGING

任慧媛 杨光 ◎ 著

围绕一个小小齿轮，从 10 年连亏濒临破产，到 20 年全行业率先上市

到 30 年成为"中国造隐形冠军"

中国翘楚，世界领军，全球"好汽车"的标配

同时，它以海纳百川与精益求精，矢志锻造"中国工业文明"

30 年的工业精彩与商业智慧，尽在 118 个故事与哲理

企业管理出版社
ENTERPRISE MANAGEMENT PUBLISHING HOUSE

图书在版编目（CIP）数据

太平洋精锻的故事与哲理/任慧媛，杨光著.——北京：企业管理出版社，2022.11
　　ISBN 978-7-5164-2740-8

　　Ⅰ.①太… Ⅱ.①任… ②杨… Ⅲ.①汽车工业-零部件-工业企业管理-经验-中国 Ⅳ.① F426.471
　　中国版本图书馆 CIP 数据核字（2022）第 204025 号

书　　　名：	太平洋精锻的故事与哲理
作　　　者：	任慧媛　杨　光
首席哲理师：	杨　光
责 任 编 辑：	尚元经　郑小希
书　　　号：	ISBN 978-7-5164-2740-8
出 版 发 行：	企业管理出版社
地　　　址：	北京市海淀区紫竹院南路17号 邮编：100048
网　　　址：	http://www.emph.cn
电　　　话：	编辑部（010）68414643　发行部（010）68701816
电 子 信 箱：	qiguan1961@163.com
印　　　刷：	固安兰星球彩色印刷有限公司
经　　　销：	新华书店
规　　　格：	170毫米×240毫米 16开本 21.75印张 296千字
版　　　次：	2022年11月第1版 2022年11月第1次印刷
定　　　价：	108.00元

版权所有　翻印必究·印装错误　负责调换

序言 1

温故方能知新

江苏太平洋精锻科技股份有限公司党委书记、董事长兼总经理 夏汉关

所谓温故而知新，回望过去，方能知其所来，明其将往。

1992年，江苏太平洋精锻科技股份有限公司（以下简称太平洋精锻）正式成立，到今年正好是30年。从起初只是一个规模较小的合资企业，甚至一度濒临破产，到一步步成长为一个上市公司，又一步步取得全球第二的市场地位。这一路走过来，我们也在认真思考，一个企业做得长久究竟靠什么？

有一次我跟中国锻压协会秘书长张金一起聊这个事情，他提到了"工业文化"。张金秘书长提出，当今社会发展的根本是制造业不断发展，所以营商环境的重点应该是适合于制造业建立、发展和进步的生存环境。许多情况下，营商环境被人们简单地理解为"硬件建设"，是经常说的天时、地利和人和的物象化事物。

但物象化的营商环境可以让制造业建立，但无法让制造业在创新中永远进步，走在时代前列。实际上，营商环境最为重要的是必须有"文化"的支撑，这是产业繁荣不衰的根基。

如果从企业层面来讲，营商环境中的"文化"就是"文明"，工业文明。人类讲文明，文明说白了就是积累下来的好东西，一个产业的进步需要不断的积累。

太平洋精锻前期的中美合资性质，决定了其文明开放的基因，由此得以借鉴近代以来西方发达国家工业文明的精髓，进而奠定了公司的使命、愿景和价值观。

30年的发展，经过从无到有，从小到大，从默默无闻到成为行业标杆，太平洋精锻积累了许多刻骨铭心的东西，我们把这些刻骨铭心的东西进行了见微知著的总结。最终佐证了，不分国家，也不分行业，只要想领先于行业，成为世界品牌，就必须尊重放之四海而皆准的工业文明基本准则。

什么是工业文明的基本准则？我和中外管理传媒根据我们的实践与感悟做了几番打磨，并做出了如下提炼：诚信-规则、开放-学习、竞合-协同、品质-高效、专注-永续、共性-积累、团队-创新。这也正是本书划分的七个章节，具体阐述见书中详细内容。

这就是我们用30年"锻造"的工业文明。所以，这本书不只是讲太平洋精锻30年的故事或者继往开来做的一些按部就班的工作，而是提出了一个对于中国有高度、有引领性的核心主题——工业文明。

当市场竞争到一定高度的时候，从无序竞争变成有序竞争，能够在常态化竞争中最终胜出究竟靠什么？我就提出，同行不是冤家，合作比竞争更重要。我从产业自身发展过程中看到很多的企业并不是在比创新、比品质、比性能，而是进行同质化的恶性竞争、窝里斗，最后搞得整个行业都出了问题。这就是为什么有些企业干到一个阶段的时候就自毁长城。

每个行业都应该有一个生存的生态,这个生态需要行业内所有的同行共同打造和维护。要讲文明,讲规则,要光明正大,不能野蛮。做企业如果心态变歪了就会导致行为不正常,那他就是行业的破坏者,这样的企业是走不远的。就像人与自然一样,一旦把生态破坏了,这个人还能活得好吗?

工业文明是人类文明在工业领域的具体化,工业企业在市场竞争中应该做本分的东西。只有把本分做好,才会形成一种理性思维。就比如法国人的葡萄丰收了,却绝对不会盲目扩产。他们首先会想到如果今年扩产了,把葡萄酒价格降下来,明年葡萄减产了怎么办?其次,葡萄生产是一个生态链条,下游的果农也要维持生产运转,如果今年丰收了就搞倾销,市场搞乱了,明年市场上不来,果农也做不下去了。所以他们要让这个链条上的所有人都能有收益,让生态链能够正常运转。考虑的是维持一个系统的共益生态。

讲工业文明,还要学会尊重竞争对手,不要把竞争对手说得一无是处。如果别人做得优秀,绝对有成功的地方,既然有成功的地方,我们就应该学习,学习才能知不足。因此要互相促进、互相交流,交流才会不封闭,不封闭才能看到更好的世界。中国当年为什么改革开放?开放不仅是要取人之长,还要纠正自己的不足。然后才能从根本上提升内部的管理、研发、产品等各种能力,这才是王道,是正确的道路。好比武林高手互相切磋,都是点到为止,共同提高,要讲武德,贬低一个人面子里子都不好看。

回到原点，当初创业的初心与目的是什么？不就是想干一番事业，想成为百年老店，想让投资给更多的人带来回报吗？既然原始的初心是这样，那就要衡量做一个企业是追求短期利益还是追求长期利益？我相信很多人都会讲要追求长期利益，那当下做事情就不能短视。

赚钱是必要的，但也不是唯一目的。唯一的目的是让这个企业永续经营，基业长青。永续经营就要考虑产业链相关的各个方面利益。面对企业的游戏规则也好，利益的竞争也好，就要考虑既然是百年老店，就要用一百年的价值标准来衡量当下的事情。如果只用三五年的套路来玩，那你所有的行为就都是短期的，就没有长远的战略思维，所有做事情的方法也就多是短期行为，短期行为易出问题就不意外。

30年的坚守与发展，我们走出江苏泰州姜堰，投资设立了天津、宁波、重庆、上海等几个地域的子公司，也已走出国门在日本有所布局。展望太平洋精锻的未来30年，一定是全球化布局的30年。

全球化发展的过程中，从传统燃油汽车到新能源汽车，市场竞争格局发生改变。我们应该对过去的历史做一些反思，在新的市场环境下，该如何借鉴创新？同时，也要总结过去的经验教训，或者借鉴同行或海外优秀企业的成功做法，尽可能不走别人走过的弯路或者错误的道路，减少试错的成本。

希望这本由国内著名企业管理传媒服务平台：中外管理传媒为太平洋精锻科技量身精心创作的书，能够成为我们培训新员工的读本，也能成为开拓未来的精神动力。并在进一步做大的过程中，能够使一些优良传统得以传承，不忘初心。

与此同时，太平洋精锻在追赶世界同行标杆的进程中，消化吸收了大量国外先进技术,并进行了二次开发与创新,有我们身体力行的诸多感悟。我们希望通过这个窗口,能给社会也给这个行业带来一些抛砖引玉的启发。也希望更多的企业都能够多总结成功之处,为社会的发展多提供一些动力,走到全球制造业的前沿为我们的国家增光添彩。

如果这本书能够让员工、管理者、客户、同行等读了都有所感悟,都能吸收到营养,感受到正能量,那将是功德无量的一件事。也希望这本书能够给未来的人提出一些问题,引发一些深思。等再过30年,再来总结时,期待我们能够书写出更加精彩的篇章。

回首过去,历史川流不息,展望未来,精神代代相传。太平洋精锻志在百年伟业,30年恰是风华正茂。面对新的挑战,新的机遇,我们将带着30年发展的底蕴与积淀,发扬自己实践感悟得来的工业文明初心,继续求索创新繁荣之旅。学习进取,匠心独运,追求卓越,以远见超越未见,从一个中国公司变成真正的国际化公司,成为行业最佳雇主和受人尊敬的企业公民。

2022年10月

序言 2

太平洋精锻何以精彩 30 年？

中外管理传媒社长、总编 中国造隐形冠军评选发起人 杨 光

16年前，我就认定夏汉关一定能把太平洋精锻做成功。

2006年，我入企业管理传媒这行刚满"七年之痒"。对于企业管理者，已有了初步的感觉。但没想到，那一年的夏汉关，成了让我当年最有感觉的人物，并结下不解之缘。

那是一件极不起眼的小事，甚至可以说只是一瞬间。但我记忆深刻。

缘起是那年我们《中外管理》意识到：已入世五年的中国企业，要想进一步通过融入世界规则以获得快速成长，就需要从单纯坐在家里做进出口业务，单纯地坐在国内读书、上课、参会，升级为直接走入且不断深入到世界级的管理现场里去。只有钻到人家先进管理模式得以诞生和发展的"土壤"里，真正弄清楚全球最优秀企业的"WHY（为什么）"，也就是人家是"怎么来的"，我们才会想明白我们自己企业的"HOW（怎么办）"，自己下一步"往哪里去"。

于是当年，我们开启了"中外管理全球行"访学项目。第一站，选择了日本丰田。

理由很直接，因为当时丰田汽车的制造业管理水平，是全球第一。当年他一家的年纯利润，居然比美国三大汽车公司（通用、福特、克莱斯勒）的毛利润加起来还要多！而丰田自己的自信也达到峰值，他们面对美国三大汽车商，内部甚至制定了"打倒，再扶起来，然后再打倒"这样惊世骇俗的战略关系定位。

而当年丰田的超高利润，都是"生产"出来的，而不是"营销"出来的。这对正在爬坡起飞阶段的中国制造业企业，无疑具有巨大的吸引力。

在20年的企业管理传媒工作中，我有一个观察，就是中国企业海外访学，经过了三个阶段的进化。

第一个阶段：15年前，是以生产为中心，以提升自身制造管理能力，实现改善效率为目的——这个阶段的访学，就是"看厂"。

第二阶段：10年前，进化为以客户为中心，以提升自身客户管理能力，实现拓展市场为目的——这个阶段的访学，就是"看店"。

第三阶段：5年前，又进化为以哲学为中心，以提升自身文化管理能力，实现基业长青为目的——这个阶段的访学，就是"看馆"。

因此，即便同为访学日本，15年前我们去丰田工厂，10年前我们去711店面，5年前我们去松下哲学馆、盛和塾大会。

这三个阶段，是相互依托又次序固定的。也就在这个大背景下，我们第一阶段的第一站，毫无疑问一定是丰田。而中国企业家参团也相当踊跃，一个团就有40多人。一年要走好几个团。

夏汉关就在其中。

但我一直没有注意到他。因为从参团资料看，彼时的夏汉关与太平洋精锻，还没有任何"出众"之处。直到行近尾声，我们已然从名古屋的丰田车间到达东京郊外著名的温泉度假区箱根时，夏汉关才不经意地"出现"了。

当时，我作为团长正在工作人员专用房间里。这时意气风发的夏汉关，穿着温泉酒店里的灰色日式和服，仙风道骨地走了进来。他当时好像是为一个团友帮忙解决一个团务问题（后来知道他很愿意为人排忧解难）。等待期间，夏汉关带着他那标志性的自信微笑，与另一位企业家团友交流起了互访心得。

我清晰记得他当时笑眯眯地说了这样一句看似很普通的话："我就对他们讲，你的工厂要让我看，我的工厂也让你看。"

就这么简单一句，却让我印象极为深刻。并从那一刻起，我也对夏汉关留下了深刻印象，并直觉他的企业未来一定会做得很好。

为什么？凭什么？后来细细反刍，我品出了如下味道。

第一，"学习"

看，不是走马观花，而是一种心里较着劲、眼里带着钩的学习。这正是我在那个阶段就对中国民营企业乃至中国经济的未来充满信心的最核心理由。那时候，西方各界大多都已在晒太阳喝下午茶，全球几乎只有中国的民营企业家，不仅通宵达旦地加班工作，更如饮甘泉般地学习和吸收一切先进的管理营养，为我所用。

"我想来看你的工厂"和"你的工厂要让我看"，意思看似一样，实则表达出的言外渴求与目标坚定的程度，是完全不同的。后来知道，那时候夏汉关已满世界游走15年了，和他参与创办太平洋精锻的时间几乎一样长，并且日本他也已来过很多次，公司的主要合作甚至对标企业就是日本企业。但这一次，听说《中外管理》组织访学丰田精益管理，他依然像个初来乍到的小学生一样"从零开始"，孜孜不倦。而当他聊天随口说出"你的工厂要让我看"那句话时，眼神里绽放出的坚定，甚至"贪婪"，我至今历历在目。

无独有偶。当年另一位参团钢管企业家，甚至因为不断追问"丰田为什么不实行三班倒"而被团友冠以"三班倒"的外号——后来他的企业和太平洋精锻一样，也成为了"制造业单项冠军示范企业"。可见，中国民营企业家整体洋溢的求知欲和学习力，决定了后来必然会支撑中国经济脱颖而出。

第二，"开放"

如果仅仅是前半句，也许夏汉关不至于成为我印象那么深刻的人物。毕竟"好学"是那一阶段中国企业家积极进取的普遍状态。

但中国企业普遍（甚至至今）不为全球所称道的另一状态，就是在自己吃苦耐劳、自己学而不倦时，很少去为他人的发展去考虑。试想一下，我们去美国建厂，不是为了自己享受税收优惠吗？我们去欧洲并购，不是为了自己买专利吗？我们去非洲开路，不是为了自己挖矿产吗？我们去亚太开工，不是为了自己低成本吗？我们可想过人家因为我们去了而得到了什么？又进而会怎么看我们吗？

而16年前夏汉关主动的一句："我的工厂也让你看"，就表现出了超越很多同道而卓尔不群的远见与格局。就这短短一句"对等待遇"，展现出的：第一是开放，第二是共赢，第三是长远。因为只有我们积极"取"，同时大方"予"时，一切合作价值才变得可持续，相关各方的收益才会最大化、最久化。

但是，对于大多数国人而言，如果做到"吸收"尚不算很难的话，那么做到"回馈"则要艰难得多。这里的难，不在于技术与能力不足够，而是意识与心胸不支撑。但越是难，一旦心魔突破，自身成长也就越是势不可挡。

第三，"自信"

很多年来，我都在反刍夏汉关当年那一个"看"字。这一个字里有非常丰富的含义。而且前后半句里的"看"，含义还不尽一样。

对于要去"看"别人的企业，"看"字里面包含的是：我很清楚我要看什么，要学什么，自己还欠缺什么，自己要成为什么——目标感非常清晰。一个人和一个企业，在一个阶段做一件事的目标感是不是清晰，往往决定了其最终的效率和效果。我注意到，即便是今天，即便是纯粹的旅游观光，夏汉关的"看"都与众不同。他很少随大流，往往都是不引人注意地溜到他真正感兴趣的一个角落里去了。而这背后，是他对自己的深刻了解。先把自己深刻"看"明白了，才会目标清晰地知道自己要向外"看"什么。

对于愿意别人来"看"自己的企业，"看"字里面包含的是：我很清楚我已有什么，已值得你来看，进而我也不怕你来看——自信心非常扎实。一个人和一个企业，是不是由内而外拥有自信，往往比你所拥有的外在实力更决定你的未来成功。这就是贵族与暴发户的区别。我们企业赚钱了,不代表团队就自信了,优雅了——因为之前穷苦怕了;我们国家强大了,不代表民族就自信了,平和了——因为之前自卑惯了。狂妄自大,本质也是一种自卑。而缺乏自信心的"弱者思维",看谁都像"亡我之心不死",才是当前从企业到社会,在"坐二望一"这一关键阶段的最大敌人。

当时夏汉关说这句话时不经意的自信、平和与友善,或许已然决定了这家企业日后将会拥有光明的未来。

虽然赴日归来后我和夏汉关交集并不多,但当5年后,一次偶然听说他领导的太平洋精锻已经上市时,我很欣喜的同时,却丝毫不惊讶——理应如此。

当时我并不知道几乎与赴丰田考察前后脚,夏汉关报考了中欧EMBA继续深造。他自认为,中欧深造的两年,使他真正明确了公司的战略,公司的目标,包括促成了公司的上市,是具有决定性的。我虽然只能想象,但我却非常坚信,夏汉关在中欧期间也一定是秉承着"学习、开放、自信"的特性,从而精彩绝伦地以"班级小组课题报告(毕业论文)成绩A(优秀)"实现自身成长与公司战略双重涅槃的。

要做什么事不是最重要的,以什么心态、思维、模式去做事,才是最重要的。夏汉关以他创业的30年,太平洋精锻以它跌宕的30年,生动地诠释了这一点,并用结果来说话。

天道酬勤,也酬精,酬强。2019年6月,我到泰州邀请夏汉关成为我们"中外管理联合出品人"时,不仅一拍即合,而且他还兴趣盎然地给我讲述了一个例子,足以证明如今太平洋精锻的行业地位。太平洋精锻历史的一个国际化里程碑,就是成为德系主流车型的齿轮供应商。当随着不断成长,太平洋精锻的表现越发优秀,以至于一枝独秀,进而让德国厂商都心有不安时,德国人决定转而扶持韩国人,压制太平洋精锻。结果几年下来,强者依然是强者,不是压能压得住的,如果实力不济也不是扶能扶得起来的。最终,德国人不得不承认最可靠的齿轮供应商,还是太平洋精锻。

那之后,夏汉关可以自豪地对外讲:"不用我的齿轮,你的车就不是好车。"

于是,当时光转到了2022年,太平洋精锻走到创业30年之际,夏汉关邀请我和《中外管理》团队一起,让我们有机会通过撰写一本书,来为大家讲述"太平洋精锻30年的故事与哲理"时,我和我们所有人才更加明白,进而也让广大读者明白:这家"中国造隐形冠军企业",这家工信部"制造业单项冠军示范企业",这家创业板资深上市企业,这家"江苏省省长质量奖"当选企业,这家把汽车行业不可或缺的变速箱差速器精锻齿轮细分领域做到"中国第一、全球前二"的企业——"为什么它会有这30年的纷呈精彩?它内在真正精彩绝伦的,又到底是什么?它值得传承且能支撑未来的精彩本质,又包括了什么?"

随之问题就来了:精彩了30年的太平洋精锻,就必然还会精彩下去吗?不尽然。过去,只意味着过去,顶多延展到现在,但绝不必然昭示未来。直到,我和夏汉关围绕这本书进行交流创作时发生的两件事,一件很大,一件很小。

先说大事。

这很大的事,到底有多大?当一家企业成绩斐然,站在一个历史节

精锻大学堂 杨光

点上足可以自顾自地讲述自己的心得经验时，我却从夏汉关嘴里听到了与16年前一样的语气，却截然不同的内容，那是一个很大的词："工业文明"。

当它并不是由一家老牌欧美企业，也不是由一家下游集成企业，不是西门子，不是GE，不是三菱，而是由一家仅在产业中上游的中国隐形冠军企业的掌舵人来着重提出时，一切本就已经不同寻常。很显然，什么样的格局和什么样的使命，决定了未来什么样的空间和什么样的贡献。超越个体得失，超越短视私利，心系产业，心系文明，这就意味着眼界，意味着担当，意味着自律，意味着利他，就意味着发展的一切可能性。

再说小事。

其实这事起因并不小。什么时候，培养人才，都是企业高质量可持续发展的头等大事，也是促成工业文明的首要基础。就在公司创业30年时，夏汉关决心要成立一所符合时代与企业乃至产业需要的"企业大学"。在他谦逊地与我一起商量，最终定名为古色古香的"精锻大学堂"，并邀请我用毛笔楷书来题写校名时，殊不知其实是一所紧跟时代气息的"线上培训平台"。

但重点并不在此。而在于这所线上培训平台，是面向公司所有人的，包括夏汉关自己。于是，当夏汉关和我一起共修的"中外管理-冠军私董会"，在2022年下半年继续共创商业智慧时，我会时而听到作为班委"纪律委员"的夏汉关随口对我讲："今天晚上时间不行。我必须要完成大学堂的课堂作业。"日前，我又听他耳语相告："我在6月30日已被录取为中欧DBA博士课程2022级学员！去年第一次没被录取，但这一次我成功了！"这位已有不少白发的冠军企业董事长，欣喜之情，溢于言表。

小事支撑大事，小我昭示大我。

当一个功成名就的成功企业家，到自己足可以对外指点江山、对内网开一面时，却依然保持着孜孜不倦的学习精神，保持着身先士卒的垂范意识，保持着严于克己的自律能力，并用于追求全新的"工业文明"高远使命时，我和我们就可以相信——

太平洋精锻，还会有下一个更精彩的30年！

杨光

2022年国庆

精锻大学堂，功德未来30年

尊敬的夏汉关董事长，各位太平洋精锻的同仁：

上午好！我是来自中外管理传媒的杨光。

在"太平洋精锻"创办30周年这样一个喜庆年份，又在五一国际劳动节这样一个特殊日子，我非常荣幸能有机会远程参加我们"精锻大学堂"的开学典礼！

那么，为什么我一定要来参加？我想我有如下几个理由：首先夏总是我们中外管理的联合出品人，同时太平洋精锻是我们的资深理事单位。太平洋精锻的大事、喜事，我肯定要恭喜！只可惜因疫情原因，这次只好远程道贺！

很有幸，应夏总之邀，我参与了咱们精锻大学堂的定名讨论，并应夏总的嘱托，由我为咱们大学堂书写了校名匾额。非常荣幸，我能以墨香入纸的方式，来陪伴、见证大学堂未来的不断成长和发展。

我自己内心，始终有一份教育情结。因为我高中时就立志作为一名教师，于是大学报考的就是师范，毕业后第一份工作也是教师。也因此，迄今为止，我目前所书写的牌匾，正巧全部都和教育有关。

我自己内心一直笃定两个判断，一个是：天下所有的成功者，不管在什么行业，其人生归宿，都一定是教师。另一个是：天下所有的成功事业，不管在什么行业，随着基业长青，也都一定会包含学校的成分。所以，在太平洋精锻创办第30周年时，闻听精锻大学堂的筹备，我就立即对夏总说：我完全赞成！这是功德！

关于我们创办精锻大学堂这份功德的内涵，我想稍微阐述一下我个人的理解。

从近代史上看，从19世纪迈入20世纪后，中国能从一个朽而不倒的封建王朝，进化成为一个能够放眼对接世界、追赶世界的共和国，很重要的转折点，其实并不是洋务运动，而是在"仅限器物引入"的洋务运动失败，也就是甲午战争完败后，京师大学堂的成立，也就是北京大学的前身，更是戊戌变法硕果仅存的一项。从19世纪开始到今天，我们中国一直在追赶世界，但只有当中国开始在教育上全面改革了，我们的民族才会真的觉醒，我们的国力才会真的强大。因此大学堂三个字，包含着丰富而厚重的含义。我们如今以大学堂为名，正是继承了这份上承历史、下启未来的重大责任。这是功德之一。

从现代史上看，一直有一个谜团，就是为什么抗日战争全面爆发在1937年？这里的关键并不是战争的必然性，也不是卢沟桥枪声的偶然性，而是一个非常刚性的紧迫性。那就是日本人已经不得不动手，否则就来不及了。因为当时中国经济正处于"黄金十年"的高速发展中，而顶峰正是1936年。日本人不可能坐视中国的再次崛起。问题在于，在军阀混战的年代，中国经济为什么能崛起？核心在于中国民族工业的崛起。而中国民族工业为什么能崛起？是因为有了大批产业工人的支撑。而像闱土这样的中国农民，为什么能成为操作机器的工人，关键在于20世纪初中国出现了一大批职业教育机构。黄炎培等教育家为中国的经济复兴、民生改善、国力崛起，做出了卓越的贡献。而日本德国作为工业强国的崛起，和在战争废墟上能迅速再次崛起，也都是有赖于其商科职业教育的发达。如今，精锻大学堂的举办，再一次为实现"产学"相融，进而得以切实地争取实现像日德那样的产业强国之梦而努力，是为功德之二。

从当代史上看，全球化成为不可阻挡的时代车轮。其中印度的崛起值得关注。相对于日德以制造业为主，印度在IT产业有不俗的成就，而IT是事关未来国运的重要战场——这次俄乌战争更有体现。那么，为什么印度人可以成为全球那么多顶尖IT公司的高管甚至CEO？除了母语因素之外，很大程度来自于印度发达而普及的商学院教育。这使得印度得以像20世纪初的中国批量生产产业工人一样，能够批量生产符合全球化时代要求的企业管理者。而正好我们精锻大学堂的受众群体定位，恰恰是具有"全球化格局和能力的经营管理人才"。这对于提升我们企业乃至整个工业经济在内的整体竞争力发展，将会大有帮助！因为，相对于单纯的商学院教育，我们企业大学基于实践，更知道需要学习什么，进而知道教授什么，又进而更知道如何检验和转化学习的成果。从而实现务实与前瞻的有机结合。这是功德之三。

从未来史上看——为什么会有未来史？我说的未来史，就是指那些可以超越时代，超越空间，永远有指导性的东西。那就是价值观。我非常赞赏我们在办学之初，就坚定明确地将"诚信"作为价值观之首。我甚至认为，诚信是连接中国与世界、连接经济与社会、连接历史与未来的唯一一项不可替代的内容。中国古人坚定地指出：人无信不立。西方则把诚信作为了市场经济的基石。有了诚信，一切正能量和美好梦想，都有可能实现，反之没有诚信，一切美好也都注定是虚妄，甚至适得其反。当代中国社会，在百年未有之大变局的重大转型中，最需要的正是诚信，最稀缺的，可能也正是诚信。因此，我们将诚信作为大学堂价值观之首，无疑将是指引企业基业长青、引导社会幸福发展的重要基础，是为功德之四。

也是最后、最关键的一个功德，就是将前面四个功德，加以落地执行。而我看到，我们拟定的校训："学思用贯通，知信行统一"，正好是立足于这一点。正像我们太平洋精锻过去30年的事业辉煌所昭示的：一切成功，都是基于思考中的行动来实现的！都是动脑子干出来的！

我今天，就先表达这些我个人的一些浅见。并在此，衷心祝福我们"精锻大学堂"，在未来如愿以偿，成为"汽车零部件行业 全球一流的企业大学"！也预祝夏总和我们太平洋精锻，在创业30周年之际，重新起锚，远航全世界！我和中外管理，也将会始终如一地在侧、在后全力以赴支持太平洋精锻的更大更快更持久地发展！谢谢！

杨光

目录

1 诚信·规则

"诚信者，天下之结也。"诚信，是天下行为准则的关键。对于一个企业来说，诚信是立业之本，是作为一项普遍适用的道德规范和行为准则，是建立行业之间、企业之间以及人与人之间互信、互利的良性互动关系的道德杠杆。

人类发展到今天，工业竞争走到今天，是行业通行规则的文明成果，大家应该尊重。基于这些规则，我们站在对方的角度想问题，就容易谈拢。所以，做企业必须讲规则，不能不择手段，就像人一样，就要讲诚信，不管时代怎么变，起码原则不能变。——夏汉关

003 把钱投你们这儿，我放心
要时刻践行商业逻辑，而非合作态度

005 项目"折返跑"出来的全省"唯一"
想让人认可你，先让人记住你

008 夏汉关的命运：当总经理向左，而董事长向右
成就事业需要自身努力和领导支持

012 一笔已被银行"遗忘"的陈年贷款
坚守价值观，是最好的风控

014 绝不会多报账的瑞士"小时工"
诚信，是成本最低的工业文明第一准则

016 上税的边角废料
规则在能通融时才最需要严格

018 一条"军令状"解了"卡脖子"
技术攻关，是靠"诚信"激励出来的

020 就凭这个，给你们5000万贷款，不要抵押
信用，是一张"特别"通行证

022 一误17年
贵人相助，在于自己值得

024 一份传真化解上市敲诈危机
行正道，无招胜有招

026 十年"加量不加价"的合作
信任无价，更值钱

028 供应商突然送来一沓钱……
是规则与标准，而非人情，在决定企业命运

030 压出来的提前10天交付
管理，就是用异常来倒逼潜能

032 要罚先罚夏汉关
"低价中标"就是饮鸩止渴

034 工会是个大麻烦？
工会，是值得员工信赖的"娘家人"

2
开放·学习

对外，中国企业能够发展壮大，能够走出国门，参与国际竞争，受人尊敬的关键所在，就是开放与学习。这是一种观念，也是一种能力。对内，在这个信息爆炸的时代，商业模式层出不穷，企业面临的环境日益复杂，想要长久保持活力，就需要全体员工保持海纳百川的学习力，这是企业发展的软实力，也是企业突破重围的竞争力。

开放，不仅可以取人之长，还可以纠正我们的不足之处。我们中国的工业化道路不也是走别的国家成功走过的路吗？只不过人家走得早一点，我们跟在后面走。我们要做的是，人家走的弯路我们不走。——夏汉关

039 谁动了我的奶酪
赠书育人，管理者善借之力

041 当"拿来"的封面被"撞破"……
坚信因祸得福，是创业成功的护身符

043 白袜子，黑袜子
大智慧都在小细节里

045 **从0到100%独家供应的大逆转**
坚持持续学习的心态，还要找准学习的路径

047 **被关照的"犯规"**
超越，从做一个心底纯粹的学生开始

049 **副部长，业务员，再到副部长**
学会用"优势"让"劣势"不再需要

051 **"13薪"元年**
善用正面激励

053 **不着急，再看一会儿**
把从容，只留给学习

055 **太平洋精锻有点儿"怪"**
"综合就是创造"

057 **夏汉关为什么学会挣钱了，却反而选择去上学**
保持一份"知道自己不知道"的清醒

059 **你希望你的孩子像你一样吗**
用员工自己的逻辑来改变员工

061 **一个只有夏汉关敢用的人**
人的忠诚，是在关键时刻信任出来的

064 **你不能只是个翻译**
重新定义职责

066 **"光杆司令"动起手来**
问题和答案都在现场

068 **为了资本市场，重翻大学课本**
知识只有为了实践动起来，才会有用

070 **"落到"车间的"理论家"**
基层现场是最好的干部历练

072 **一颗燎原的"火种"**
培养人才是企业发展的原动力

074 500人课堂启发出来的"精锻大学堂"
只有洞悉人性，组织才会有效且持续

076 学历不够就减不了税
以人为目的，是组织成长的引擎

078 "伯乐"指点"千里马"
利用资源的能力是企业家的第一特质

080 一篇论文写出的"最高纲领"
目的性往往决定了有效性

3
竞合·协同

在竞争理论中，零和博弈是以消灭竞争对手为目标，而竞合协同是在竞争基础上的合作。在当前复杂和不确定的竞争环境中，人们越来越意识到，市场总量和利润空间并不是固定不变的，企业之间是可以达到双赢或多赢的。

只有重视合作，才能更充分发挥自己的优势，制造更多的利润，扩大市场容量，生产和发展的空间才会更大。只有支持别人成功，自己才能成功。只有把潜在敌人变为生意伙伴，才能实现多方共赢。

要学会尊重竞争对手。我们看武打片，高手跟高手互相切磋都是点到为止。这门武功我看你哪里不对，你看我哪里不对，互相交流，然后共同提高，这是工业文明里一个重要的东西。——夏汉关

085 随手画下的两个"圈"
用纯粹的真诚，赢得高人指路

087 小旅馆里"藏"机会
经营即借力

090 竞争对手的"七寸"到底在哪里
关键是找准"对的人"

092 据理力争时，什么才是"你期待"的
以退为进，受"鱼"到"渔"

094 一沓"有整有零"的10万元
　　　现在能蹲多低,未来才能跳多高

096 "十分之一"的徒弟订单
　　　学会算感恩互利的大账

098 在缺钱时,去为科鲁兹"烧钱",值得吗
　　　成就客户,才能成就自己

100 "放心,你那个产品我不做"
　　　尊重可信赖的对手:杜绝行业恶性竞争的起点

102 10万元成全一个上市通路章
　　　利他,就是长远的利己

104 外交补课:用里子找回来的面子
　　　企业不分大小,只分强弱

107 别总盼着对手死掉
　　　有了格局,才有文明,才能卓越

109 唯一的高管"外来户"
　　　价值观一致,合作才最稳固、最务实

112 始终保证充足的"家底儿"
　　　产业协同,是企业最具格局的经济抉择

114 一封"牢骚满腹"的邮件之后
　　　尊重客户的需求变化,是第一位的

116 绕不过去的安全科
　　　制度在可以通融时,才需要最严格

4 品质·高效

品牌的感召力靠成功的营销，成功的营销则离不开品质的支撑。品质不行，任由包装花里胡哨、广告天花乱坠，都不可能赢得市场的认可。没有品质保障的企业，就像是无源之水，无本之木，终会被市场淘汰。在保证品质的同时又要提高效率，因为效率是企业追逐利益的保障，高效生产不仅能降低企业成本，而且能给企业创造更多的利益。

不比创新、不比品质、不比性能，都搞同质化，都搞恶性竞争，窝里斗，最后搞的整个行业都会出问题。时代在变，需求在变，但是做可靠的产品这个道理不能变。想偷工减料，永远出不了好东西。——夏汉关

121　争做一个"笔记控"
高效抓住最关键的问题

123　一对小齿轮赢来大客户
越是后来者，越要靠绝活儿

125　从揪耳朵到拍肩膀
贴标签，是管理万恶之源

127　"业务员"从满篇"批红"到业绩"翻红"
"反求诸己"是提高效率的绝对真理

129　精益生产是不是在"制造浪费"
从看见到实现，考验的是决策者的远见与定力

131　太平洋精锻当机立断：从九页纸到半小时
最高效的谈判，是用对方的逻辑去谈

134　德国大众：中国人做不好！不要来
在全球配套"走上去"，品控团队最重要

137　德国大众：中国人这次是真的干不了了
以"先发"之心实现"后发"之业

139　单列出来，省了上百万
"当责"，是更高层次的执行

141　一张"将错就错"的图纸
从"对不对"到"服不服"，视野决定一切

143　几万件齿轮，就地销毁
　　　要讲究，绝不将就

145　让机器人工作，我去谈恋爱
　　　无人化：取代人，正是为了"人"

147　不行！必须连夜返工
　　　站在产业链的角度看生产

149　一部"颜值秘籍"，拉开了行业差距
　　　设备创新，奠定质量核心竞争力

5

专注·永续

工于匠心，行以专注。专注意味着聚焦在一个行业产品，不停地去研究创新，只有专注才能知道怎样改进，怎样一点一点地创新，最终完成超出客户预期的服务。做到足够专注，终会等到时间复利的出现，时间越长得到的回报越多。

所谓定力，就是顺应产业的趋势，找一个适合我们企业的最好的道路，坚持走下去。像挖一口水井一样，今天挖不到，明天挖不到，但是坚持挖下去肯定会挖到水。——夏汉关

153　打印室截出来的手写名额
　　　越是重要的机会，越是属于偏执狂

156　骨折下的英雄赞歌
　　　使命是"壮举"最好的催化剂

158　4倍高的工资！我去不去
　　　最终拼的不是此刻的烧钱，而是未来的前景

160　用5小时确定20年大方向
　　　开拓视野，理念领先

162　打牌，到底是谁输了，谁赢了
　　　用终极价值驾驭自己的生命

164　由区区一张效果图实现的模具国产化
　　　因为相信，所以干成

166 "离职潮"，去留随意
　　扛过阵痛，才会有升华

168 喜欢追问"为什么"的"老师傅"
　　只要找到"真因"，答案往往迎刃而解

170 陈兆根：做一只啃"硬骨头"的蚂蚁
　　困境更能激发人的潜能

172 不卑不亢的乙方
　　业务与法务的关系，在决定组织的活力

174 能做"CT"，就别做"核磁共振"
　　时刻杜绝一切浪费

176 一份百人名单与"灯下黑"
　　记忆，代表的是关注与信仰

178 "5秒钟"干掉一个配件部
　　无可替代，在于专、精、特、新

6

共性·积累

企业发展过程中，太过于急于求成，太过注重眼下利益，就会丢掉长远的未来，这是一种缺乏战略的短视思维。一切成功，都离不开积累的力量。没有默默无闻的付出，没有埋头苦干的匠心，没有配合无间的团队，没有日积月累的心血浇灌，就不可能行稳致远。

工业齿轮的应用场景可能不同，但共性指标一样，就是高精度、低噪音、长寿命，这三个相互支撑，少一个都不行。共性之后就要不断积累，最后实现创新。你为什么一直在路上？因为还有最好的东西没出现。把自己的经验积累到一定阶段才能做出最优化的东西。人类讲文明，文明说白了就是积累下来的好东西，工业文明也一样。——夏汉关

183 "向上向下向外"的注定失败
　　职业经理人，须先向内求"职业"

186	**有事就好好说事……闹事就报警**	
	首先抓住对方最核心的诉求	
188	**三个月象棋盘上租来的特别设备**	
	经营人心，是经营企业的核心	
190	**玉龙雪山顶上的电脑包**	
	行囊，不是包袱	
192	**谁说人不可貌相**	
	用"细节"落实"爱"	
194	**夏家一门两硕士**	
	持续行动"自带"领导力	
196	**电动车来了，燃油车要完**	
	要用理性而非激情来做战略决策	
198	**再给每人加俩炸鸡腿儿**	
	为未来的人才投入，决定企业的未来	
200	**"抠门儿"的上市公司**	
	利润，是省出来的	
202	**董事长热衷当"媒婆"**	
	用心关爱"作为人"的员工	
204	**一场连夜救命呼叫**	
	经营企业，首先经营人心	
206	**我有一个资料库**	
	结果的效率，都来自日常	
208	**被浓缩了76%的PPT**	
	少即是多	
210	**董事长的一兜养胃药**	
	以人性为本，以细节为本，以行动为本	
212	**当6位与会领导，只有5瓶水时……**	
	服务考验的是对人性的理解，进而做出应对	

214	"划"出一个越来越聚的"同心圆"
	想不想，往往决定行不行
216	"1234"磁力棒
	管理的改善，来自管理的可视化
218	"跑腿儿的"PK老专家
	永远是市场，在引领和验证技术
220	被破译的参数"密码"
	热爱，是开拓创新的第一引擎
222	"栽"在MES系统里的小偷
	领导者的责任，在于站在战略高坡上去"断"
224	从"两会"上搬过来的管理改进
	激发全员参与，决定制造业能否基业长青
226	仅仅是为拿个"质量奖"吗
	执行，始于认知
228	省一堆沙子，养一个习惯
	精细化，重在意识
230	一封邮件改变的"刺儿头"
	初入职场，最重要的就是学习和历练

7

团队·创新

德鲁克曾经说过："企业成功靠的是团队，而不是个人。"在这个充满竞争的商业社会里，单打独斗的时代已经过去，想要成功需要一个高效的团队。企业的核心竞争力就是拥有经过有效磨合的团队。只有拥有强大、不可战胜的团队，每一位员工才能将个人潜力发挥到极致，才会在工作中脱颖而出；企业才会在竞争中保持基业长青、蓬勃发展。

大家都优秀，你自然也优秀，你想落后有人拉着你跑。要有好奇心，有进取心，只要不断超越自我，不断反省自我，你的状态就是向上的。——夏汉关

235	夏汉关的"贤内福星"
	奋斗者文化，务必获得家属支持

237	太平洋精锻的"七年之痒"：破产，换人？
	亏损往往是内部"制造"出来的

240	管住"花果山"的那帮"猴子"
	改变，都是"诱导"出来的

242	你们种出的庄稼能养活自己吗
	用底线意识激发团队活力

244	26套房子与"四渡赤水"
	有了共同利益，才有团结一心

247	像接待总经理一样接待应聘大学生
	创新的起点，往往是目标的创新

249	用40万元从角落里租来3000万元产值
	思维方式，往往才是决定性的

251	一分两半，多产10倍
	"跳出来"成就卓越

253	"处心积虑"的三个"51%"股权设计
	越是成事后，越不要"只相信自己"

255	上不了市，都是我的错
	自信，也是生产力

257	产品没问题，图纸就没问题吗
	要敢于打破"惯例"思维

259	是咬牙买房，还是立得10万？这是一个问题
	员工"统战"，如同客户营销

261	降服"伤人手"的车床
	创新，源自对于攻克痛点的孜孜以求

263	徐爱国意外闯"年关"
	创新试错，需要一个"中试"

265　他敢跟"大咖"顶嘴
观点多元，才是工业技术创新的保障

267　站在"巨人"肩膀上的创新
它山之石，可以攻玉

8

感恩有你

时光荏苒，岁月峥嵘。2022年，太平洋精锻迎来30周年。

30年，如同30个坚实铿锵的台阶，见证了太平洋精锻经历的风风雨雨，记录了我们探索的脚步与奋斗的历程。

30年，太平洋精锻跨越了无数的艰难与险阻，创造了无数的惊喜与感动。实现了从艰辛创业到蓄势腾飞的突破，也实现了从无到有、由弱到强的蜕变。

30年，彰显了太平洋精锻拼搏进取的本色和基业长青的密码。也展示了其生命力基因在不断传承与提升，不断激发和喷薄。

往事难忘，感慨万千。我们牢记每一个关键节点的转折，以及在关键节点中发挥过重要作用的人。我们深知太平洋精锻的每一次奋进，每一步成长，每一份积累都离不开那些一路相扶相携，给予了我们无私帮助和关爱的人们。

历数都助过太平洋精锻的人不胜枚举，在此只好挂一漏万、纸短情长。——夏汉关

271　吃水不忘挖井人
永远怀念叶涛坚先生

274　员工与股东
太平洋精锻发展的动力源泉

276　至尊客户
太平洋精锻的衣食父母

276　"你期待"
引导我们站在"巨人"的肩膀上

277　大学院所产学研合作
名师指点走上创新成功之路

283 **到"中欧"读书**
改变了太平洋精锻的命运

284 **中国锻压协会秘书长张金**
志同道合的引路人

285 **中外管理**
我们学习管理理念的指路明灯

286 **利益相关方**
太平洋精锻的成长外力

287 **党委政府**
太平洋精锻的坚强后盾

289 对话夏汉关
30年，太平洋精锻究竟做对了什么

301 **太平洋精锻企业文化**

302 **太平洋精锻企业战略**

303 **太平洋精锻大事记故事年表**

1
诚信·规则

"诚信者，天下之结也。"
诚信，是天下行为准则的关键。
对于一个企业来说，诚信是立业之本，
是作为一项普遍适用的道德规范和行为准则，
是建立行业之间，企业之间以及人与人之间
互信、互利的良性互动关系的道德杠杆。

人类发展到今天，工业竞争走到今天，
是行业通行规则的文明成果，大家应该尊重。
基于这些规则，我们站在对方的角度想问题，
就容易谈拢。所以，做企业必须讲规则，
不能不择手段，就像人一样，就要讲诚信，
不管时代怎么变，起码原则不能变。
——夏汉关

Story & Philosophy of Pacific Precision Forging 003

把钱投你们这儿,我放心
要时刻践行商业逻辑,而非合作态度

哲理的故事

20世纪90年代初,随着中国特色社会主义市场经济被定为国策,迅速兴起了一股海外华侨到中国大陆做产业投资的热潮。当时江苏泰县(当时泰州尚未建市,隶属于扬州)经委的领导,在一次外资招商会结识了美籍华裔叶涛坚先生。

1992年,叶涛坚先生来到泰县粉末冶金厂做投资考察。时任常务副厂长的夏汉关,陪同领导与叶先生见面并参观工厂。因颇为投缘,当天双方就确定了合资办企业的意向。

很快,第一笔注册资金如期就位,双方以中方占股75%、叶先生占股25%的比例成立了当地第一家中美合资企业——扬州太平洋精密锻造有限公司,即太平洋精锻的前身。

虽然招商合资异常顺利,但太顺利了,反而恰恰令夏汉关很纳闷:一个并不太景气的工厂,究竟是哪一点打动了叶先生,让他这么快就决定要投资的呢?在往后的一次交流中,他忍不住问出了这个问题。

"我到你们工厂第一印象,就是看见你们把工厂打扫得很干净,楼道里没有一个蜘蛛网,墙角没有一棵野草,车间里的机床保养得也很好,这说明你们对财产比较爱惜。还有一个印象是,到了你们这里之后,不像有些地方吃喝风气很严重,你们比较务实。所以我当时就一个想法,把钱投到你们这儿,我放心。"叶涛坚的回答,令夏汉关始料未及。原来,在来扬州之前,叶涛坚先生已经先后到过南京、广州等一些地方。所到之处,都受到了非常热情的招待,但这种热情都是以喝酒招待摆场面来表达的。相比之下,泰县粉末冶金厂的招待则是家常便饭,没有任何铺张。

在一位华侨投资者的眼中,刚刚改革开放的大陆并不富裕,如果自己将要投资的地方一直如此大吃大喝"穷大方",自然会有一种不安全感。反倒是保持勤俭节约作风的泰县粉末冶金厂,让他感觉到放心。

夏汉关没有想到,他们习以为常的勤俭,不但没有被说成寒酸,反倒还成了投资方眼中的闪光点。从那之后,他更加坚定了以往的车间管理风格,每天把机器擦得锃亮,是工人最重要也最基本的工作。而且一直到现在,太平洋精锻的上上下下,也都保持着节约不浪费的好习惯。

故事的哲理

合作不同于招商,合资不同于引资。招商是政府视角,而合资是企业逻辑。好比招商要的是营收,而合资要的是利润。两者相关却不相同,万不可相混。因此,招商可以拼"态度",而合资则必须拼"三观"。正确而长久的企业商务合作,又特别是股权合作,必须基于双方高度一致的经营价值观。

而作为立足做强做优的制造业企业,必须秉持高质量可持续发展的经营理念。为此,务实的根基,勤俭的习惯,也必须表里如一地持续"展现"在企业经营管理的各个环节里。(任慧媛)

项目"折返跑"出来的全省"唯一"
想让人认可你，先让人记住你

哲理的故事

1992年，太平洋精锻（中方股东泰县粉末冶金厂）向江苏省政府申请项目资金支持，但当时省里并没有该类项目的立项指标，因此未能给予支持——除非，国家发改委（时为国家计划委员会）能源司同意将该项目列入指标计划。

看似渺茫，但时任副厂长的夏汉关还是觉得不妨前去一试，没准儿能撞出机会呢。

于是，他和县乡二级政府分管工业的领导一起"北上"赶到了国家发改委，直接毛遂自荐。然而不巧的是，双方"在天上打了一个照面"，那天能源司的对口主管领导，恰好南下到江苏常州开会去了，归期未定。

嘿，经历这样"完美"的擦身而过，确实很容易擦出人的"心火"。

但夏汉关顾不上沮丧，一行人又马不停蹄地也乘飞机赶回了南京，再转车到常州，然后直奔政府会议接待宾馆。

赶到后，正巧看见有几位领导模样的人走出宾馆门口，正准备离开。马上跟一旁的服务员确认身份之后，身材高大的夏汉关赶紧大步向前，把领导拦了下来。说明来意后，就在现场把自己的想法做了汇报。很显然，这样的事项，现场并没有得到明确的答复。国家发改委能源司领导只说了一句：有时间到北京再谈。

夏汉关当然不死心，趁热打铁。几天后，他还是与县乡主管技改立项的领导一起，又一次到了北京。找到上次那位能源司领导，又一次把项目情况详细说明了一番。那位领导看到了他们的执着，也很理解他们的心情，

太平洋精锻的故事与哲理

但当时国家也确实没有指标安排，没办法给予支持。

同去的县乡二级领导，之所以愿意陪着夏汉关一次次"折返跑"，就在于非常看好泰县粉末冶金厂所申请的项目，于是现场表态说："无论国家批不批，我们地方都坚定支持这个项目！哪怕暂时没有指标，也希望能够列入国家项目计划中。"

这一充满决绝的恳请，得到了积极的回应。虽然这次依然没有申请到指标，却让国家发改委能源司的领导，记住了"泰县粉末冶金厂"。

第二年，泰县粉末冶金厂继续申请国家发改委的项目立项，重新开始准备立项材料，尝试再次申请项目资金支持指标。在此过程中，夏汉关还意外插入了国拨结存外汇指标的申请。结果，项目指标的材料尚在申报中时，"节外生枝"的外汇指标却因为夏汉关的偏执狂作风，后来居上地先通过了申请。可谓东方不亮西方亮。

虽然是两个不同的指标申请，但殊途同归，都是申报到国家发改委能源司。项目符合条件是一方面，但也正是夏汉关之前不止一次地给能源处汇报情况，甚至能让江苏省发改委在审批文件稿上补充增加这家公司申报项目材料，自然是给对方留下了深刻印象。

所以在评审商议的过程中，太平洋精锻的"曝光率"也格外高一些，之前多次折返的用心良苦也获得了他们额外的好感。如此，泰县粉末冶金厂才能快速地在众多项目中脱颖而出，从而在1993年7月顺利通过了项目立项申请并获得银行资金支持。

毕竟，印象分也是分。印象分虽看似很虚，却能够让实力分变得切实有意义。

故事的哲理

一项心理研究发现，视觉比听觉和其他知觉更有冲击力。更有科学统计，每个人收获的信息总量中的70%，都来自视觉。因此，凡是与人有关的事，都是"见面三分亲"。而越大的成功，往往都是由之前更多的挫折积累出来。因此，虽然挫折本身并不会积分，但你为挫折付出的"可视化"努力，在旁人"眼中"，都是在不断积分的。

想让人认可你，先让人记住你。

（杨光）

夏汉关的命运：
当总经理向左，而董事长向右
成就事业需要自身努力和领导支持

哲理的故事

1999年，连亏7年的太平洋精锻已几近"亏无所亏"。时任常务副总经理的夏汉关临危受命，负责运营管理。

深谙实情的夏汉关，意图快刀斩乱麻，大力度改革措施一项接着一项出台。其中夏汉关最核心的"管理改革20条"发布后，如同一石激起千层浪，引起了全公司上下的动荡。一些躺惯了的干部，开始感到不适应，更直接原因是改革动了不少人的既得"奶酪"。当然，他们"不干了"！

这时，时任总经理，虽然"退居二线"，但在诸多丢了奶酪的利益方鼓噪下，也不再静观其变，开始和他人商量：不能让夏汉关再这么继续折腾下去了。于是，21世纪刚一到来，调整夏汉关分工的阴霾就聚拢起来。

古今中外都如此：但凡真正的改革，都是越进行到后面，利益纠葛越是激烈，改革的阻力和反弹力，也就越大。夏汉关此时正如驾驶着一架即将失控的飞机的机长，面临着巨大的压力，和巨大的不可知。

甚至连自己制定的半年"试用期"能不能走完，都很成问题。于是夏汉关向团队提出："请大家支持我，干完半年如阻力不能克服，或我们工作没有起色，我们再定去留。"

跨世纪的太平洋精锻，像极了100年前跨世纪正处千年国运关口的中国，围绕组织的彻底变革，在新旧两股势力的激烈对抗中，"变革者"夏汉关的改革举步维艰，随时都可能像当初的戊戌变法一样功败垂成、戛然而止。

好在有一点，夏汉关远比当时的

维新派们要幸运。那就是太平洋精锻的故事里,还有一个重要人物,在远远地看着这一切。而他,恰恰与当年抱残守缺的"慈禧老佛爷",别如云泥。

远在大洋彼岸的"老板"叶涛坚先生,虽然远隔万里,但作为真正的企业所有者,又是半年变革的推动者,当然一直远程关注着半年多来变革推进的情况。

2000年5月,当夏汉关改革受阻前途未卜时,大老板出场了。叶涛坚先生如"宋公明"一般及时空降到泰州。他以一个含糊其辞的"10日后来"之约,给公司带来了一个空前明确的结果。

叶先生到达泰州后,紧急召回了还出差在外的总经理,立即召开了公司股东大会,会上他郑重宣布:公司需要进一步调整,管理团队还要彻底改组。

"公司确实要调整,夏汉关的分工要改变。"时任总经理按照自己的"剧本"向叶涛坚先生提出。只可惜,她的"剧本"不是制片人的"剧本"。

"我的想法和你不一样。毕竟我独资也快两年了,我却依然看不到任何起色。不如你彻底退下来,直接让年轻人干。"叶涛坚先生以一个老板的责任感与判断力,现场向全体人员给出了截然相反的答案。

当时场面一下僵住了。这是时任总经理所始料未及的。这意味着自己要彻底交权,而非只是之前的阶段性放权了。

宣布归宣布,故事并未完结。"我不干可以,但要把账算清楚,这些年没有功劳也有苦劳,我的离职补偿怎么说也得有几百万!"时任总经理眼看职位调整,在气头上通过中间人向叶先生提出"退出"的条件。

对此,叶涛坚先生当然不会答应。一时间,两人僵持不下。

由于公司在改制之前属于乡镇企业,中外合资期间,时任总经理属于政府(大股东)指派人员,所以即便是转化为独资后叶涛坚先生对于人事调整,也注重征求政府部门的意见。而政府主要领导给出的意见也是:"支持让年轻人干,不然这个企业走不出来。至于前任总经理,政府此前对其已有照顾,安排了公务员岗位,不可以提出不合适的要求,没有必要给予补偿。"

最后,在当地政府的协调下,时任总经理被调去另外一家公司任职。人事危机,才算化解。

2000年5月,历经风雨的夏汉关,

太平洋精锻的故事与哲理

正式升任太平洋精锻公司的总经理。随着跨世纪，公司也跨入了一个全新的历史阶段。

"你放手大胆干！我在海上航行多年，见惯了狂风巨浪，也练出了好眼力！'船长'的这副担子，交给你没有错！"早年有着商船船长经历的叶涛坚先生，在持续观察了八年后，拍着夏汉关的肩膀鼓励道。

没有了重大阻力和变革的顾虑，夏汉关终于可以甩开双臂大胆改革了。在公司尚未走出亏损时，就敢于非常有魄力地逆势增加了新的生产线。扩产，当然不是为了扩大亏损。仅仅两年后，到2002年，夏汉关便带领大伙儿，当然也包括看好自己的"叶船长"，看到了曙光——这个从1992年开始连着亏损了10年的公司，开始第一次赚钱了！从此，充满活力地走上了持续盈利的光明大道。

故事的哲理

每一个有信念、有使命、有能力的变革者，往往在人生的早期，都会被主流鸡汤反复教育："要做自己命运的主宰者"——听起来很励志。然而当他们走过人生的壮年之后，却都会在披肝沥胆甚至遍体鳞伤之后，才会意识到：这是不对的。是的，"自助者天助"，但能自助不代表一定能成功。

"人的命运，特别是干事业的命运，不仅是事业的一生，而且在你事业的每一个阶段，都不是由自己来决定的。而是另有一个人在决定。这个人可能是领导，可能是伙伴，也可能是部下，甚至可能是敌人。我们要做的，就是在每个阶段，都一定要找出这个人，让他理解你，在关键时刻，成为你事业的助力者——至少，不坏你的事。"（杨光）

一笔已被银行"遗忘"的陈年贷款
坚守价值观，是最好的风控

哲理的故事

1998年10月，太平洋精锻从当地中国农业发展银行转入一笔400万的贷款由中国农业银行姜堰城郊办事处代管，3年期，还款方式是先还利息后还本金。

然而，当2000年3月，太平洋精锻按时还完最后一期利息之后，银行方面却并没有发来催要本金的文件或电话。

原来，在这期间中国农业银行、中国农业发展银行内部经历过一次改革，由中国农业银行代管中国农业发展银行的业务。可就是在交接中，这笔400万的贷款本金好像被银行"遗忘"了。

不巧的是，当时也正赶上太平洋精锻组织架构调整，交接汇报难免有轻重缓急的疏失。所以，这件事就这样被搁置了。当新任董事长夏汉关知道这件事时已经是5年以后了。

既然知道了就必须赶紧解决，夏汉关立即要求财务人员要尽快还上这笔贷款。

当时财务人员以及班子同事都表示不理解："人家银行都不催我们还，我们急着还什么？"

"我们想过好日子，就必须对过去的历史遗留问题赶快处理好。就这么欠人家一笔贷款，不还一定会有不良记录，我们不能短视。"夏汉关毫不含糊地回答。

听说夏汉关主动提出还钱，农业银行的行长甚至也跟他开玩笑："都没有人跟你要，你还给谁？"

但是夏汉关评估，可能是几家银行在交叉改革的过程中，对于当年这笔贷款核销了。要不然怎么会不找我们要？但是如果我们不处理，公司一定在某一个银行的某个角落里面有一笔不良记录。夏汉关心里非常笃信，这绝非杞人忧天。

"没人找我们要没关系，我们当时在哪个银行营业网点借的，就去哪个营业网点还。"夏汉关语气中带着坚决。最后，在夏汉关的督促下，公司把这笔贷款还掉了。

果不其然，几年以后太平洋精锻在上市的过程中，证券监管部门要核查过去公司在银行有没有不良记录。这时一位农业银行办事员对上级拍着胸脯说："这家企业肯定没问题，当年我们不要人家还的钱，人家都主动还了。"

这件事令夏汉关感慨颇深：不要讨巧，不要侥幸，历史过程中不规范欠下的债，以后总是要还的。

故事的哲理

企业经营，注定永远面临未来的诸多不确定性。而面对不确定性最有效的风险控制，绝不是就利益来谈利益，更不是就短期利益来谈利益，而是用自己的价值信念来权衡利益。谁也不是神仙，谁也不可能预先知道随后会发生的所有大事。但是，你可以做到的是：坚守自己的价值观，让未来不管发生什么，你的企业都不怕。这就是最大的利益，最好的风控。（杨光）

绝不会多报账的瑞士"小时工"
诚信,是成本最低的工业文明第一准则

哲理的故事

在太平洋精锻，有个远在瑞士的"小时工"，与他们合作得非常愉快。

他一开始并不是"小时工"，而是太平洋精锻设备供应商的销售人员，从1992年开始就与太平洋精锻有着业务往来，并利用他的资源帮助太平洋精锻引进了不少生产技术经验，一直到退休。

尽管退休了，但太平洋精锻董事长夏汉关觉得他对欧洲市场的行情比较了解，就有意向聘请他为顾问。

但这个顾问并不是全日制的聘用，而是以"小时工"的形式每个月聘用10个小时，并给予固定薪资500瑞士法郎。10小时之内，不管有事没事都是这些钱。夏汉关安排他的事情，只要不超过10个小时，就不另外付钱。如果有出差，有拜访客户的超时情况，则再按照1小时60法郎来算。

"小时工"答应了。2006年3月"小时工"上岗。

但也不乏有员工跟夏汉关嘀咕：假如他超时工作时明明只干了4个小时，却报成8个小时怎么办？

"你要相信人。"夏汉关说。

后来的报账单，证明了夏汉关的信任。几点到了哪里，什么时候离开的，机票时间，出差的时间，全都列得清清楚楚，严丝合缝。从来没有让人觉得他有不规范的举动。

因为欧洲人压根儿就是很讲诚信的，是有信仰的，他们的人格里就不会允许自己去做投机取巧的事。文明人做文明的事。所以，夏汉关就是把当地的文化了解好了，才很放心地与他们谈的合作。

故事的哲理

所有的管理，都是有土壤的，都是在特定的土壤里"长"出来的。因此管理无所谓对错，只有匹配与适合与否。这也正是我们所有中国企业，都应该共建行业文化乃至商业文明的原因。当"诚信"与"规则"已深深刻在于我们每个企业人心中成为"第一标准"时，每家企业、整个行业乃至整个社会的运行成本，都将是最低的。反之，自作聪明，投机取巧，损人利己（含损人不利己），将注定是所有人一起共同买单，恶性循环。（杨光）

上税的边角废料
规则在能通融时才最需要严格

哲理的故事

2009年的一天,太平洋精锻的一批边角料碎铁屑被一辆货车拉出了机加工车间,准备卖掉。

提前说好了多少钱一斤,应该多少钱,双方一手交钱一手交货。可就在废品收购商付完钱准备离开时,采购部一位负责人叫住了他。

"您先别急着走,稍等我开出来发票给您带上。"

"卖边角料还给开发票?"

"是的,公司卖边角料也属于交易,也要交税啊。"

"算了算了,开出来你们自己留着吧,我也用不上,得急着走了。"

"很快就好了,您稍等一下,发票您一定要带上,您哪怕用不着撕掉,我们也要开出这张发票。"

就这样,一张卖边角料的发票被开了出来,交给了废品收购商。

这也真是刷新了废品收购商的认知,年年收废品,头一回遇见给开发票的。他看太平洋精锻人的目光马上变得不一样起来。其实,太平洋精锻每个月都要卖好几次边角料,每次都会及时开出发票。这事儿,是董事长夏汉关特别交代的,已经形成习惯。

也有人跟夏汉关提出,把边角料给收购商,然后换些大米回来给公司食堂用,不也挺好,构不成交易,也就省得开发票了。

但夏汉关并不同意。他觉得,边角料有买有卖,就是交易,不能想着打擦边球。做企业要规范,要讲规则。所以,他宁愿让食堂自己花钱去外面采购大米,也不用边角料换大米。

正是因为平时把事情都做到了诚信与规范,所以,在2011年上市审计评价中,太平洋精锻以"零污点"顺利实现了上市。

故事的哲理

所有的法律、制度、规则,其是非判断,如果只是人我之别的纸老虎,就必然会失去它的力量。一个制度想要人们真的接受,并获得践行与尊重,就必须从严、从细去执行和坚持——特别在看似可以通融时。看似不必要的坚持,才是对规则及其价值的真正信仰,才是一种优秀文化乃至文明的真实存在。(杨光)

一条"军令状"解了"卡脖子"
技术攻关，是靠"诚信"激励出来的

哲理的故事

2010年，太平洋精锻出资数百万元研发的国内第一条低耗能、高效率的连续正火线投产。结果却既不低耗也不高效，产品一到正火线就像被"卡了脖子"。

平均每三天左右就要停炉检修一次，每次停炉光降温就需要一天时间，最多的时候停机长达一个星期，修复后升温又要10小时。也就是说，一个月里有一半以上的时间都在维修。而每次升降温都需要耗费上万度电能，再加上维修人力成本，每次都会产生近2万元的直接经济损失。

所以，这条生产线有相当长一段时间都被列为制约公司生产的第一类瓶颈工序，也是第一优先抢修设备。领导看在眼里急在心里。

这引起了设备一科科长助理陈兆根的注意。他之前因出了交通事故而休假两年，刚刚回到公司上班。利用休假时间，他正好自学了与这台生产线相关的PLC编程（一种数字运算操作的电子系统）内容，所以他决定要实战研究研究。于是，陈兆根向董事长夏汉关主动请缨，并主动立下军令状："半年内将正火线调试正常！"

往后的每一天，只要一有空陈兆根就去现场跟操作工交流，掌握第一手资料。由于设备15分钟才能转换一次状态，陈兆根只能趁转换的档口观察情况。当时正值盛夏，西晒的车间里，40多度的高温，总能看到陈兆根汗流浃背的身影。但只要一想到自己立的"军令状"，陈兆根的精神就格外振奋，心中只有一个目标——不能失败。

陈兆根一边向老师傅请教，一边利用自己在PLC和组态软件编程上的技术优势，修改程序，像小火车一样一节一节地调试修改。最后，通过六个月时间，"如约"一举将两条连续正火线和连续退火线改善正常，并应用到后续采购的新线中。随后这条生产线由原来的三天一检修，变成了一年只需要四次检修或保养，彻底突破了瓶颈。此外，他自行研制的"连续正火线光电传感器透镜装置"还被应用到连续正、退火生产线近100多处，实现了不停炉快速维修。每年能为公司节约150万度以上的电能，增加了400多万元的经济效益，并节约了大量维修人力成本。

当陈兆根的捷报传来时，也出乎了夏汉关的意料。他没想到这么大的难题，竟然真能在这么短时间内突破，兑现了"说到做到"。由此，夏汉关对陈兆根由衷地赞许了一句："我对你刮目相看！"

故事的哲理

作为工业企业，比任何一次具体的技术突破更有意义的，是将"按期突破"进而"说到做到"变成一种工作习惯。

"诚"字怎么写？一个"言"字加一个成功的"成"字，就是要让说出的承诺兑现付诸实施，见到成效。一如孔子云：言必行，行必果。人无信则不立，诚信是员工立身处世的根基，更是企业和组织得以维系的生命线。（杨光）

就凭这个，给你们5000万贷款，不要抵押
信用，是一张"特别"通行证

哲理的故事

2010年，太平洋精锻冲刺上市前期，正需要一笔5000万的资金。但由于所需抵押太重，贷款并不顺利。正在一筹莫展时，苏州吴江银行的一位行长得知此事后前来找他们洽谈。行长向董事长夏汉关问道："听说你们在准备上市，现在到什么程度了？"

夏汉关没多想，直接告诉他，目前上市材料已经被江苏省证监局受理了。

"能不能把你们的受理文件给

我看一下?"行长说。

于是,夏汉关拿出了江苏省证监局的受理批文,上面的大红色印章赫然醒目。行长小心地接过批文,仔细看了一遍,然后抬起头非常诚恳地说道:"就凭这个批文,我们现在就能给你批一笔5000万元的信用贷款,不要抵押。"

不要抵押?夏汉关当时就愣住了。要知道,他们平时找银行贷款5000万元,可要拿一个亿的资产做抵押呢,而且还不见得马上就能办理。仅凭这一纸批文就能值这么高的信用?夏汉关有些不敢相信这是真的。

"我们吴江银行正好也在准备上市,我们的材料也已被省证监局受理——我知道被受理意味着什么。"行长解释道。虽然从被省证监局受理到初审再到过会核准上市,还有好几步程序要走,但仅仅是通过省证监局受理这一步,就事先需要通过律师事务所、会计师事务所、证券公司三方的严格审查和郑重保荐。

也就是说,只有三个中介机构一致审核通过,并同意推荐这家公司上市,江苏省证监局才会写出这份受理批文。所以,这三方的审查加起来当然是比某一家银行的贷款审查要严多了。就凭这一条,吴江银行就愿意批出这份无抵押信用贷款。

最终,仅凭着一纸信用"抵押"来的5000万贷款,很快到账,大大缓解了太平洋精锻冲刺上市的燃眉之急。

通过这件事,也令夏汉关意识到,企业在顺境的时候,看不到信用的价值。但是当企业遇到比较大的风险或者困境的时候,信用就会发挥巨大作用,救企业于水火。信用是无价的。

夏汉关同时也知道,信用的背后其实也是一种责任,一种说到做到的责任,所以别人才愿意相信你。从此,他更加坚定了以信立企的决心。

故事的哲理

如今没有多少企业不缺钱,不需要金融。但金融的本质,却并不是金钱,而是信用。筹钱,可以雪中送炭;而信用的建立,却从不是临时抱佛脚可以突击的,只有靠在看似不必要、更不紧急的时候,一点一滴且一丝不苟的长期积累。信用,可能是将"厚积薄发"这一做人经商之道演绎得最透彻的地方。

坚守信用,最终它一定会告诉你:这一切,都是值得的。(杨光)

一误17年
贵人相助，在于自己值得

哲理的故事

1993年，太平洋精锻给一汽大众捷达做国产化开发配套变速箱差速器齿轮。但是做了好多次样品，就是通不过试验，一时也找不到原因。于是，只好在1997年就此搁置了。

2008年，太平洋精锻得以进入德国大众配套体系，并结识了一位德国大众的专家。由于这位德国专家对于太平洋精锻非常认可，所以交往甚好。

在一次交流中，太平洋精锻董事长夏汉关和这位德国专家聊起了给一汽大众捷达配套的"夭折"经过。

一聊这才知道，原来在德国大众总部，有两种齿轮图纸，一种是切削加工工艺，一种是模具锻造工艺。当时，国内的一汽大众更多是做生产加工和物流，对于研发并不是特别了解，根本没想到自己从德国大众总部拿到的图纸是切削工艺的图纸，而太平洋精锻采用的是模具锻造工艺。

难怪产品做出来怎么都通不过试验！于是，那位德国专家找到了大众总部的捷达项目组，重新换了图纸，这个中断了15年的项目这才得以复活。

粗算下来，这个项目前前后后经过了17年时间。在这17年时间里，除了太平洋精锻尝试了开发配套之外，其后竟再无一家本土企业主动挑战，可见捷达差速器齿轮工艺复杂程度和对于模具水平的要求之高。在这之前，一汽大众捷达的差速器齿轮只能全靠进口，成本那可就高了去了。

所以，即便是过了这么久，一汽大众就像是在原地等着太平洋精锻一样，依然能够再续前缘。双方这一牵手，替代了进口，可为一汽大众省了太多成本了。太平洋精锻也终于在2010年正式进入一汽大众配套体系。

这其中，正是德国专家这个关键人物的一个"举手之劳"，成了太平洋精锻一个项目起死回生的重要转机。

故事的哲理

所谓"自己走百步，不如贵人扶一步"。成功路上，如遇贵人相助，往往能事半功倍，少走很多弯路。而贵人与路人的差别，并不在于贵人，而在于自己。一个不值得一帮的人，一个跌倒了就扶不起来的人，是不会得到贵人的垂青和助力的。自助者人助，自助者天助。（杨光）

一份传真化解上市敲诈危机
行正道，无招胜有招

哲理的故事

  2011年，太平洋精锻上市前夕，刚刚披露了招股书，就有一家无良媒体来找麻烦。他们把招股书上东一段西一段的内容拼凑出了一篇文章，题目就叫：美国檀岛梦断黎明，精锻科技金蝉脱壳。意在"曝光"太平洋精锻当年从中美合资改为内资时，收回美方股权的价格不公平。

  当时这家媒体的"记者"拿着稿子联系太平洋精锻董事长夏汉关，故意问这稿子要不要发？

  "发怎么讲？不发又怎么讲？"夏汉关平静地问。

  "不发稿就付费用，大事化了。如果不配合，就等着看明天的报纸和网上发布。"来人语气里带着明显的要挟。"看你是媒体，咱们交个朋友。如果你听我的，我可以考虑在你们媒体做版广告，但我只接受我说的费用。如果不同意，稿子该发就发，我不会干预你们。"夏汉关不卑不亢。

结果，媒体记者没同意夏汉关说的广告费用，回去刊发稿子了。

这下，券商和律师都慌了，这要是一发出来，证监会来调查怎么办？如果说当年价格不公平，但美方股东已经不在世了，说不清了啊。"不用担心，有问题害怕，没问题害怕什么？如果这个文章足够吸引眼球，对提升我们的影响力也是好事。证监会来调查，我们能证明没有这事儿，不就解决了吗？"夏汉关反倒非常坦然。

"你怎么证明？"券商和律师几乎异口同声地问道。"我给你们看样东西。"夏汉关略带神秘地说。

原来，当年股权转让时，美方股东叶涛坚先生尚健在，夏汉关特意写了一份表达诚意的传真。大致意思是说，虽然价格不是叶先生最满意的，但太平洋精锻管理团队已经尽最大责任接过这个濒临破产的企业，以保证叶先生的投资本金安全撤退，也让收益有所回报。并且为了回报叶先生，他们还决定给叶先生的家属每月发放顾问津贴。夏汉关把传真给远在美国的叶先生发了过去。当时，叶先生和家人在回复中表示了理解和谦让。

2011年夏汉关第一时间将太平洋精锻上市审查顺利过会的消息通报叶先生家属，叶先生的家人专门发来了贺信，表示公司能有今天，都是管理团队带领大家努力的结果。恰恰就是这些往来，证明了太平洋精锻的清白。

券商和律师皆开玩笑说夏汉关能掐会算，早料到会有此一劫。其实，夏汉关当时真没想那么多，他只有一个念头：吃水不忘挖井人。

故事的哲理

如果说"永远邪不压正"总带有一些"理想化"成分，那么"无招胜有招"则是企业在危机来临时最好的护身符。所谓无招，就是用自己光明磊落的价值观，坚持在太阳底下大义凛然行正道，而无需揪心任何防不胜防的"算计"。无招胜有招，就是那些为了一己私利而算计他人的苍蝇，永远只能在本就有缝的蛋上得逞，而在太阳底下注定灰溜溜的破产。在高度不确定时代，在蝴蝶效应时代，企业唯一能规避危机临头的办法，就是在自己的每一天、每一件事，都时刻践行自己的价值观。(杨光)

十年"加量不加价"的合作
信任无价，更值钱

哲理的故事

2011年8月26日，太平洋精锻成功敲钟上市。

随之，太平洋精锻与中国第一大会计事务所瑞华事务所合作的IPO审计工作也将正式结束。

然而，瑞华事务所的审计团队却"意犹未尽"地主动提出，希望太平洋精锻能够将上市之后的常规年报审计工作也能交给他们来做，并表示，只要能继续合作，价钱上都好商量。

原因是，他们通过之前大量的审计工作，已经把太平洋精锻了解得透透的，知道太平洋精锻是一家非常规范而让人放心的企业，合作起来没有风险。

诚意至此，太平洋精锻也就同意了。于是，双方又继续风平浪静地合作了七八年。直到2019年，瑞华事务所出现爆雷事件。按说，这个时候合作只能终止。但原审计团队还是没有放手，而是改去了另一家审计事务所供职，依然是原班人马继续为太平洋精锻服务。近十年的时间里，审计费用的市场价早就涨了一番还多，但这个审计团队对太平洋精锻收取的费用基本上还是原来的价格，一直没涨价。即便是后来太平洋精锻成立了几个子公司，增加了合并报表，审计费用上也只是有限上升，远低于市场价。

多年不涨价，还乐此不疲地主动合作，表面上看是审计方吃亏了，但其实他们占了省心的"大便宜"，因为审计对应的恰恰就是财务风险。

这就好比滑雪，谁都喜欢去探索出一条条又厚又长的雪道，却往往忽略了雪里凸起的岩石或者不远处的悬崖，可能还没来得及到达目的地就已经终结。所以，比起那些令人担惊受怕的未知"悬崖"，当然要选择一条明知安全的坦途。

太平洋精锻正是靠着多年不变的规范经营，不仅顺利上市，而且凭借"零污点"的审计报告赢得了审计方的放心，进而赢得了一份多年不变的"优惠"。

故事的哲理

你怎样对待世界，世界终究也会怎样对待你。诚信规范经营看似是一种"傻实在"，实际上在信任危机的时代，再没有比用有形有限的付出，获得无形无限的信任更"合算"的投入与产出了。你的经营越规范，别人也就对你越信任。信任，是品牌的基础，甚至核心。（杨光）

供应商突然送来一沓钱……
是规则与标准，而非人情，在决定企业命运

哲理的故事

2021年1月，临近春节，太平洋精锻采购部部长殷小林，突然收到一个刀具供应商送来的一大笔钱。这让他一下就警惕起来：是什么原因导致他要给自己送钱呢？殷小林及时报告公司董事长并将款项上交公司财务。

当时，太平洋精锻正在彻查一批供应商，这个刀具供应商十有八九从哪里听到了风声，做贼心虚，于是就想用钱摆平。本来没想着这么快就查到这家头上，没想到他主动送上门了。好，那就先查查这个刀具供应商。

殷小林先从这个供应商的刀具真假开始查起，将外包装和标识全都一样的真假两种刀具放在一起，请别的供应商辨别，结果一眼就指出了那个刀具供应商的贴牌刀具。

果然有鬼！刀具属于耗材，贴牌的刀具虽然不至于影响产品质量，但大大影响了采购成本。

殷小林拿着问题刀具和"赃款"找上门，让那个供应商自己承认错误。结果，这个供应商概不承认。由于他是代理商，于是就又找到了生产商，可生产商的销售人员还帮着打掩护，提供虚假证明。

殷小林看他们不知悔改，也不必再留情面。其实每一个刀具上面都有唯一的码。是不是贴牌货，"码"上见分晓。殷小林还整理出了和这个供应商合作以来的所有数据账单，一一查验，发现这个刀具供应商一开始供货并不假，后来胆子越来越大，开始以假乱真，并以为可以瞒天过海。直到东窗事发，才慌了手脚。

看到殷小林铁面无私地一查到底，期间还有人找他说情，让他差不多得了，能交差就算了。但殷小林不为所动，他说："我要对得起公司，不能做有损于公司的事。只有公司越来越好，老板发我薪水，我才能养家糊口。想想2000年之前，半年发不出工资的滋味，实在是太难受了，再也不想过那样的日子。"

就这样，殷小林通过清查这个刀具供应商，为公司挽回了一大笔损失。

故事的哲理

有些事，是德国企业无需面对，但中国企业非常头疼的现实，那就是人情。没有一个中国企业在做管理时，不面对人情的纠结。其实，纠结与否，只取决于管理者视野的长短。只要放长远，规则与人情，谁才是决定企业命运与自己饭碗的，不言而喻。面对人情难题，管理者是不是能够从长远根本去看待规则，而不是眼前得失去患得患失，是决定性的。（杨光）

压出来的提前 10 天交付
管理，就是用异常来倒逼潜能

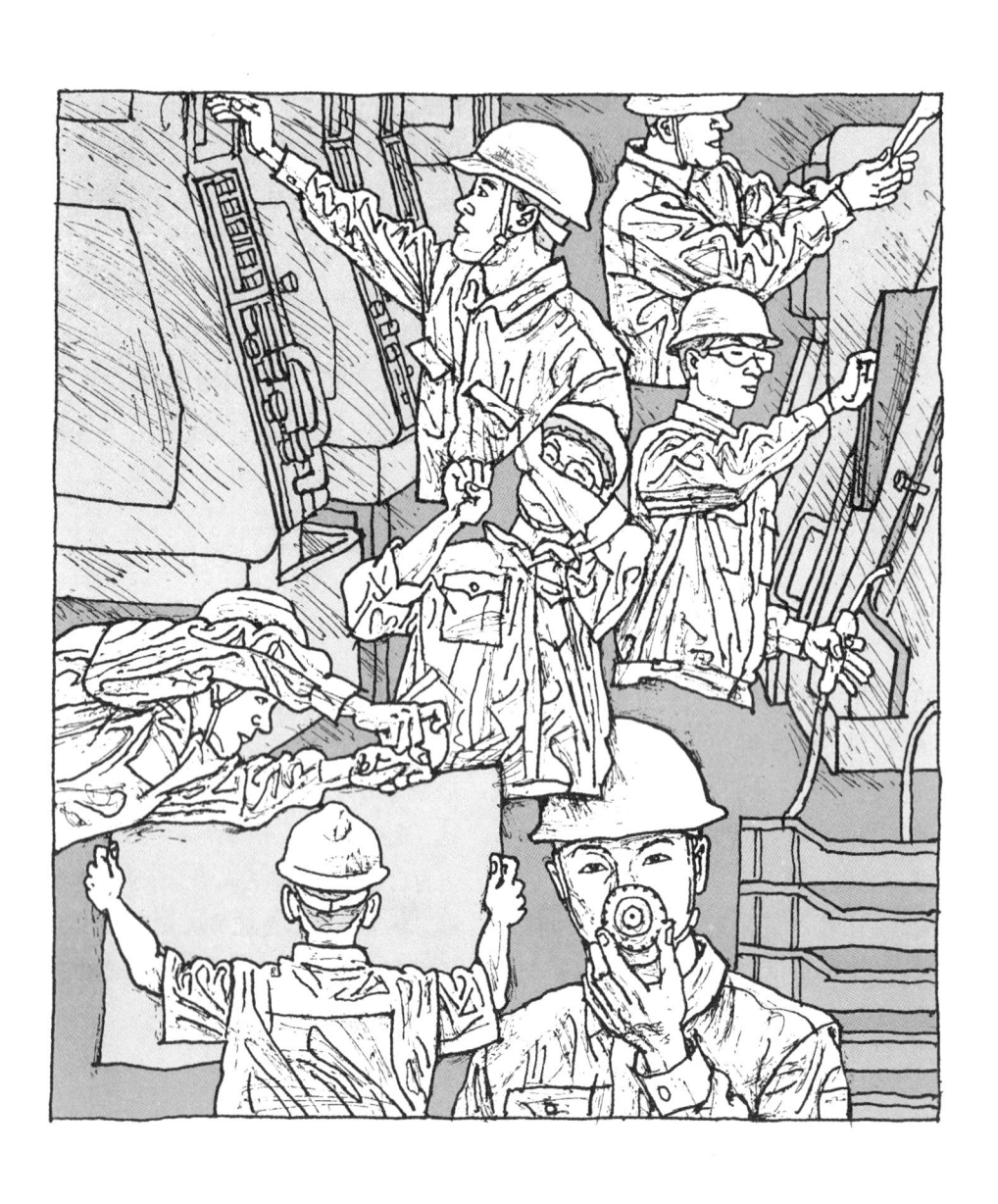

哲理的故事

2022年4月底，太平洋精锻技术开发部与江西的一家客户达成了一个项目合作。机加工科科长徐爱国，作为项目负责人对于产品的开发生产列出了工期计划，需要从5月5日到7月5日两个月时间完成。

当把计划周期发去后，客户却迟迟没有确认交付日期，给人的感觉是不着急要货。直到过了1个月才说出交付时间。只不过，不是7月5日，而是6月25日！工期整整缩短了10天！

要知道，太平洋精锻的产能本来就紧张，除了这个产品之外，同时还有其他十几个产品都在赶工期。这可给项目组出了难题。但客户就是上帝，只能答应下来，想办法解决。

"倒排工期！一天一上报。"徐爱国和项目组讨论后一致决定。在交付日期雷打不动的基础上，往前倒推：哪一天做什么工作，严格按照时间节点进行。为了确保能准时拿到货，客户还亲自派了人来盯着，每天汇报进度。

自己车间完不成，徐爱国只好去协调别的车间资源。但因为都在赶工期，协调并不是那么容易。为此，项目组没少挨抱怨，甚至白眼。但活儿又不能不干，只能赔笑脸。还有的工艺员黑白班连着上，眼看吃不消就要罢工了。好在6月26日晚上终于完成了交付，虽然迟了一天。但客户知道有自己的问题，还开玩笑说："太平洋精锻压一压，还是能做出来的。"但徐爱国知道，今后一定要和客户提前确认交付计划，防止措手不及的变动。

但自此，这家江西客户对于太平洋精锻又一次增加了好感，后面又合作了更大的订单。

故事的哲理

管理的价值，就是为了应对异常。而作为工业企业，作为一个漫长产业链的一环，产品如期交付有可能决定一个产业能否顺利运营。因此，作为工业配套企业，交付就是生命线。作为高品质的企业，就是要用交付来统领一切资源；而高品质的管理，就是要用异常的交付来倒逼组织本就有的潜能。（杨光）

要罚先罚夏汉关
"低价中标"就是饮鸩止渴

哲理的故事

2003年的一天，太平洋精锻热处理车间正在安装一台热处理炉子。突然，一扇炉门掉了下来，直接砸断了临近员工的一根手指！

大家赶忙把员工送去了医院，然后就开始追究事故责任。时任总经理夏汉关首先找到设备科，询问时任设备科科长黄生华："针对这起事故，公司决定对设备科安装工人和热处理车间主任2人做出处罚，你怎么看？"

"我觉得只处罚他们2个人不对，应该处罚11个人，而且要罚先罚您！"黄生华立马反驳道。

夏汉关顿时一愣，接着问道："怎么讲？"

"因为当初引进这家供应商的设

备,是您签的字。"黄生华直言不讳。

原来,公司在引入这家供应商之前,是有一家长期合作的热处理炉子供应商的。只不过之前的这家供应商涨价了,于是出于控制成本和货比三家的想法,公司决定换一家供应商。正常来说,替换供应商是要经过一番调研和试用评审的,可就在这时,热处理车间的人以热处理专业需求的角度推荐了一家供应商,价格还更便宜,然后由供应科汇报给了夏汉关。

在了解了热处理车间的采购需求和测试效果之后,夏汉关在采购单上写下了:同意选择合格供应商。

"价格是优惠了,但谁说这家供应商就一定是合格的了?谁能保证它的安全性和可靠性?"黄生华进一步质问道。

这个时候,夏汉关才知道,热处理车间的推荐人和这家供应商是有人情关系的,例行的评审其实并没有做。正是由于炉子的质量不过关,导致设备安装延迟交付,并出现了安全事故。夏汉关想了想,的确是由于自己的疏忽,而轻易签了字,才使得这次事故最终出现,所以他愿意一起接受处罚。

于是,针对这起事故的处理,从原来只处罚设备科安装工人和热处理车间主任2人,变成了处罚上到总经理夏汉关,进而设备科正、副科长,安全科科长,热处理车间主任,质量保证部副部长,供应科科长,安装工人以及供应商等所有涉及到的共计11人。

"以后再也不许这家供应商踏进公司半步!"夏汉关非常坚决地说道。通过这件事之后,不仅又改回了原来的供应商采购,而且也使太平洋精锻对于供应商的质量把控,变得更加严格起来。

故事的哲理

日德制造之所以强大,而中国制造之所以还不够强大,其实和各自看待供应商采购的核心理念有关。当中国企业(也不止企业)为了短期的一分小利,甚至个人私利,而理直气壮地无限压榨和频繁更换供应商时,日德企业却总是从生态价值链的高度去看待产业上下游,因为他们认识到了:拥有关系能稳定的供应商,才是最"过硬"的采购;拥有质量更过硬的供应商,才是最"便宜"的采购;拥有利润有保证的供应商,才是最"可靠"的采购。相反,陶醉于"最低价中标",才是真正从长期、从根本上伤害产业生态、妨碍工业文明的"饮鸩止渴"。(杨光)

工会是个大麻烦?
工会，是值得员工信赖的"娘家人"

哲理的故事

1997年12月的一天，时任太平洋精锻党支部副书记的任德君，向远在美国的时任董事长叶涛坚先生发去了一份传真。传真的主要内容是，申请成立太平洋精锻工人联合会（简称工会）。

结果，这个申请当时就被叶先生

否定了。要知道,叶先生生活在美国,而"工会"在美国是个无比敏感的字眼,是经常和"罢工"联系在一起的。20世纪80年代,美国几大航空公司,都受尽了美国航管员工会的折磨,造成空中导航一度瘫痪。所以,他认为自己公司也学人家成立工会,岂不是自找麻烦?所以,否了没商量。

但任德君并没有就此放弃,他知道,彼时的太平洋精锻尚处于探索阶段,充满了希望。那么,为了让全体员工参与其中,对公司的终极目标同心同德,进而形成强大的执行力,就需要有一个组织来主导与协调。

于是,他据理力争地向叶先生解释,中国的工会和美国的工会是不一样的,美国的工会更侧重于保护工人利益,但中国的工会则是在政府的监督下,对企业和工人双向保障:既保护工人权益,也维护企业利益,二者互为作用。

"工会成立以后,将会对员工奖惩、工资福利、工作时间、工作环境、工作绩效、社会保险等等进行监督,这些越规范就越利于管理,当然也就越能够促进企业的发展。"任德君进一步说道。

也就是说,工会其实是在公司和员工之间建起的一条有效合理的沟通渠道,非但不是像美国的工会那样和企业对抗,反而是让企业管理变得有章可循。了解完这些之后,叶先生的态度有所缓和,决定重新考虑一下,并于1998年初,同意了工会的成立。

工会成立之后,首先解决的就是员工最为关切的工龄问题。由于太平洋精锻中方股东原来属于乡镇企业,后来双方投资设立中美合资企业,按说应该像大多数企业那样让前面的企业买断员工原来的工龄,新企业再重新计算工龄。但在工会的争取下,不仅为员工延续原来的工龄,还补缴了之前应缴的社会保险。

有了工会的协调与保障之后,真正做到了公司经营目标中提到的让员工满意,让客户满意,让股东满意,让社会满意。叶先生起初担心的大麻烦,反倒变成了一项多赢的利好。

故事的哲理

工会,被称为是职工的"娘家人",不只是一种身份,更是一份责任,一种担当。所以,信任,是工会追求的最高境界,也是职工对工会的赤诚托付。(任慧媛)

2
开放·学习

对外，中国企业能够发展壮大，能够走出国门，
参与国际竞争，受人尊敬的关键所在，
就是开放与学习。这是一种观念，也是一种能力。
对内，在这个信息爆炸的时代，商业模式层出不穷，
企业面临的环境日益复杂，想要长久保持活力，
就需要全体员工保持海纳百川的学习力，
这是企业发展的软实力，
也是企业突破重围的竞争力。

开放，不仅可以取人之长，
还可以纠正我们的不足之处。
我们中国的工业化道路
不也是走别的国家成功走过的路吗？
只不过人家走得早一点，我们跟在后面走。
我们要做的是，人家走的弯路我们不走。

——夏汉关

谁动了我的奶酪
赠书育人，管理者善借之力

哲理的故事

　　1990年代，正处于创业初期的太平洋精锻，日子过得还不算富裕。但在时任副总经理夏汉关看来，虽然不富裕，但也不能停止学习。他不但自己学习，还不断影响员工也跟着学习。

　　夏汉关不管走到哪，都有爱看书和买书的习惯。有一次，在出差途中，遇见《谁动了我的奶酪》这本书，便翻开来阅读。

书中，同样是面对奶酪不见了这一突然变化，其中的两只小老鼠，一只能够及早嗅出变化的气息，始终保持警惕，不安于现状；另一只能够迅速行动，开辟新方向，寻找新的食物来源。两只老鼠很快都找到了更新鲜更丰富的奶酪。

其中还有两个小矮人，一个小矮人因害怕变化而否认和拒绝变化，自欺欺人地停在原地等待永不复返的奶酪，最后郁郁而终。另一个小矮人，虽然面对突如其来的变化也曾手足无措，也曾幻想或者抱怨，但当看到变化会使事情变得更好时，能够及时调整自己去适应变化，最后也找到了更多的奶酪。

夏汉关一下就想到了这四个典型角色用来对应公司里的几类员工简直太贴切了。所以，他认为这不仅是一本好书，而且是一本可以影响员工思想的书。

于是，夏汉关当即决定买了几百本回来，给公司每个员工都送了一本。这本书，一度成为太平洋精锻很多员工的枕边书。通过浅显的道理，使太平洋精锻员工明白了，奶酪不可能永远存在，也不可能永远新鲜，就如同对于现状要积极寻求突破，敢于做出变化。员工们对于工作有了一个更加端正的态度。

通过读书，让书中的道理在潜移默化中影响员工思想，进而启发和成就员工，这已经成为夏汉关引导员工的一种重要方式。

故事的哲理

海尔张瑞敏在创业30年时曾说："企业即人，管理即借力。"而好书，恰恰是管理者以极低成本就可借来的给力之力。事实上，张瑞敏之所以能成为中国企业管理变革的持续探索者，主要来自于他每年海量的阅读与持续的思考。古人云："书中自有黄金屋。"读好书，是管理团队重新认知世界趋势、持续领悟企业战略，进而改变人生态度与思维习惯的最好办法。（杨光）

Story & Philosophy of Pacific Precision Forging | 041

当"拿来"的封面被"撞破"……
坚信因祸得福,是创业成功的护身符

哲理的故事

1993年，在中国走上市场经济的春风里，日本著名的精密锻造模具制造商"你期待"株式会社，来到中国参加模具展会。当时太平洋精锻时任副总经理夏汉关也前去展会参加交流。

期间，夏汉关拿着一本太平洋精锻的样品册前来"你期待"展位打招呼，希望今后加强交流。由于"你期待"是第一次听说才创业一年的太平洋精锻，一开始并没有太在意。

但接下来，影响历史走向的事件发生了。

夏汉关手中翻动的太平洋精锻样品册，吸引了"你期待"团队的注意。因为，册子的封面，正是他们"你期待"公司的图片！

于是，"你期待"的一位中国翻译指着那张封面，善意而含蓄地提醒了一下夏汉关。

面对"拿来主义"意外被撞破，双方说尴尬也真尴尬，说有缘也算有缘。在日方看来，虽然这已经是三四年前的过气老图片了，但既然会有中国公司用到这张图片，这也说明"你期待"已经名声在外了。

再往前倒，20世纪50年代，其实日本同样是亦步亦趋地跟在美国创意后面的。电脑是这样，半导体是这样，消费类产品是这样，通信产品还是这样。这其中，日本技术人员就经常翻看美国的杂志以及学会会刊，进行研读和吸收。因此，"你期待"并没有面露不悦。

而此刻"撞枪口被揭穿"的夏汉关，也并没有自惭形秽扭头逃离，而是大大方方和"你期待"的人员继续做了进一步交流。

夏汉关和"你期待"都没想到，凭着这个"拿来"的封面，双方的不解之缘，竟就此开始。

转过年，才"两岁"的太平洋精锻，就找到"你期待"合作引进了两条精密锻造的全自动生产线——这也是当时国内唯一一家引进全自动生产线的锻造企业。自此，彼此的关系也进一步熟悉起来。

故事的哲理

福祸相依的道理告诉人们，并不是每件看起来不走运的事带来的都是厄运。因祸得福，要成为创业者时刻坚守的信念。作为追赶者，"拿来"并不尴尬，尴尬的是不求上进，没有通过学习进而超越的决心！（任慧媛）

白袜子，黑袜子
大智慧都在小细节里

哲理的故事

太平洋精锻董事长夏汉关闲暇时，喜欢翻看老照片。但每当翻看到第一次去美国纽约时拍的一张照片，他都会感到非常不好意思。原因竟是因为他脚上穿的那双白袜子。

1993年，刚刚开始创业的夏汉关就带团队走出国门，到美国学习考察。为了在这种国际场合不给国家丢脸，他西装革履，并特地配了一双洁白的袜子。

结果，他的美国股东叶涛坚先生立即看到他脚上的白袜子，几天后便半玩笑般地对夏汉关说，他太太叮嘱他，下次到中国一定要给夏汉关带一打黑袜子。当时，夏汉关猛一听还没醒过味来，只是感谢老板娘体恤下属。但马上，他就觉得不对劲了：为什么偏偏要给他买黑袜子呢？

于是，他特意去查了资料。这才知道，原来西方人只有在平时休闲的时候才会穿白袜子，商务交往的时候应该穿深色西装配黑皮鞋和黑袜子。所以，在商务考察这种正式场合，夏汉关穿了白袜子，恰恰犯了国际商务礼仪的大忌。

又过了几天，叶先生和夏汉关团队一起吃早餐。但是叶先生需要临时先去一趟超市买东西，留下夏汉关几个人在餐馆用餐。按照中国人的习惯，遇到这种情况往往都会帮临时离开的人把早餐点好，而且认为这很正常。

但等叶先生回来，看到夏汉关等人已经帮他把早餐点好，顿时就变了脸色，郑重地说道："今天要给你们上一课，美国人很看重尊重人权，那我告诉你们什么叫人权。没有征求我的同意，你们帮我点了早餐，怎么就知道我一定喜欢吃这个东西呢？所以，你们今天就侵犯了我的选择权，这就是人权。"现场一度陷入尴尬。这个场面夏汉关至今印象深刻，恍如昨日。

诸如此类，叶涛坚先生不仅经常给夏汉关他们"上一课"，而且还总是及时送来最前沿的企业管理类书籍让他们学习。其实他就一个想法，改变夏汉关他们的思想，多出去走走看看，多学习新的东西。叶涛坚先生直言："即使我的投资亏损了，我也认了。但只要能改变你们的思想，追赶上世界的潮流，这也是一种收获！"

夏汉关感慨，一双白袜子让他知道了要注重国际商务礼仪，一顿早餐让他知道了什么叫人权。他对叶涛坚老先生充满了感激，也更加坚定了要多走出去持续学习的决心。

故事的哲理

领导者与管理者看似接近，实则不同。管理者只对绩效负责，只照章办事，确保制度和规范得以贯彻和执行就够了。领导者则必须有远见，不仅要让企业有明确的方向，还要确保组织不断适应变化，进而不断成长。一位合格的领导者，不仅仅是职场的领路人、职场技能的教练，还是挖掘员工潜力和才华的伯乐，更是员工的良师益友。并且，领导者善于将这些大原则、大道理、大智慧，统统融于工作生活的诸多小细节里。正所谓：一滴水，见太阳。（杨光）

从0到100% 独家供应的大逆转
坚持持续学习的心态，还要找准学习的路径

哲理的故事

20世纪90年代，初创阶段的太平洋精锻业务主要是汽车齿轮的生产制造。但诚如微笑曲线所呈现的，他们从一开始就知道，在汽车配件的这条链条中，不应该只停留在"制造"这一下游薄利环节，还要向"研发""设计"这些上游高端领域努力。

所以，时任副总经理的夏汉关每年都要带队去欧洲或者日本学习先进技术。但并不是每家企业都毫无保留地知无不言，一些企业出于技术封锁，重要车间根本不让进去看。

但要想在技术方面后来居上有所突破，就必须"师夷长技"。

于是，夏汉关想到了一条学习路径——先采购那些欧洲企业的模具。因为要采购模具，就要先去车间考察模具，而在考察的过程中就会看到生产模具的设备。这个时候他会先记下型号，然后按照型号再去购买同款设备。

在购买设备时，厂家会有一个调试过程，这个过程也是公开的，再做好记录。然后，还可以通过设备厂家找到购买同款设备的同行，前去参观学习他们使用同款设备的生产过程，再次做好记录。接着，是具体模具制造过程中的一些操作，太平洋精锻会再通过采购模具、考察模具的过程继续学习。最后，进行连贯。

太平洋精锻的这一做法和20世纪80年代日本"逆向工程"的做法异曲同工。他们买来竞争对手的产品和制造这些产品的设备装置，然后进行拆解，对每个部件进行彻底研究，吸收其设计思想，进而生产出了大量工艺先进的产品。

就这样，从锻造设备到检测手段到操作方法再到软件统计分析，一步步拆解，又一步步拼凑，最终太平洋精锻可以自主生产和设计模具。

虽然一开始是"拿来主义"，但太平洋精锻并没有单纯模仿，而是在巧妙吸收的基础上实现了超越。

德国大众汽车的变速箱齿轮起初是由日本一家企业独家供货。2003年，有了自主设计和生产能力之后的太平洋精锻从中分得了20%的份额，日本那家企业则变成了占80%的份额。到2008年，比例实现了对调，太平洋精锻成了占80%份额的那一个。再到后来，直接翻盘，太平洋精锻成了德国大众变速箱齿轮的独家供应商。

故事的哲理

学习，持续学习，善于学习，巧妙学习，是中国企业从起步者、落后者逐步走向工业文明，得以赶超世界的不二法门。日本企业当年就不是靠"捷径"而是靠"学习"，不是靠"引进"而是靠"吸收"，迅速完成产业价值低端向高端转化的。就工业发展而言，正是借鉴日德路径的昨天，决定了我们得以比肩日德的今天。（杨光）

被关照的"犯规"
超越，从做一个心底纯粹的学生开始

哲理的故事

　　1998年的一天，在日本著名的精密锻造模具制造商"你期待"株式会社的车间里来了一群人，开始参观学习。突然，有位瘦瘦高高的小伙子带着五六个年轻人，绕过特设的参观通道，直接走到了工人跟前，凑近了看工人操作，并且问了一堆的问题。

　　这几个年轻人来自中国的太平洋精锻公司。那位小伙子就是时任副总经理夏汉关，他这种"越雷池多步"的情况，其实已经算是"惯犯"了。

　　为了防止参观者影响工人操作，包括"你期待"等很多优秀企业都会设立专门的参观通道。但夏汉关为了能了解得更清楚，每一次来学习都不走专门的通道，而是一步到位地走到设备旁边。别人走马观花，他们恨不得拿起显微镜。从设备的型号到模具的设计再到模具的制造加工，他们逐一刨根问底，生怕错过一个关键点。

当时的太平洋精锻正处在创业阶段，经济上并不富裕，但他们为了能学习到先进经验，每年依然会雷打不动地两次派团队到"你期待"参观学习。所以，他们都很珍惜海外学习的机会，力求把每次机会都发挥到最大。

也许是被夏汉关等人的学习劲头所打动，对于这种本"不期待"的行为，并没有人制止，反而还得到了"你期待"老板田中先生的默许，甚至提出：对太平洋精锻完全开放。尤其是代表"你期待"竞争核心的模具车间，从不允许日本企业去参观，但田中先生却会自己主动带着太平洋精锻的人去车间学习。

一天的参观结束了，田中先生还会亲自陪着夏汉关及其团队去居酒屋吃饭。几杯酒下去，话匣子就打开了。田中先生会继续跟他们讲授经验，特别鼓励夏汉关他们：要多走出去，多参观学习，千万不要闭门造车。出游一趟花不了多少钱，但是得到的收获远比花费要大得多。微醺中，夏汉关对此铭记在心。

为了能让太平洋精锻快速成长起来，田中先生甚至从原来的欢迎夏汉关他们去学习，变成了"督促"他们去学习。夏汉关与团队也由起初的一年两次去"你期待"，变成了后来的一年多达四次东渡日本去取经。

直到2006年，对日本企业那些"道道"已然非常熟悉的夏汉关，依然积极报名参加了《中外管理》组织的"管理全球行——日本精益生产高级研修团"，去当时如日中天的丰田一探究竟。

从日本学成归来的太平洋精锻，果然青出于蓝而胜于蓝，甚至能够比师傅"你期待"更快地将新技术投入到市场应用，后来居上地成长为在全球领先的精密锻造企业。

故事的哲理

破界是否受罚，也取决于你为什么而破，又破得是否真诚。有时候，一种冲破界限的决心，一种剑走偏锋的执着，一种无以复加的热情，反而还会得到高人的青睐，甚至破格成全。因为任何"成色足"的成功者，最终都会殊途同归地拥有一种"教师"情结，都有一份"传道"情怀，都有一颗"惜才"之心。只要我们自己真是做到了一名心底纯粹、全身投入的学生，自助者必人助。（杨光）

副部长，业务员，再到副部长
学会用"优势"让"劣势"不再需要

哲理的故事

2000年，太平洋精锻"换帅如换刀"。但内部也难免随之出现动荡，进而影响到了东北市场的开拓。而东北是新中国汽车业的"龙兴"之地，东北兴则全国兴，反之亦然。所以东北失手不得。

当时的太平洋精锻正百废待兴，而新任总经理夏汉关又刚刚接手，急需大伙儿的支持，东北市场尤其如此。于是，时任技术部副部长的钱后刚挺身而出，向夏汉关提出，自己想从技术部调去市场部工作，开拓东北市场，减轻公司的困难，也挑战一下自己。"毕竟我原来没有从事过销售工作，所以我什么职务都不要，就从一个业务员开始干起。""副部长"钱后刚说。

不仅主动请缨横跨部门，还要求将自己的职务一降到底，夏汉关看出了钱后刚的决心。权衡之后便决定给他一个机会,答应了他的请求。

一开始,"业务员"钱后刚信心满满地把目标定在了黑龙江。但当他刚踏上那片土地时,热血的梦想都变成了冰冷的现实:人生地不熟,再加上没有任何销售经验,究竟该怎么突破?这可不是仅仅靠表决心就够的。

冷静下来,钱后刚开始盘点自己:自己虽然不懂销售,但在产品技术方面有着非常专业的优势。于是,他计划先跟客户聊技术作为突破,用技术带动甚至替代销售。

果然,一通百通。有一次,钱后刚在哈尔滨东安集团技术部了解到,有一款齿轮一直是从德国进口,不仅成本高,而且物流风险大,但国内一时又找不到替代。钱后刚拿起那款齿轮看了看便放下了。然后,从齿轮型号到技术参数再到模具设备,他如数家珍地与对方聊了起来。

眼见钱后刚是个行家,客户便开始和他做进一步沟通。结果,无论是和生产线上的员工,还是车间质量主管,或者是公司技术高层,钱后刚与他们交流起来,统统没有障碍,每次都能说到点子上,不仅专业而且高效。于是,他们暗自称赞,这是遇到"行家"了。不久,太平洋精锻就拿到了这款齿轮的独家开发与生产的业务。

当初,太平洋精锻的东北市场,仅限于给长春一汽集团小型解放卡车做零件配套,量比较小。经过钱后刚的开拓,太平洋精锻进入了哈尔滨东安汽车集团的产品开发体系。再加上当时正好赶上中国汽车市场的高速发展。所以,短短三四年的时间,东北市场的年销售额就达到了5000万元以上,占到了公司总销售额的40%左右。

因为业绩突出,钱后刚也从一开始的普通业务员,晋升到了太平洋精锻市场部副部长。此副部长,可早已不是彼副部长。

故事的哲理

扬长避短,还是取长补短,始终是一个问题。尺有所短寸有所长,任何一个人或组织,都会有短板。而短板是不是要立即去补,主要取决于一点:这个短板是不是靠自身优势或对外借势,都不可替代的,而且在主宰自己的命运。如果真是,那么就需要取长补短,比如一些底线要求。但如果并非如此,那么就应该坚决扬长避短。用人所长,扬己所长,是提升效率的优先原则。(杨光)

"13薪"元年
善用正面激励

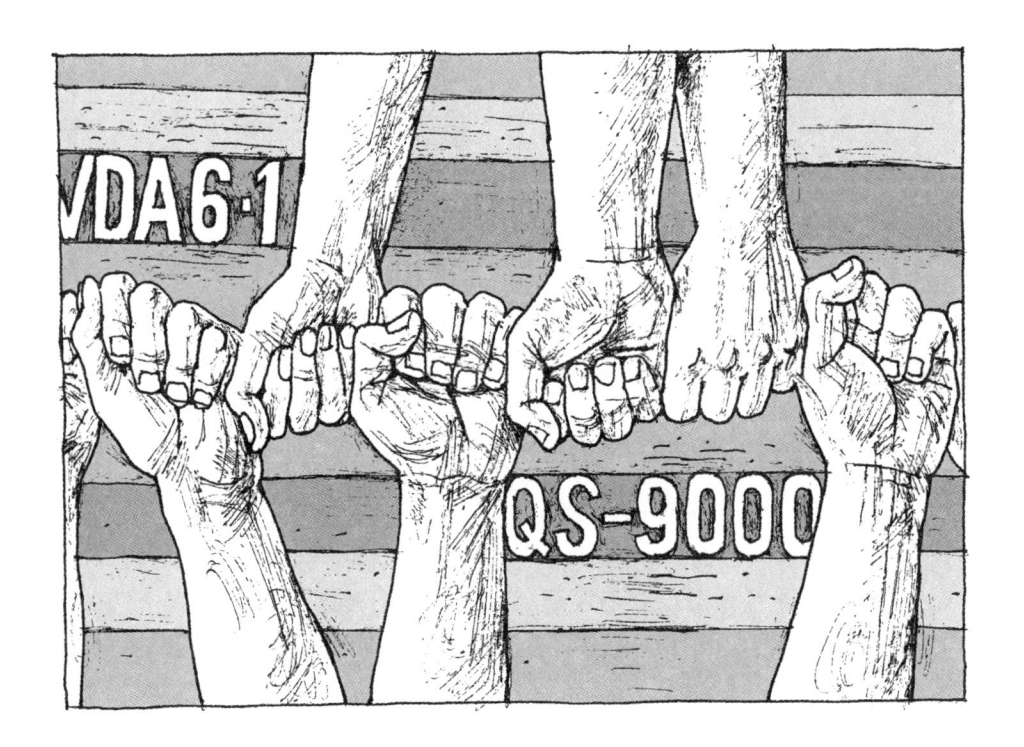

哲理的故事

在太平洋精锻，每人每年都有"13薪"，这令业界许多同行羡慕。而要说起这"13薪"的缘起，还得从新千年的开头说起。

20世纪90年代，美国三大汽车巨头每年在全球的采购量达1300多亿美元。而要成为这三家美国汽车公司配套产品的供应商，就必须达到QS-9000认证的要求。这也就意味着要与国际最先进的管理规则接轨，获得打入国际汽车零部件市场的"通行证"。

转眼，新千年到来了。这一年的

元旦，时任太平洋精锻总经理夏汉关在高管干部会上郑重宣布，今年一定要成功贯标美国汽车公司QS-9000标准。不仅如此，他提出还要一鼓作气拿下德国汽车工业供应商的VDA6.1第三方认证。

夏汉关同时宣布：如在年底前通过这两个体系认证，公司将拨出20万元资金奖励全体员工（即奖励一个月工资），另外拿出10万元资金对在取得认证工作中做出主要贡献的有功人员进行重奖。但如不能按期取证，将取消全体中层以上管理干部的年度奖金，同时将扣除全体干部员工一个月工资。

如此不给自己留退路的破釜沉舟，在太平洋精锻的历史上还是第一次。而此时，太平洋精锻正处于连续10年的亏损后能否走出阴霾，获得生存"资质"的关键时点。

于是，一个由夏汉关亲任组长，时任质量管理部部长的赵红军以及周稳龙、刘凤山等高管任副组长及三十几位中高管组成的项目攻坚团队，开始了一场上下同心、团结一致的努力。

体系认证是一项复杂的系统工程。从调研、策划、标准宣贯、培训、文件编写、文件修改、审定、QMS运行、内审、管理评审、模拟审核、第三方认证审核到注册发证，每一个环节都必须十分严谨，精雕细琢，容不得半点差错。

他们先组建成立贯标小组，并制定了明确的推行实施计划。然后，组织贯标小组骨干赴第三方机构进行培训。接着，赴客户现场学习。通过培训和实地考察的方式，让每位骨干对认证体系都有了系统的认知。最后，在实施过程中，又邀请客户质量经理来公司现场进行培训指导。

经过大半年的努力，凝聚着太平洋精锻心血和希望的QS-9000/VDA6.1质量体系认证终于通过了审核。自此，太平洋精锻进一步改进了质量，提高了效率，成功打入了国际汽车市场，业绩也开始持续攀升。当然，夏汉关也兑现了他的诺言，不仅在当年给予全公司上下"13薪"的奖励，而且也就此开启了年年"13薪"的奖励，从未间断过。

而2001这一年，自然也就成为了太平洋精锻"13薪"的元年，也是公司亏损的最后一年。

故事的哲理

在现实世界中，一个传奇的真正转折点，往往是乏味的。（杨光）

Story & Philosophy of Pacific Precision Forging | 053

不着急，再看一会儿
把从容，只留给学习

哲理的故事

2003年，时任太平洋精锻总经理夏汉关和时任市场部销售员钱后刚一起出差到哈尔滨，需要从上海浦东机场出发。于是，他们先从公司所在地泰州赶到了上海。看时间还挺宽裕，他们便没有直接去机场，而是走进了旁边一家书店。

一到书店，夏汉关就选出一本书开始看，并很快沉浸其中，双脚如同被吸住了一样，不能自拔。

"夏总，咱们该走了。"一旁的钱后刚看时间差不多了，开始提醒道。

"再看一会儿。"夏汉关答应道。

过了一会儿，钱后刚又提醒他，该走了。夏汉关依然说："不着急，再看一会儿。"到了第三次提醒，时间已经很近了，夏汉关这才依依不舍地合上书，边拿起行李边说："赶紧走。"

两人从书店出来，推着箱子拎着包一路飞奔。最后，几乎是踩着点儿登上了飞机。而这样的事情，经常发生在夏汉关出差的过程中。善于利用一切时间和地点学习，已经成为他的一种习惯。

一如欧阳修"马上、枕上和厕上"的"三上读书法"，飞机上、高铁上、大巴上都经常能看到夏汉关看书、看材料的身影。

正是在这点滴的学习积累中，太平洋精锻在夏汉关的带领下才实现了一次次质的飞跃。

故事的哲理

世界上最神奇的就是复利效应。一如知识的积累，大智者并没有聪明多少，只是更懂得和时间做朋友，一天一天，一点一点，一寸一寸，突然某天抬头，不觉间已华盖如伞。

天差地别，就在于一点一滴。你把自己的从容留给哪里，你就会成就于哪里。古今中外，皆如此。（任慧媛）

太平洋精锻有点儿"怪"
"综合就是创造"

哲理的故事

"我发现你们太平洋精锻有点儿怪,因为在你们这里能看到大众汽车的影子,也能看到通用汽车的影子,还能看到福特汽车的影子。"

2004年的一天,第三方审核机构来审核太平洋精锻汽车零部件配套体系认证时发出了这样的感慨。

当时,在一旁的时任质保部副部长贾建平听后笑而不言,因为他最清楚个中缘由。

20世纪90年代,美国三大汽车公司每年在全球的采购量达1300多亿美元,而要成为美国三大汽车公司配套产品的供应商,就必须符合它们的配套体系标准。

所以,从1997年开始,太平洋精锻就在不断搭建着各大品牌汽车的配套标准体系。到了2003年,正赶上配套体系的切换升级,由原来的小范围适用的体系改为全行业认可通用的体系。

虽然有标准的配套体系手册,但这只是理论部分,车间运行指标也必须达标。也就是说,知道标准和要达到标准是两回事。于是,在执行这件事的过程中,太平洋精锻专门成立了项目组,贾建平主要负责资料的收集与统筹。

于是,他决定博采众长。他到已经建立了标准体系的供应商那里现场参观,不仅做好记录,还想办法把人家的表单复印过来,回来再自己琢磨。遇到有福特、通用、丰田、大众的供应商来太平洋精锻考察合作时,只要有机会,就跟他们索要与审核方式、审核标准相关的资料。

只要感觉有用的资料,就都收集过来。然后,再把别人的一些好的做法或者好的标准融合转化到自己的内部管理中。这些资料贾建平到现在都还保留着。

所以,第三方审核机构感觉到的太平洋精锻之"怪",正是多方取经、多方融合的结果。

"你们的设备和工艺在国内我还没有看到过,你们的锻造工艺已经达到了国际先进水平,并填补了国内空白。更重要的是,你们团队不耻下问的态度和执着追求、好学上进的拼搏精神感动了我。"评审组组长说。

其实,当时的太平洋精锻和配套体系的标准要求还存在一定差距,但评审组依然决定通过审核。因为他们觉得太平洋精锻充满了潜力和希望。

正是有了这块"敲门砖",太平洋精锻的国际业务合作逐渐多了起来,每年销售额都保持30%以上增长的速度。

故事的哲理

《中外管理》杂志创办人、中国科学技术情报工作的创始人杨沛霆教授,对于古今中外的成功经验,包括他自己一生屡有建树的原因与诀窍,最终用简短一句就做了归纳:"综合就是创造"。世间几乎不存在真正绝对原创、绝对从0到1的创新。所有的创新,其实都是在前人已然取得的成功经验基础上,通过"综合"加以重新"锻造",最终成就了全新且属于自己的价值高地。牛顿如此,瓦特如此,爱迪生如此,福特如此,丰田如此,特斯拉也如此。为此,中国经济工作老前辈袁宝华先生生前多次强调:"以我为主,博采众长,融合提炼,自成一家。"(杨光)

夏汉关为什么学会挣钱了，却反而选择去上学

保持一份"知道自己不知道"的清醒

故事的哲理

"夏总，你应该去读书，否则公司未来发展一定会遇到瓶颈。而且，我建议你要读就去读EMBA。"太平洋精锻的美资股东叶涛坚先生在2004年的一天，非常郑重其事地向刚刚带领企业走出十年亏损、迅速开启盈利周期的时任总经理夏汉关，说出

了他的担心与建议。

当时，由于身体患病，已力不从心的叶先生决定把公司股份全都转让给夏汉关团队。但他在寄予厚望的同时，又有他的深谋远虑。他知道，经营一家企业，除了凭借经验和实践，还需要站在高人的肩膀上看世界。所以他希望夏汉关去读书深造。

叶涛坚先生也是用心良苦，甚至事先把要去深造的学校都帮忙选好了，一个是北大光华管理学院，另一个中欧国际工商学院，而且两个学校他都亲自写了推荐信。

最终，夏汉关被中欧国际工商学院选中。前去面试时，一位教授问夏汉关："你来读书的目的是什么？"

"我来这里读书不是为了日后找一个好工作，而是为了提升能力，'充电赋能'后带领企业进入到更好的状态；如果个人能力不及，就从校友中再请高手把企业干得更好。"夏汉关答道。

夏汉关被顺利录取。初进校园的他就像是刘姥姥进了大观园，一切都是新鲜的，他第一次发现，会计学教授竟然只通过一张财务报表，就能把一个企业由表及里分析得头头是道。

回到校园，仿佛新打开了一扇窗，让夏汉关看到了企业管理的另一番天地。

从财务到证券到经济学再到精益生产，总共20多门课程的学习。他像海绵吸水一样，如饥似渴地吸收着知识。在此之前，夏汉关的确更多是凭经验来管理企业。经过这次学习之后，他的管理水平在理性高度上跃上了一个更高的台阶。

中欧EMBA学业结束时，夏汉关主笔的《太平洋精锻发展战略研究》成为班级高分通过的毕业论文。这两年的学习，也极大地开阔了夏汉关的国际视野，使他完成了人生中一次重要的蜕变。

故事的哲理

几乎可以肯定，讲台上的教授，没有台下的经营者实战经验多。但经营者在探索实践后再回炉深造的意义，其实并不只是直接学到了多少闻所未闻的知识，而是让自己学会用理性思考，而不是凭直觉来实践自己企业的明确认知。更关键的是，由此始终保持着一份"知道自己不知道"的清醒。格局与心态，而不是知识或经验，对于经营者才是第一位的。（杨光）

你希望你的孩子像你一样吗
用员工自己的逻辑来改变员工

哲理的故事

2008年,太平洋精锻新招聘来一批年轻员工。本来是要充实公司力量,结果个别人却让部门负责人有些头疼。

机加工车间有个小伙子,特别缺乏上进心,一下班就喜欢回家打游戏。

车间主任看在眼里,急在心里,年纪轻轻就把时间和心思都花费在打游戏上,工作态度还不端正,长期下去,不就被淘汰了吗?但无论怎样劝说，只是不见效果。于是他找到了时任人力资源部科长孔令军，说人是他招聘来的，这事儿他得给管管。

于是，孔令军找来了那名小伙子谈话。

"放下手里的游戏，多看看身边的榜样，人家干得多干得好，进步又快，咱们干得少，还不成长不学习，考核总是在末尾徘徊，不觉得没面子啊？"孔令军语重心长地说道。

小伙子脸上显露出一丝慌乱，心想这是要被通知离职吗？于是说道："其实我也知道打游戏没什么意义，但我也找不到努力工作的意义。"

"看你年纪也不小了，下一步就是结婚生子，肩上就要负起更重的责任，尤其是教育孩子。如果为人父母都在放弃自己，凭什么要求孩子努力！如果孩子看到你这个样子，会不会很失望，觉得放弃自己是一件很容易的事？"孔令军继续说道。

听孔令军这么一说，小伙子默默低下了头。

"你知道，公司跟江苏大学和常州大学合作办大专班。咱们一些中专毕业的老员工，都利用下班之后的晚上时间努力学习，陆续拿到了大专学历，有的员工还继续专升本。你既然已经是大专学历了，何不把打游戏的时间用在'充电'上，继续专升本呢？这对以后晋升涨薪都有好处啊。再说拿了学历是你自己的，公司给报销学费，还有津贴，何乐而不为呢？"孔令军提出了建议。

小伙子一听，不但没有被通知离职，还给迷茫中的自己指了条"明路"，思想马上出现变化，意识到：如果一味混日子，时间长了自己都不好意思待下去了。在这里干不好，以后到哪里又能干好呢？

从那之后，小伙子开始融入公司的学习氛围中，不到两年时间就取得了本科学历，不久便步入了公司的管理序列，彻底从"游戏"人生，变成了人生"有戏"。

故事的哲理

管理者对待不思进取的员工，不是只有批评、扣工资，或者炒掉，用恰当的方式刺激他们，让他们有所触动，反而能起到事半功倍的效果。而刺激与触动，来自管理者对于个体人性的深刻洞察。毕竟，没有人喜欢被他人洗脑，每个人的重要改变，本质上都是其自身逻辑的一次重新发现。也就是说，每个人都是被"自己"说服的。而优秀的管理者，就是使之化于无形。（杨光）

一个只有夏汉关敢用的人
人的忠诚，是在关键时刻信任出来的

哲理的故事

2003年，一位电脑修理店的店主辗转找到太平洋精锻总经理夏汉关毛遂自荐，说自己家中有个挺优秀的人才，希望来太平洋精锻找份工作，并递上了一份简历。

夏汉关一看简历，不禁开始奇怪——好好的研究生怎么会找不到工作？于是决定和这名研究生当面聊聊。

这名研究生名叫王长华，见面之后"相当"诚实，上来就引爆一颗雷——坦言自己练过法轮功！

原来，当年国防科工系统招录100名优秀硕士生，王长华取得了第10名的好成绩，被分配到国防科工委工作。但很可惜的是，他在大学时不慎接触了法轮功组织，误入歧途。工作后继续"信教"，不久便被政府发现。可想而知，单位立即辞退了他，并通知了王长华所在原籍江苏泰州姜堰公安局来人直接带了回去。

被转到地方之后，王长华只好再去找工作。他学的是电子信息化专业，又是研究生学历，江苏联通本来决定录用，结果一经政审发现了"案底"，便取消了录用。之后，王长华又连着找了几次工作，却都因为"历史"问题，没有一家企业愿意录用。

求职无门的王长华，只好跟着家人做起了电脑维修的小生意。

一个优秀的研究生，会就此沉沦吗？

"我就跟你讲一条，不管任何朝代，其实都有宗教信仰（所以，信教不是问题）。如果一个宗教能够给老百姓带来好处，当然应该值得尊重。但是如果这个宗教对社会带来了不好的

太平洋精锻的故事与哲理

影响,那咱们就得主动回避。你说对吗?"了解了情况之后的夏汉关,并没有神色突变,而是舒缓而中肯地表达了自己的看法。

看到王长华凝重紧张的表情中有了一丝放松,夏汉关进一步说道:"所谓年少轻狂,由于年轻人认知水平的局限,对很多问题的认识不够客观,难免偏激。但这也从侧面说明了你们对世界充满了兴趣,反倒是很有可塑性。"

之前王长华面试那么多次,每次用人单位一听说他"这一段"经历,皆是避之唯恐不及,没有一家企业的面试官如此真诚地跟他说过这些话,不禁热血上涌,感觉相见恨晚。这一下,两个素昧平生的人就谈了一个多小时。最后王长华说:"夏总,我现在最需要的是信任两个字,如果公司能够录用我,我没有任何条件,一定会好好工作!您用了我,我一定会让您觉得物有所值!"

对于绕不开的"历史问题","您放心,到公司后我绝对不讨论那些事情!我要对得起我这个岗位!"王长华又进一步向夏汉关做出了保证。

夏汉关决定给他一个机会。

听说夏汉关"居然"录用了王长华,当地的派出所担心出事,马上就找来了。夏汉关当场说了这样一番话:"政府教育一个人的目的是什么?不就是让他成为对社会有用的人才吗?如果一个人一步走偏了,社会就都抛弃他,逼得他只有自暴自弃,那将来不是更糟糕?我都愿意转化他,你们又为什么不愿意和我们一起担起责任呢?"

事实证明,夏汉关没有看错人。得到了公司的接纳与包容,王长华非常珍惜这次机会,所以工作格外努力。后来,他已经成为公司的信息化业务骨干和部门主管。当然,作为骨干,也就不乏有别的公司开始打他的主意,想要挖走他,但他都不为所动。他说:"是这家公司给了我第二次生命,只要公司不裁掉我,我会永远在这家公司干下去。"

故事的哲理

西方有谚语:每一个人都是一个被上帝咬过一口的苹果。

对于人才,从不存在没有缺点的完人。企业的核心价值,在于造物中实现造人,并成就人。而只有相信人,才能成就人。不相信人性的善,也就不足以约束人性的恶。人的忠诚,是在关键时刻信任出来的。人的贡献,是由识人伯乐激发出来的。(杨光)

你不能只是个翻译
重新定义职责

哲理的故事

"我们不招翻译，我们要的是外语很好的生意人。"

这是太平洋精锻董事长夏汉关对公司的翻译经常说的一句话。他认为语言只是一项技能，而不是一个职业，做翻译应该有商业头脑。

对于这一点，市场营销部常务副部长王春霞深以为然。

2014年的一天，在海外事业部担任科长的王春霞收到市场部同事发来的一份介绍项目的资料，需要翻译，然后发给国外客户。为了保险起见，王春霞在翻译之前都会先校对一遍中文，结果这次还真发现有一处尺寸数字前后计算不一致。王春霞心想，幸亏仔细看了一遍，否则这要是机械地翻译出来，发给客户，不仅影响判断和理解，而且一定会给国外客户留下工作不认真的印象。那么后面的合作还会顺利吗？

于是，王春霞找到市场部同事，然后找到技术部，重新计算，才得出了正确的数据。就因为这个数据，差点酿成一笔赔本儿的买卖。市场部和技术部同事均为自己的粗心表示不好意思，同时也非常佩服王春霞的专业能力和把关水平。比起普通翻译最多只会改个病句，挑个错字，王春霞却更深一层地看出了专业错误。

原来，王春霞在做翻译之外，还学习了机械制图和画图，掌握了一些数据的计算方法，而且还经常到车间去熟悉流程，收集数据。正是有了这些积累，使得她不再只是一名翻译，而是一名懂业务的翻译。这也是为什么一名普通翻译能够很快就担任起市场营销部常务副部长一职的主要原因。

同时，王春霞还成为了太平洋精锻与德国大众齿轮专家互相交流的中间桥梁和大众所有项目的商务负责人，真正做到了董事长夏汉关所说的懂外语的生意人。

故事的哲理

每个人的职责是什么呢？经过培训，清洁工的职责可以是"修理工、摄影师、急救员、保姆……"任何一个行业的职责范围都具有延展性，只要你想做，你的服务范围可以无限扩大，你的岗位地位也可以随之有天翻地覆的变化。其实，你的价值，取决于你怎样定位自己。（杨光）

"光杆司令"动起手来
问题和答案都在现场

哲理的故事

2015年8月,太平洋精锻二车间,一台多工位自动化压力机安装完毕后,正在紧张地进行着模具的装配和联调联试。因为生产系统正面临着客户每周2万件的交付压力,急需这条自动线调试正常后交付生产使用,以解决生产瓶颈。

时任技术开发部工艺员王亚超负责这条生产线模具装配调试的技术指导工作。可是就在他接到任务准备执行时，却发现自己成了光杆司令，无人可调配。一线生产人力物力全都扑在了保交付保发货上，抽不出人员。

时间不等人，一边是每周2万件产品的交付压力，一边是一大堆大大小小亟待装配的模具，像两块摞在一起的大石头堵在王亚超的心头。

于是，他找到了部门领导："既然没人支持，那我就撸起袖子自己干，尽快完成模具装配工作。"领导同意了，并给他派了本部门同事王晓飞协助。

可真到了动手阶段，王亚超才发现，从指导模具装配到亲自操作完成模具的装配，中间存在着理想与现实的巨大差距。无论是工具使用的熟练程度，还是模具装配过程中操作小技巧，他都有所欠缺。

当时正值三伏天，生产现场酷热难耐，两人热得汗流浃背。这也令他们深切感受到了一线师傅们的不容易。

经过一天的努力，两人终于完成了所有模具的装配和调试调整，确保了第二天整条生产线联调联试的正常开展。

通过这一次实际操作，更加深了王亚超对理论设计一定要和生产实践相结合的理解，并在设计思路和人性化安装上有了很大启发。随后，王亚超对相关模具的设计做了进一步改进优化，还创新出了针对4工位冲孔模具和5工位切边模具的两个实用新型专利。

也是通过这一次的实际操作，使王亚超萌发了从技术开发走向车间管理的想法。他觉得，一切落地都在车间，一切答案也都在车间。如今，他已经成为太平洋精锻全资子公司天津传动精锻车间主持工作的副主任。

故事的哲理

对于制造业来说，要真正做出品牌，基础一定是精细化的品质。精细化管理，就是要重视现场、重视过程，随时发现现场、过程中的问题，并将这些问题显性化、可视化。所有管理问题和解决办法，都在现场。现场是发掘并导出管理、员工的无限可能性的道场。"让听得到炮声的人来决策"看似只是授权，其实它是管理的真谛。（杨光）

为了资本市场，重翻大学课本
知识只有为了实践动起来，才会有用

哲理的故事

2020年3月20日，太平洋精锻作为上市公司与券商、律所、会计师事务所就非公开发行召开了第一次中介机构碰头会，明确了非公开发行项目各项任务责任人以及完成时间。

公司财务部接到的任务，是配合提供各项尽职调查所需的资料清单。但其中有一项紧急任务是4月1日之前完成募投项目可行性研究报告的经济效益测算初稿。而销售、技术以及战略发展部工业工程科，向财务部提交资料的时间是3月25日。这意味着财务部需要在6天之内完成经济效益测算。

然而，财务部之前并没有做过这类的经济效益测算，缺乏经验，没有现成的可参照资料，也没有人可商量探讨，而且这个时候再请研究院来协助完成已保证不了时间节点，任务又不能拖延。

这可给负责这项任务的时任财务部副部长陈攀出了一道难题。正在一筹莫展时，细心的陈攀突然想起了之前研究院曾经为公司其他项目编制过可行性研究报告，报告中有一处写道：财务评价是按照《建设项目经济评价方法与参数》的评价方法和格式深度对投入产出情况进行的财务计算和经济效益评价。

再加上陈攀作为财务专业人员，有一定的相关理论基础。所以，她觉得，理论基础结合评价方法是可以完成经济评价的。于是，陈攀决定自己独立建立测算模型。

说干就干，她先回家翻箱倒柜找出了压箱底儿的大学《财务管理》课本，花了一天时间温习了"现值""可回收期""内部收益率"等投资章节的理论知识。她又从网上下载了《建设项目经济评价方法与参数》最新版，并用3天的时间读完了200多页的资料。完成两项基础工作后，陈攀利用自己擅长的excel建出了测算模型。

为了保险起见，先做个试验。陈攀导入了研究院之前为公司编制的可研报告中的基础数据，发现模型生成的效益指标结果与研究院出具报告中的结论基本相符，这便验证了这个模型的可靠性。

最终，陈攀在3月31日交出了使用该模型测算出来的募投项目经济效益评价结果，获得了领导和同事的一致认可。而且，在太平洋精锻2022年可转债项目实施过程中，陈攀建的这个模型再次发挥了重要作用。

如此一来，不仅不用再找设计院外协，节约了成本，还能控制一些机密、敏感信息的接触范围，最主要的是提高了测算效率。

虽然那段时间每天都要忙到后半夜，第二天还要准时上班，但陈攀认为，自己的价值得到了体现，能力也得到了提升，全力以赴去完成一件事情是幸福的，所有的辛苦付出都是值得的。

故事的哲理

学会知识是一回事，但学以致用又是另一回事。正如从未翻阅的书本，里面的文字同样不会映射入脑海中。这就是知识，你不行动起来就没什么用，除非它与智慧、责任、自我价值和行动相配合。人们常说"*知识就是力量*"，只有将知识转化为行动，你才能利用这种潜力。（任慧媛）

"落到"车间的"理论家"
基层现场是最好的干部历练

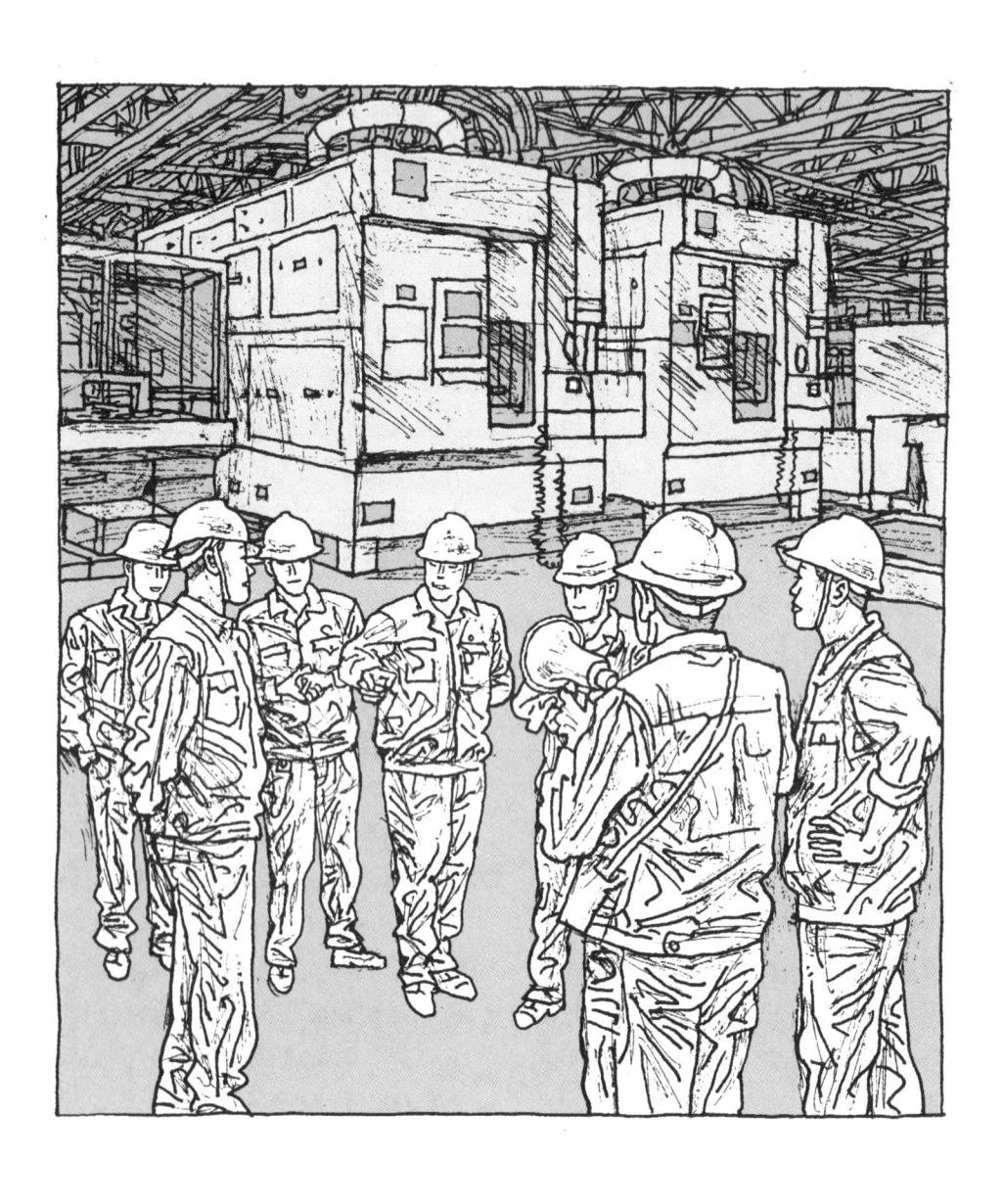

哲理的故事

2021年5月的一天，太平洋精锻生产总监钱后刚找到生产部部长助理辛鹏飞，打算让他去机加工一车间当副主任。

这让辛鹏飞有些意外和诧异。因为自己从2009年来到公司，虽然一直在做生产管理，但毕竟没有直接到过车间工作。能不能做好？他心里有些打鼓。

"你做事的方式比较有思路，但缺少实践经验。所以去锻炼一下，积累一些一线经验，对你有好处。"钱后刚看出了辛鹏飞的犹豫。

"任重道远，我尽力而为。"

虽然辛鹏飞答应了，但到了车间怎么做，他完全不知道，甚至连最基本的开晨会讲什么、讲多久，都没有概念。但有一点，他平时看了不少管理方面的书籍，有一些管理心得。这次他决定理论联系实战。

他感觉开晨会就好比是老师给学生讲课，效果如何，得先看学生的反应。于是他先站在工人的角度旁听晨会，并注意观察工人的表情。

结果很快就发现了问题，早晨起来本应该是斗志昂扬的状态，但班长的声音太小了，工人听不清，也不能专心，"动员会"开成了"追悼会"。而且"追悼会"开得时间太长，主题不够明确。为此，辛鹏飞特意给车间增设了两个大喇叭，确保每一个工人都能听清楚。并找班长讨论，与其每天机械重复地讲那么多，不如分成每一天把一个点讲透。

逐渐地，班长开会的精神头上来了，工人开会打哈欠的情况也减少了，开会的时间也从原来的半小时缩短到了10分钟。不但效率提高了，而且晨会起到的效果更加明显了。辛鹏飞的理论联系实战"首战告捷"。

这也使辛鹏飞认识到，原来在大楼里办公，基本上都是靠汇报，并不是完全了解车间的情况。但实际上，公司的质量、技术、安全、环保等一切都要在车间落地。而这里，是离真相最近的地方。

故事的哲理

对一个行业最深入的理解，就是基层的历练。丰田管理精益改善的核心理念，就是：问题在现场，答案在现场，改善在现场。事实上，所有企业出现管理退化，都是从管理者逐渐远离和自认为有理由远离现场开始的。（杨光）

一颗燎原的"火种"
培养人才是企业发展的原动力

哲理的故事

1993年,刚刚成立不久的太平洋精锻,对于齿轮的精密锻造、加工、检验、测量等等,尚处于一张白纸的阶段。只靠外援不能解决长远问题,必须尽快培养内部人才。

于是,公司派出了十几名青年工人前去当时的行业NO.1上海汽车齿轮厂(现上海汽车变速器有限公司)培训学习。这其中就包括宋军和刘亮。

宋军、刘亮二人一到上海汽车齿轮厂就被现场的设备震撼了。因为自家公司的设备都还只是几台手摇式普通车床，而人家已经是满车间的数控机床，比起吭哧吭哧的手摇操作，数控机床只需按下一个按钮，就自动高效运转起来了。

"差了不是一星半点儿，至少差了10年以上！来一趟上海汽车齿轮厂，简直像出了一趟国！"宋军感慨道。

巨大落差之下，也坚定了二人要学好本领的决心。宋军和刘亮分别从模具的电极加工和检验开始学起。但由于手摇设备与数控设备的不同，之前的操作经验根本用不上，老师傅就只好手把手地教。他们自己也用心，只要有时间就泡在车间里，随时跟在老师傅后面观摩学习，光是笔记就记了好几大本。

逐渐掌握了操作知识之后，他俩开始实践。当时，太平洋精锻经常把产品送到上海汽车齿轮厂外协加工。于是，宋军和刘亮就带着一起培训的同事帮着师傅做起自家公司的产品。由于白天没有空缺车床，只能夜里做，为了让师傅多教一些知识，他们主动代替师傅上夜班，过程中遇到难题，再把熟睡的师傅喊起来给他们做指导。

就这样在夜以继日的积累中，他俩学到了足够扎实的本领。两年培训期满，宋军、刘亮已经可以独立完成操作了。这个时候，太平洋精锻的先进设备也陆续从国外买了回来，他们不仅能够非常熟练地上手，而且开始对新的工人进行"传帮带"。一代又一代，如今，太平洋精锻已经培养了十几代技术工人。

最初培养起来的那一批工人，是基础非常扎实的一批人，也是非常重要的一批人。他们就如同一颗颗"火种"，点燃了一团团火焰，太平洋精锻的技术力量就在这薪火相传中不断发展壮大，乃至超越了上海汽车齿轮厂，走向世界，成了全球领先。

故事的哲理

培养人才是企业稳定发展的原动力。宝洁的骨干95%都是自己培养起来的。日本松下电器也有一句广为企业界所推崇的名言："出产品之前先出人才。"这不仅说明松下公司对人才的重视，同时还向人们揭示出现代企业发展的一个真理：任何企业要想有高质量、高效率和高效益的产出，就必须坚持以育人为先，做到人才辈出，人尽其才。企业的竞争，本质上是人才的竞争。（任慧媛）

500人课堂启发出来的"精锻大学堂"
只有洞悉人性,组织才会有效且持续

哲理的故事

2021年的一天,太平洋精锻董事长夏汉关收到上海一家做培训的商学院给他推销的课程。一开始比较抵触,因为当得知只有3天的课程时,作为中欧EMBA两年系统深造过的他,便认为短期培训都是蜻蜓点水式的学习,没什么效果。但后来经过了解发现,这家做培训的商学院是培训行业中当时唯一的上市公司,他们有一个招牌课程叫作"浓缩EMBA"——把大学里需要学两年的内容,在三天内学完。这让读过两年"原装"EMBA的夏汉关来了兴致,他倒要看看这三天是怎么个学法。于是他便动身去了上海参加培训体验。

当他进入课堂时,当场就被震撼了。一般来说,一个培训班都保持在五六十个人，但这个班竟有大约500人！这些人被分成了几十个小组，非常有规则、有秩序地在听讲。

为什么能够做到这样？夏汉关发现这其中有一个非常值得借鉴的方法，就是每个学员交100元学习保证金，500人加起来就是5万元。然后根据作业、考试、上台演讲、老师点评等进行打分，成绩取得前10%排名的人最后分享这5万元奖金。

如此，学员的学习积极性被调动了起来，好多小组到晚上11点多了还在教室里讨论整理着报告、做着PPT，为第二天的演讲做准备。一天体验下来，紧凑的学习节奏、浓厚的学习气氛、老师慷慨激昂的讲课热情感染了夏汉关，他仿佛又找到了当初读商学院的感觉。

这时，夏汉关想到了他的员工们，尽管都是大专或本科毕业，但是他们很少接受企业管理方面的系统培训——能不能也通过这种方式去培训员工呢？

经过了解，这家商学院有这种模式的线上培训平台。只要愿意学习，随时随地都能通过手机登录APP（应用程序），不同的员工在不同的时间可以学习同样的内容，学习结束后会有学习时间、学习时段、作业完成情况、考试分数等累计记录。然后通过一定额度的保证金进行督促，并通过晋升、奖金等方式进行激励，让员工从"要我学"变成了"我要学"。

很快，和对方谈妥了方案之后，夏汉关就安排同事将这套学习模式引入了太平洋精锻。

正是在这个契机下，太平洋精锻于2022年5月1日举行了"精锻大学堂"开学典礼。中外管理传媒杨光社长还应邀做了深度致辞（见序2）。在董事长夏汉关的带头下，一种浓厚的学习气氛通过一个全新的平台在太平洋精锻内部渐渐传导开来。

故事的哲理

很多企业为提升员工素质，不惜成本对员工进行全员培训，但往往钱花了，上下内外都不满意。问题就出在"人性"上。所有喂到嘴的东西都不香，只有抢到嘴的才香。凡是免费的，都没热情，只有付费的，才会珍惜。21世纪中国最大的商业误区，就是免费。每个人内心真正看重的，一定是通过自己努力付出后赢得的别人未必能有的收获。这就是人性。（杨光）

学历不够就减不了税
以人为目的，是组织成长的引擎

哲理的故事

2005年的一天傍晚，一位50多岁的老师傅在下班之后正拎着书包去往太平洋精锻的自习室。那天，他是第一个开门进去复习功课的。其实一年中的每个学习上课日，他几乎都是如此，风雨无阻。老师傅说，年轻时想学习没有机会，现在公司给提供了机会，一定得珍惜。

原来，这名老师傅正在通过太平洋精锻与常州大学的联合办学攻读大专学历，而这正是太平洋精锻当时自主培养人才进而提升员工素养的一个重要途径。

2002年，当太平洋精锻第一次实现扭亏为盈之后，便开始对标并申请高新技术企业。结果，虽然通过了申请，却没有享受到减税的优惠政策。一问原因，原来是因为员工中的大专毕业生比例没有达到30%以上——学历居然成了减税拦路虎！"我们其他各项指标都已经达到了，仅仅因为大专生比例达不到，就不能享受国家对高新技术企业的税收优惠政策。那么，我们可以把多交的税款转化成税前的培训经费，既提高了员工素质又享受了优惠政策。而我们没有理解政策的初衷，这不是很傻吗？"时任总经理夏汉关面对人力资源部负责人有些激动。

在夏汉关看来，其实大专学历这个门槛并不算高，关键是能不能给员工提供跨过门槛的机会。"既然国家鼓励企业创新，鼓励员工学习提升，那如果把公司的教育培训经费花到实处，让员工通过培训，实现学历和技能的提升，大到对公司岗位有贡献，小到对员工子女教育有帮助，何乐而不为呢？"夏汉关进一步说道。

从这往后，太平洋精锻便开始了与常州大学、江苏大学、泰州机电技术学院等联合办学，组织员工报名大专班、本科班，并给予报销学费。一时间，只要符合条件的员工都来争相报名参加，有的员工下班来不及吃饭甚至饿着肚子也要去上课。

高中的考大专，大专的考本科，十几年时间里，太平洋精锻已经培养出了几百个大专生、本科生，其中大专生比例早就超过了30%，达到了58%以上。

学无止境。员工在完成了学历提升的基础上，又主动去实现劳动技能等级的认定，于是太平洋精锻的高级工/助理工程师、技师/工程师、高级技师/高级工程师、技能大师/教授级高级工程师开始源源不断涌现出来。

一如夏汉关所说的：学习是比较辛苦，但人总是要接受挑战的，不断挑战自我，才能不断成就自我。

从为了钱，到为了人，这个变化正是太平洋精锻能够持续成长的关键。

故事的哲理

德国哲学家康德说过：人是目的。中国企业家张瑞敏进一步说：企业即人。作为企业，实现可持续发展的根源动力，就来自人从工具变为目的的升级演进。从只为造钱，到只为造物，再到主要是为造人，这是锻造一家伟大企业的必经之路。（杨光）

"伯乐"指点"千里马"
利用资源的能力是企业家的第一特质

哲理的故事

2006年,太平洋精锻董事长夏汉关邀请他在中欧国际工商学院一起就读EMBA的同学们到泰州做客,探讨公司未来发展和上市的可能性。同行的还有这批同学请来的一位朋友,时任兴业证券上海公司的保荐人王廷富。出于职业习惯和朋友相托,王廷富对太平洋精锻做了一番了解。

"太平洋精锻的上市潜力很大,我会帮你们整理一份上市路线图,并附上上市企业的基本条件和审批监管要求,你们可以对标行动。"王廷富说得非常诚恳。

一时间,令夏汉关充满期待。因为在此之前,他的想法很简单,就是把事情干好,能够让企业活下去,并对投资人有所回报,从来没想过刚盈利没几年的太平洋精锻还能够有希望上市。

接着,夏汉关便开始围绕上市要求和太平洋精锻的上市潜力与王廷富探讨起来。"当前,太平洋精锻正在做进口替代的研发生产,市场定位也在由中端向高端升级。这种具有核心技术能力的创新型企业是非常受资本市场支持和鼓励的。"王廷富向夏汉关解释并赞许道。

很快,王廷富出于友情支持为太平洋精锻整理出了一张上市路线图,并给出了上市规划的中肯建议。就是这张路线图,"起心动念"地影响了太平洋精锻命运的重要转折。它让夏汉关第一次清楚地看到了一个企业从初创到成长再到上市的路径规划,以及未来的发展方向。由此,夏汉关开始带领公司上下对上市线路图中的要求与标准进行对标,并对业务结构和财务状况进行梳理。

在这个过程中,也令夏汉关更加意识到,现代企业仅仅把产品市场做好,只是一个轮子在行驶,还要有另一个轮子,那就是把握资本市场的脉搏。双轮行驶才能摆脱传统的发展模式,才能确立企业在行业中的竞争优势地位,并借助资本市场的支持步入良性发展的快车道。

经过了近5年的准备,2011年8月26日,太平洋精锻在深交所上市的钟声终于敲响。回头看时,也再一次验证了夏汉关当初去中欧国际工商学院读书是一次无比正确的决定。如果没有老董事长叶涛坚先生的鼓励与推荐,他就不会去中欧国际工商学院读书。不去中欧国际工商学院读书,也就没有名校教授的指点,不会结识那一众同学,当然也就不会有王廷富前来做客,更不会听到言犹在耳的那句"太平洋精锻的上市潜力很大"。

正所谓"世有伯乐,然后有千里马"。正是由于王廷富的慧眼识珠和提前给出的建议,坚定了夏汉关走向资本市场的信心和上市决心,也在一定程度上为太平洋精锻规避了上市弯路,缩短了上市进程。

2020年,太平洋精锻又获得了由中外管理传媒发起的第三届"中国造隐形冠军"称号。而王廷富作为"中国造隐形冠军"评选的评委,也在继续挖掘和赋能着更多的"隐形冠军",进而对接资本市场。

故事的哲理

有时你面对的管理问题,可能并非出在管理本身上,而是出在你的商业视野不开阔与商业资源不足。从亏损到盈利,要扎进去埋头苦干;而从赚钱到龙头,就需要跳出来抬头看路。有了开阔的视野,才会理念领先。而对于理念领先、志存高远的企业,既有资源是永远跟不上发展需要的。管理需要借力,经营需要杠杆。(杨光)

一篇论文写出的"最高纲领"
目的性往往决定了有效性

哲理的故事

2008年,在中欧国际工商学院就读EMBA的太平洋精锻董事长夏汉关,即将迎来毕业。回顾两年来的学习,夏汉关不仅系统地补充了之前欠缺的管理知识,而且原有的管理经验也得到了理论高度的提升,受益匪浅。

接下来,到了对所学知识检验与总结的毕业论文阶段。其实早在2006年开学的第一学期,夏汉关和课题组的同学就已经开始着手他们毕业论文课题的开题准备。

与此同时,正处于关键成长期的太平洋精锻,要立志成为世界级的精锻齿轮供应商和上市公司。但他们对未来的发展战略分析并不系统,定位也不明晰。未来行业趋势如何?业务发展的重点应该放在哪里?风险因素有哪些?如何防范和应对?国际化怎么走?……一连串的问题萦绕在夏汉关心头。

所以,当讨论起论文课题开题的方向选择时,夏汉关毫不犹豫地争取"近水楼台"集思广益,一解他心中的战略迷茫。于是他便主动提出选择太平洋精锻作为课题题材,从太平洋精锻的发展现状出发,对中国汽车工业和汽车零部件工业的发展趋势进行分析,并建议课题的论题就选择"太平洋精锻发展战略的研究"。

太平洋精锻是细分行业领头企业,作为典型案例进行研究无疑是非常具有代表意义的。所以,指导教授和课题小组的同学们一致同意了夏汉关的提议,并选定他担任课题组组长。

在这之后的时间里,课题小组5

名成员利用课余时间不断前往太平洋精锻,梳理着从1992年成立一路走来的生产经营情况、国际市场开拓、人力资源建设、组织能力修炼、资本市场布局以及产品市场风险识别等各项现实问题。这一干就是将近一学年,2008年6月18日,一篇集合了教授指导和课题小组智慧的毕业论文终稿《PPF发展战略的研究》(PPF即太平洋精锻)终于完成。

正是这篇长达数万字的系统盘点与分析,让他们发现,如果太平洋精锻只靠从别人那里采购模具,不仅价格和成本受人控制,交付也不能保证,而且在产品质量开发遇到争议时,更是没有话语权。再者,如果没有自主研发的能力，客户的评价就会打折，拿取新项目的订单当然也会少很多。

最后，课题研究得出结论，只有自主研发，掌握了核心技术，才能保持竞争优势，否则就会始终处于产品价值链的边缘；同时，只有质量第一才能把品牌口碑建立起来，才能为世界上最好的汽车做配套。

于是，夏汉关通过这篇论文首次明确了太平洋精锻的战略定位是"质量领先，自主研发"。并且，这篇论文也成为其日后战略发展的最高纲领性文件，为太平洋精锻提供了正确的方向性指导，最终，以全班最高等级的成绩A（优秀）通过了答辩。

随着战略定位的明确，不仅使太平洋精锻步入更加稳健的发展轨道，而且也开始加快了上市的步伐。经过短短三年，2011年8月26日，太平洋精锻在深交所顺利敲响了上市的钟声，一举成为国内精锻行业的首家上市公司。随着资本市场的助推，其市场地位也跃升至了全球第二。

回忆过往，夏汉关经常想起2006年初到中欧国际工商学院面试时，教授问他"为了什么而读书？"他回答：

"我来这里读书不是为了日后找一个好工作，而是为了提升能力，'充电赋能'后带领企业进入到更好的状态；如果个人能力不及，就从校友中再请高手把企业干得更好。"

很显然，夏汉关当初的目的已经达到。这也让他更加坚信，一个人要不断学习，企业也是如此。知识能够改变一个人的命运，也能改变一个企业甚至一个行业的命运。

学海无涯，2022年10月，夏汉关又踏上了中欧国际工商学院工商管理学博士（DBA）的求学之路。与之前不同的是，这一次他将系统提升学术能力，提炼原创商业思想，助益行业经济发展，塑造引领行业未来。而这，是比成功更高的追求。这意味着夏汉关奔向了又一个充满无限可能的未来。

故事的哲理

如今读书的人已然大为减少，而相比之下更为稀少的，是清晰地知道自己为什么而读书。而对做一件事的目的性和目的性的清晰程度，往往已经决定了你做这件事时的方法选择和有效程度。（杨光）

3
竞合·协同

在竞争理论中，零和博弈
是以消灭竞争对手为目标，
而竞合协同是在竞争基础上的合作。
在当前复杂和不确定的竞争环境中，
人们越来越意识到，市场总利润并不是固定的，
企业之间是可以达到双赢或多赢的。
只有重视合作，才能更充分发挥自己的优势，
创造更多的利润，扩大市场容量，
生产和发展的空间才会更大。
只有支持别人成功，自己才能成功。
只有把潜在敌人变为生意伙伴，
才能实现多方共赢。

要学会尊重竞争对手。
我们看武打片，高手跟高手互相切磋都是点到为止。
这门武功我看你哪里不对，你看我哪里不对，
互相交流，然后共同提高，
这是工业文明里一个重要的东西。
——夏汉关

随手画下的两个"圈"
用纯粹的真诚，赢得高人指路

哲理的故事

从1990年始，日本著名的精密锻造模具制造商"你期待"株式会社每年都会接待好几批前来参访学习的中国人。这让"你期待"的老板田中先生意识到了中国的发展潜力，日本应该多去了解中国。

于是，从1993年开始，"你期待"

每年都到中国来参加模具展会。这一年，也来参会的太平洋精锻时任副总经理夏汉关，凭着自己公司一本样品册封面上的"你期待"图片，给对方留下了深刻的印象，双方建立了联系，并展开了进一步的合作。

1995年，"你期待"又一次来到中国参加模具展会。这一次，夏汉关又拿着"你期待"的样品册找了过去，希望能在交流中有所收获。

他指着册子上的零件图向一位"你期待"的部长单刀直入地问道："你看我们中国企业做哪些汽车零件，将来会比较有发展前途？"

那位部长稍加思考，随手拿起笔来潇洒地在样本册上画了两个圈——一个圈住了"结合齿轮"，另一个圈住了"差速器齿轮"。

别看只是随手一画，这两个圈可不是谁都能画出来的，也不是轻易给谁都画的。很显然，一方面说明"你期待"对于夏汉关的认可，另一方面也显示出了"你期待"的专业素养。

这很容易让人想起美国福特公司那则"专家收1万美元只画1条线"的故事：画一条线只值1美元，但知道在哪儿画线价值9999美元。

从此，有了高人指路的夏汉关，开始带领团队对这两个"圈"进行专注的研究。从起初的需要"你期待"辅助，到最后太平洋精锻能够自主申请专利，前后用了5年时间。

2000年过后，中国汽车市场开始出现井喷，两个"圈"的市场需求也迎来了爆发式增长。太平洋精锻由于提前做好了铺垫，所以稳稳地抓住了这次机会，并凭着这两款产品，一举扭转了十年连续亏损的困境。

当初看似不起眼的两个"圈"，一直到现在，仍都是太平洋精锻的主打产品。

故事的哲理

一如人类历史上最伟大的科学家牛顿所说的那句名言："如果说我看得比别人更远些，那是因为我站在巨人的肩膀上。"人非生而知之者，善于真诚而纯粹地向高人请教，是聪明人的选择。因为他深知自己要的是什么，为此自己要去干什么，而要完成这件事自己还缺什么。做集大成者的智慧，才是最具效率的智慧。（杨光）

小旅馆里"藏"机会
经营即借力

哲理的故事

1994年,太平洋精锻就在业内率先从瑞士引进了冷摆辗成形工艺及装备,并凭着这个当时在国内绝无仅有的工艺,研发出了汽车差速器锥齿轮。

然而,出师未捷,市场频频遇冷。

20世纪90年代,由于精密冷锻工艺更加复杂而且设备非常昂贵,所以国内仍然采用传统的切削技术生产汽车差速器锥齿轮。再加上中国的汽车行业刚刚起步,年产量尚不足100万辆。而当时日本汽车年产量已经达到1000万辆。所以,太平洋精锻的冷锻齿轮像个"早产儿",市场推广变举步维艰,颇有些"生不逢时"的郁闷。

1995年的一天,负责市场销售业务的沙风喜,在梳理来源纷杂的众多信息时发现:江淮汽车的"后桥"是由其子公司合肥汽车制造厂生产的,于是他决定以合肥汽车制造厂为突破口,向江淮汽车推销差速器锥齿轮。

然而,合肥汽车制造厂属于半军工背景的企业,审查很严格,供应商多是内部推荐,其他没有背景的小厂去推销根本不理会。而当时才"三岁"的太平洋精锻,在业内没有名气,产品也没有行家的点赞,销售更没有大腕的引荐。所以,沙风喜多次前往合肥汽车制造厂,都无功而返,甚至连厂区的大门都进不去。

虽然连着几次被拒绝,但沙风喜并没有灰心,而是决定要打一场持久战。于是,他选择了距离江淮汽车厂区最近的一家私人旅馆住下,再盯梢寻找机会。

闲聊中,沙风喜得知这个小旅馆

竟然是合肥汽车制造厂的一位退休工程师开办的！沙风喜暗喜：当时选这里盯梢还真选对了。虽然是退休工程师，但向他打听合肥汽车制造厂的人脉关系，肯定比自己人生地不熟的现摸索强多了。于是，小旅店老板成了沙风喜进入合肥汽车制造厂的突破口。

一来二往，沙风喜便跟小旅馆老板混熟了，并说起了自己在合肥汽车制造厂多次吃闭门羹的经历。老板看小伙子挺实在挺有恒心，于是就跟他提起了合肥汽车制造厂的技术负责人和总工程师戴勤发，是一位很有专业技术素养的高层次人才，对于冷锻工艺是有所耳闻的，并表示自己愿意牵线搭桥。

于是，在小旅馆老板的引荐下，沙风喜终于走进了厂区大门，闯过了层层"关卡"，站到了戴勤发面前，得以有机会介绍太平洋精锻生产齿轮的先进工艺和强度优势。

令人振奋的是，戴勤发听完后喜出望外！因为他只听说欧洲国家能够采用冷锻工艺加工锥齿轮，完全没有想到国内也有企业已引进了如此先进的锻造技术。

"国内哪个汽车品牌采用了你们公司生产的锥齿轮？"但戴勤发含而不露地发问道。

"目前还没有。"沙风喜不得不实话实说。

本来兴致勃勃的戴勤发，脸上马上掠过了一层疑云。好在他原本就对这一工艺情有独钟，没有随即关上交流的大门。

"总要有第一个尝试者，最美的果实往往留给那些敢为人先的人。"沙风喜见势赶紧补充说。为了让戴勤发放心，沙风喜还邀请他去太平洋精锻现场考察。

在沙风喜的再三请求下，戴勤发总算答应与下游客户江淮汽车集团总工程师及总装厂工艺负责人沟通一下。至少还有一线生机。沙风喜一直高高悬着的心，稍许放下一点点。

经过半年时间的多次实地考察之后，喜讯终于传来，戴勤发同意太平洋精锻为其开发江淮汽车五十铃NPR行星半轴齿轮！

闻讯，全公司上上下下一阵欢呼，备受鼓舞！在时任副总经理夏汉关的带领下，不仅于1996年初按时向合肥汽车制造厂交付了产品，而且确保了一次装配成功，顺利通过了耐磨和抗疲劳试验等各项验收。

正是有了这次的顺利合作，太平洋精锻研发的冷锻差速器锥齿轮也顺理成章地成为江淮汽车开发新产品的指定产品。

有了江淮汽车的背书之后，江铃汽车、庆铃汽车、一汽小解放、江西昌河、奇瑞汽车等众多企业也纷至沓来，太平洋精锻的合作范围如星火燎原般延展开来。

故事的哲理

借助于车马的人，不一定自己跑得快，却能远行千里；借助于舟船的人，不一定自己善水性，却能渡江河。所以，海尔创始人张瑞敏在创办30年后总结说："企业即人，管理即借力"。不只管理，经营也是如此。借力的本质是一种思维，一种充分利用信息，用更小的资源去撬动更大收益的思维。运用借力思维，既能帮助企业降低资源成本，又能获得更大更快的成功，从而实现四两拨千斤之效。（任慧媛）

竞争对手的"七寸"到底在哪里
关键是找准"对的人"

哲理的故事

1996年，夏利轿车正炙手可热。时任太平洋精锻市场部销售业务经理的赵国荣，跑完山东的农用车项目之后，来到了夏利轿车的供应商唐山爱信齿轮有限公司，想试着拓展汽车变速箱业务。

好巧不巧，当时正好有个河南孟津的公司也找来了，同样想与唐山爱信寻求合作。于是，竞争马上就产生了，就看两家谁能先拿到图纸。

这个河南的公司是个什么来头？当时的太平洋精锻还没有名气，也没有多大规模，能不能胜出？所谓蛇打七寸，但对方的"七寸"在哪里？赵国荣没有思路。

关键时候，他想到了当时负责市场开拓的副总经理夏汉关，于是打电话求助。把大致情况一说，常年跑市场的夏汉关果然对于圈内同行是有一定了解的，所以他马上就说出了河南这家公司的情况。当时太平洋精锻已经有了两台日本先进设备，而且已经实现了商业化配套。而河南的那家公司尚未形成商业化。这就是它们的"七寸"，而赵国荣之前并不知道这些。

知己知彼百战不殆，了解了与对方的差异之后，赵国荣再去谈就底气强多了。果然，太平洋精锻淘汰掉了河南的公司，顺利拿到了图纸和样件。

虽然后面经过了不断的磨合和试验才最终达成合作，但就是这一张图纸，迈出了与天津夏利合作的第一步，也开创了太平洋精锻向轿车市场转型的先河。

故事的哲理

在企业运营中，难免要面对一些自身无能为力的事情。此时，很重要的一点就是学会借力。借力，就是找对关键人，从而解决好主要矛盾。人，永远是企业工作中第一位的。不论成事，还是败事，都是如此。（杨光）

据理力争时,什么才是"你期待"的
以退为进,受"鱼"到"渔"

哲理的故事

1996年,太平洋精锻委托日本著名的精密锻造模具制造商"你期待"株式会社开发了两套齿轮成形模具,分别生产差速器齿轮和车载空调齿轮。但在产品验收时,双方产生了分歧。

原来,太平洋精锻发现车载空

调齿轮的顶部充填不充分，是不合格的，太平洋精锻对应的客户也不接受这样的货品。日方则认为，这并不影响使用。

在汽车锻造行业，如果采用机械切削加工工艺，无论产品是圆角还是尖角，都能完全满足要求。但"你期待"采用的是锻造工艺，靠的是金属的流动成型，一些边角会就出现不太满的情况，虽然不影响使用，但确实没有达到图纸规定要求。之后"你期待"又给太平洋精锻做了几次改良，但半年后依然没有达到要求。本来，需要按照合同进行赔款，但"你期待"并不同意赔偿现金，场面一度陷入僵局。后来，又经过反复交涉，"你期待"提出不赔偿现金，倒可以为太平洋精锻做出与赔偿现金等额的模具，支持太平洋精锻的新品研发。

其实，当时的太平洋精锻非常"钱紧"，已经到了由中美合资变成全美资的地步。但即便如此，也依然选择退了一步，表示同意。

于是，在往后的3年时间里，"你期待"免费给太平洋精锻做了3套模具，另外又收费开发了6套模具。在这个磨合与交流的过程中，太平洋精锻在技术层面有了突飞猛进的提升，也为其以后自主开发打下了良好的基础。

通过这一次的诚意合作，彼此都消除了心中芥蒂，也促成了两家后续的更多合作。太平洋精锻每年都会派一批人去日本"你期待"公司进行现场参观学习，"你期待"也对他们进行了知无不言的讲授。

最后，等额换来的模具价值早已大大超过了现金赔偿的约1400万日元（折合约85万人民币）的价值，当初退了一步而看似吃亏的太平洋精锻，反而赚了一大笔。

故事的哲理

人常言：授人以鱼，不如授人以渔。那么作为"受"之一方呢？我们是应该受鱼，还是受渔？受鱼无可厚非，受渔则需要远见与胸怀。越是缺"鱼"时，越需要看到"渔"的无价——这是卓越与平庸的区别。

与此同时，当博弈双方从"鱼"的层面看似"退"化为"渔"的层面时，就不仅仅是一场博弈，一种平衡，其实反而是更高层面的再平衡，预示着从博弈升级为协同。能否学会适时地以退为进——这又是高手与俗手的区别。

核心是：你期待的到底是什么？

（杨光）

一沓"有整有零"的10万元

现在能蹲多低，未来才能跳多高

哲理的故事

1998年的一天，太平洋精锻时任副总经理夏汉关将厚厚的一沓人民币共10万元，递给了一位瑞士设备维修人员，作为维修费用的结算。但这沓钱格外与众不同，因为其中并不都是100元的，而是还有50元的，甚至10元的。这也令那位瑞士人很意外，也比较无语。

瑞士人并不知道,这10万元现金,夏汉关和他的同事们是费多大劲才凑齐的。

当年,太平洋精锻经营还比较困难,但为了提高锥齿轮的工艺水平,依然咬牙从瑞士先后进口了3台设备。可是,当付完第3台设备钱时,公司几乎就要陷入资不抵债的困境了。

然而,雪上加霜的是,其中一台设备因使用不当出现了故障。公司只好请瑞士设备商前来维修,结果被告知需要10万元的维修费。当时的情况,肯定是没钱付这笔高额维修费了,但设备又不能不修。所以,得马上想办法筹钱。

太平洋精锻的齿轮是给汽车或农用车的工厂供货,但账期比较长,而且即便马上到账也会被银行划走偿还所欠贷款。没办法,夏汉关只好把目光转向了二级市场,即汽配修理部。他了解到,当时山东省的农用车使用量比较大,但4S店比较少,所以大多数农用车出了问题都是直接去修理部修理。

于是,几个销售员带着齿轮样品去了山东,一家修理部一家修理部地推销齿轮,有的是三五十个1单,有的是十个八个1单,只要能结现款,无论多小的单都成交。正是靠着这一笔一笔的小额现金,才最终凑齐了10万元。维修款付完,设备修好之后正常运转,生产得以继续。

其实,当时的太平洋精锻不只是付不起维修费,就连人员出差的差旅费都得靠借,人员工资更是经常青黄不接。但夏汉关和团队始终相信,办法总比困难多。只要自己不认输,公司就还有希望。

就是靠着这样一种信念,什么困难他们都愿意一起克服,团结一致地度过了最困难的时期,最终迎来了中国汽车市场的井喷,也迎来了太平洋精锻的辉煌。

故事的哲理

对于创业期的企业来说,什么才是最重要的?就是自力更生、艰苦奋斗的精神,就是一种信念。每一次看似平凡的突破,都是在为人生积攒能量。而一个人的成功,不是看你能爬到多高,而是看你能够蹲多低。(杨光)

"十分之一"的徒弟订单

学会算感恩互利的大账

哲理的故事

20世纪90年代，初创时期的太平洋精锻，齿轮模具设备还比较落后。为了积累先进经验，每年都会派人不止一次地到日本著名的精密锻造模具制造商"你期待"株式会社进行参访学习。

在学习经验的同时，太平洋精锻也会从"你期待"采购模具。在采购的过程中，他们会"刨根问底"地研究模具，解析模具，"你期待"当然也不吝赐教。

很快，太平洋精锻就具备了一定的模具生产能力。在此之前，太平洋精锻每年需要100%从"你期待"采购模具，现在改为了80%，再后来具备了完全自主生产模具的能力。

这时问题来了："翅膀变硬"了的太平洋精锻，会直接甩开自己的师傅"你期待"吗？

按说，这个时候的太平洋精锻再从"你期待"进口模具，成本肯定比自己生产要高出很多。但他们却依然选择将每年10%以上的模具采购量给到"你期待"。虽然比例降低了，但由于太平洋精锻对于模具的数量需求变大，所以与"你期待"合作的总体数额，几乎没有变化。

在太平洋精锻看来，毕竟"你期待"当初毫无保留地教授给了知识与经验，不能过河拆桥。所以，为"你期待"保留10%的采购份额，其实也是一种知恩图报与互利共生。

故事的哲理

所谓"施人慎勿念，受施慎勿忘"。人之所以能不断成长进步，不是因为自己有多厉害，而是因为受到了很多人的关爱、扶持。懂得感恩，其实是人生的一种智慧和格局。因而，要学会算大账，学会算文明的账，算价值观的账，算互利共生的账。人与企业都是如此。也只有这样，人与企业才会赢得更宽广的发展空间，并且走得更长久。实现可持续，是一切价值的根本。（杨光）

在缺钱时，去为科鲁兹"烧钱"，值得吗
成就客户，才能成就自己

哲理的故事

2005年，太平洋精锻为科鲁兹轿车做差速器齿轮配套试验。其中，涉及热处理环节的技术，但当时太平洋精锻的热处理炉子达不到试验要求，于是就拿到了上汽集团在烟台的一个工厂去做试验。

做一次试验2万元，不通过；再做一次试验还是2万元，还是不通过。一连做了五六次，十几万花出去了，依然看不到结果。要知道，太平洋精锻之前在模具方面，为了试验不同的材料，已经调用了全球资源，投资了很多钱。而当时，公司刚刚扭亏不久，尚处于爬坡阶段，资金依然紧张。所以，时任项目经理张勇内心感到承受不了了。

这其中，还存在一个互相捆绑的关系。科鲁兹属于上海通用，英国GKN属于上海通用科鲁兹的供应商，而太平洋精锻则是GKN的供应商。当时，上海通用已经明确说出，如果GKN再做不出来差速器齿轮，就不要做了，再找其他公司做配套。

其实，GKN之前也已经找过其他公司试过，都没有做出来，太平洋精锻成了GKN的孤注一掷。这次再通不过试验，就只能被上海通用换掉了，所以，他们领导层一直很紧张。GKN上海公司的负责人还一度专门开了两个多小时的车到泰州太平洋精锻，就为了看看他们的进展，是不是在努力做着试验。

但张勇也要考虑成本，毕竟自己没有义务陪着客户"烧钱"做屡屡失败的试验。所以他找到太平洋精锻董事长夏汉关，请示还要不要继续试验。"继续做！这个时候放弃，一个是半途而废，再一个，也相当于跟GKN毁约，虽然还没签量产协议，那也算不仁义。"夏汉关显然很理解GKN的紧张。

于是，张勇又继续带人试验。他们开始跳出来思考，汽车配套零件是共同作用的结果，会不会有可能不是热处理的问题？一番讨论过后，GKN日本公司认为是芯部硬度应该加强，太平洋精锻则提出了从强喷方面找原因。他们将抛丸工艺改为了喷丸工艺，结果试验真就成功了！进而很快实现了量产。

所谓救场如救火。正是太平洋精锻这一次的成功，"挽救"了GKN在通用汽车项目的"命运"。他们当然感激不尽，不仅与太平洋精锻达成了十多年的差速器齿轮合作，还达成了后续的一系列合作，订单量一度占到了太平洋精锻总产值的三分之一以上。甚至，太平洋精锻的第三厂区，就是专门为GKN生产供货而建造的。

试想，如果夏汉关当初也同意半途放弃呢？

故事的哲理

成功的企业，总是通过成就客户来成就自己。

当今日趋白热化的企业竞争，早已不是单体企业间的零和竞争，而是产业链上的协同竞争。因而一个企业只有具备站在产业链客户的角度，去全力成就客户的强烈意识，并具备真正如此践行的明确决心与过硬实力，才能通过实现共荣共赢的产业链协同，充分成就自己和发展自己。这是大道理，也是硬道理。（杨光）

"放心,你那个产品我不做"

尊重可信赖的对手:杜绝行业恶性竞争的起点

哲理的故事

"你如果能降2毛钱,我就可以把70%的产量都给你。"

"还是别给我70%了。现在给我增加5%,价格维持不动或者给我加一点价,我干。如果用降价,给我增加配额,我不用。"

2010年,某客户与太平洋精锻做

配套合作，提出了"减价加量"的想法。但意外的是，却被太平洋精锻董事长夏汉关一口回绝了。

在汽车零部件配套行业，整车厂一般都会选择两到三家供应商来供货，既是要规避供应商自身的风险，也是防止被供应商"卡脖子"。但具体中间比例如何分配，就很容易为谁多谁少而对呛互怼。

但夏汉关很清楚，即便下游给他那么多的配套比例，他的产能也跟不上，如果为此一味扩大产能，一旦需求有波动，又会有造成巨大产能闲置乃至浪费的风险。最重要的是，这种降价抢量，会加剧行业的恶性竞争。与其这样，不如协同起来，互利共赢。

夏汉关很想把规避行业恶性竞争的共赢理念与同行达成共识。于是，他通过中国锻压协会秘书长张金列出了同样给客户供货的日本同行名单，然后主动建立联系，并约定好时间地点，双方见面交流。

在和日本同行见面交流的过程中，夏汉关主动声明："放心，你那个产品我不做，你只管好好做。"

日本同行一听，眼前一亮：这个好！你不过我的"楚河"，我也不碰你的"汉界"。于是也主动声明："你现在做的产品，我也不做。"

如此，虽然都是客户的供应商，大家却各自发挥优势，避免低价争得你死我活，而是大家都有利可图，给了彼此一个安全感。

最后，张金对于夏汉关规避行业恶性竞争、增加协同共赢这一做法，给予了非常高的评价，并将其总结为："先交朋友，后做生意，尊重可信赖的竞争对手"。

故事的哲理

"尊重对手，良性竞争，协同共赢"，这是一个不少中国企业听不大懂，或者装听不大懂，抑或装着听懂但绝不会真去践行的重要经营理念。之所以在工业领域，日本企业在国际上比中国企业总体更具竞争力，就在于他们往往更理解、更认同、更践行这一理念。而背后，是他们对于互利共赢，对于遵守规则，对于诚信经营，由衷地信仰与敬畏。

如今太平洋精锻与日本同行实现协同了，假以时日，希望中国企业之间也可以。（杨光）

10万元成全一个上市通路章

利他，就是长远的利己

哲理的故事

2010年，太平洋精锻的老东家泰县粉末冶金厂，由于效益不好，资金紧张，总经理安排专人上门来借10万块钱。当时董事长夏汉关正好出差在外地，时任常务副总经理周稳龙打电话，向他请示：借，还是不借？

夏汉关当时就批准了，借他。对

方还写了欠条和还款时间。

结果到了还款日子，粉末冶金厂并没有还款。财务人员就开始问夏汉关，要不要去催一催？夏汉关没有让催。就这样一直拖着，一方不还，一方也不催。

又过了一年后，还是没有还款。财务人员又问，要不要去催一催？夏汉关依然说，不要催。欠钱不还，还不让催，财务人员包括公司里的其他人，都不明白这是为什么。

2011年8月，太平洋精锻成功登陆深交所创业板。而在此前的上市过程中需要提供历史资料。其中，就需要他们的老东家泰县粉末冶金厂出手续，盖章。

于是，夏汉关交代办公室的人，客气恭敬地前去找老东家办理相关手续。那位总经理感觉自己受到了尊重，最主要还欠着太平洋精锻的资金——所以很爽快地就出具了手续，盖了章。

事情办成后，夏汉关专门把公司财务人员叫了过来问："现在，你还催人家还钱吗？"财务不说话了。

"人家现在困难，不还肯定是没钱还，我们也不是非要靠这笔钱不可。假如关系处得不好，人家就不给盖这个章，我们能怎么办？反而更伤和气。"夏汉关说。

夏汉关常跟公司的人说：做任何事情，不要短视，不要势利，不要只站在自己单位的立场，要想到宏观大局。要给自己留后路，善待所有跟自己有关系的方方面面，而不是等到临时要用到了再现抓瞎。

故事的哲理

做决策进行评判时的标准过于单一，就会陷入功利和短视的窠臼，最终得不偿失。即便在看似"在商言商"的企业界，单纯追逐"就事论事"的利益乃至"权益"，也很难真正成就自我。在不确定时代，各种门槛都可能不期而遇，在自己的承受范围内，多多在企业生态上尽可能利他，尽可能留有余地，已成为企业必需的生存之道与"利己"之法。（杨光）

外交补课：用里子找回来的面子
企业不分大小，只分强弱

哲理的故事

2011年12月，太平洋精锻董事长夏汉关去南昌参加客户供应商大会。在休息间隙，有个年轻人走过来与他交换名片，并提出他们总经理想和太平洋精锻互访交流。夏汉关看了一下名片上的公司名字——日本武藏精密工业株式会社，微笑说："你们公司我知道。"

原来，夏汉关在2004年6月作为总经理曾到这家公司去过一趟。当时刚刚扭亏的太平洋精锻，名不见经传，并没有引起对方的重视。于是日方给他坐了个结结实实的"冷板凳"，只在外面的一个会议室派个专员随便接待了一下，就把夏汉关打发了。

时空穿回到现在，"我们公司很愿意和你们交往，但是，我们要先把'课'补上。"内心复杂的夏汉关半开玩笑地说道。

那位年轻人听了一脸懵圈："补什么课，怎么补？"

夏汉关要求先到对方公司看一趟，然后对方才能过来交流。那位年轻人当即回答没问题。

时隔不久，夏汉关正好要到广东佛山一汽大众开会。于是就打电话给在广州中山的武藏精密中国工厂，说明来意，希望到他们工厂去看一看。对方马上表示非常欢迎。其实，夏汉关就是想看看武藏精密工厂"这一次"怎么接待自己。

夏汉关到达广州当日，武藏精密中山工厂专门派车到机场迎接，随后中山工厂日方的管理层成员都陪同参观，并且中午还陪他共进丰盛的午饭，交流结束之后又派车把他送到了会议酒店。如今隆重的"座上宾"，对

Story & Philosophy of Pacific Precision Forging | 105

比当年的"冷板凳",可谓天壤之别。当晚,夏汉关别有一番滋味在心头。

原来,这家日本公司在计划拓展中国市场。但在推广的过程中,却发现客户总是提到已经有一家叫太平洋精锻的本土企业在给自己供货。这个时候他们才意识到,当年那个被他们打发掉的"弱企业"太平洋精锻,如今在中国市场已经成为配套一线品牌的"强"供应商了。

此次交流之后,夏汉关又于2013年7月带队回访了武藏精密的日本总部。其社长安排在当地最好的中餐馆接待了他们。日方社长说了这样一句话:"我听手下人讲述贵公司,你们是一家令人尊敬的公司,我们两家公司的高层应该保持互相交往。"

从此,双方建立了正常交流的渠道。夏汉关知道,无论什么时候都有一个不变的真理——尊重强者。也正是他们耐得住寂寞,甘心埋头苦干,才有了现在的出人头地。

故事的哲理

日本企业界与中国企业界在视角上,有一个显著不同:他们不大关注企业的规模大小,而是非常关注企业竞争力的强弱。所以他们很少谈论"企业集团"或"中小企业",而是谈论这是一家"强的企业",还是一家"弱的企业"。何止是日本,其实所有企业竞争的真谛,不都是如此吗?

华为之所以广受尊敬,不在于8000多亿元的年营收,而在于它以一家之力能单挑几家全球第一,进而自己成为全球第一的硬实力。而华为,也恰恰有句话叫"板凳要坐十年冷"。做企业,就应该把忍受诸多磨难甚至失败,当作自己收获成功必须经历和修炼的"课程"。只要你持之以恒地去做,等真做到、做成了,未来的夹道欢迎便是顺理成章。反之,如果实力不够,却总是卖惨、卖伤口,那只可以用来写小说,但不能用来做企业。(杨光)

别总盼着对手死掉
有了格局，才有文明，才能卓越

哲理的故事

"精锻齿轮行业，全球做得最好的是哪几个公司？财务最安全的又是哪几个公司？"在一次客户见面会上，有欧洲客户向太平洋精锻的一位德国同行问出了这样两个问题。

"全球做精锻齿轮的公司，有三家是财务最安全的，一家是我们自己，另一家是中国的PPF（太平洋精锻），还有一家是日本的武藏精密。而其中把精锻齿轮产品做得最好的,是PPF。"那位德国同行非常中肯地答道。

接着,那位欧洲客户又问:"那轴承做得最好的是哪家公司?"

"是我们自己。"德国同行这次当仁不让。

之后,那位心中已经有数的欧洲客户到中国来考察时,又把同样的问题向太平洋精锻董事长夏汉关问了一遍。没想到的是,夏汉关给出的答案,和那位德国同行完全一致。在欧洲客户的眼中,向来认为中国大多数企业都在践行所谓"同行是冤家",而不具有包容、共生心态,总是盼着竞争对手死掉,于是便认为中国企业的格局普遍不高。

但这三家企业不是这样。虽然这三家企业在某些细分市场有竞争,但彼此相处得却非常融洽。无论什么时候,都会给对方一个非常客观公正的评价。

夏汉关经常跟同行说,社会已经发展到一定阶段,既要防止行业垄断,也要讲究行业合作。同行不是冤家,合作比竞争更重要。只有大家定期交往,互相沟通,彼此了解和熟悉,才能更好地掌握未来发展趋势,从而在世界经营格局中保持一个比较优势。目前,在全球精锻行业,这三家企业已牢牢占领前三的地位。

这其实与华为的做法非常相似。在华为的表述里,从来不容许出现"竞争对手",而是称之为"友商"。

2009年,欧盟对华为进行反倾销制裁,就此征求爱立信、诺基亚、西门子的意见,结果却得到了一致反对意见。在这些所谓对手们看来,华为是一个"值得尊重的对手",它们和华为在市场、产品、技术方面你中有我,我中有你,是竞合关系而不是你死我活的关系。这就好比大家一起赛跑,要看谁在规则范围内跑得更快、更远,而不是看谁能够把对手绊倒。

故事的哲理

考量一个企业是否值得尊重,只需看对手的评价就够了。企业仅会讨好消费者是不够的,还应该争取同行的尊重。一个能被同行称道的企业,必定是一个值得尊重的企业。而这里的起点,是我们自己先学会"客观"地去尊重和包容我们的"友商",与之共生、共成长。

优秀的企业,可以只成功于产品。但卓越的企业,一定都成功于格局。格局,在成就自己,也在塑造行业。工业文明,来自竞争中的尊重,挑战中的协同。(杨光)

唯一的高管"外来户"

价值观一致，合作才最稳固、最务实

哲理的故事

2020年的一天，身在日本的铝合金锻造专家关鑫接到朋友的微信消息，说让他通过一个人的微信好友添加请求。这个人，正是太平洋精锻董事长夏汉关。

从2015年开始，太平洋精锻就准备要新上一个铝合金锻造的项目，作为新的业绩增长点。要上这个新项目，就必须先有相应的技术支撑和可以进行整体规划的专家。但这样的专家是稀缺资源，一时难寻，只能暂时搁浅。后来，夏汉关终于打听到关鑫就是他要寻找的专家。

为了找到关鑫，夏汉关先后通过日本锻压行业协会，通过供应商，辗转问了好几个人，才算找到他的联系方式。联系之后，夏汉关用1个多小时向关鑫介绍了自己的想法，并提出有意向聘请关鑫作为太平洋精锻铝锻项目的规划主导者。

已名声在外的关鑫，接到国内民营企业这样的邀请并不是第一次了，但每一次他都婉拒了。因为早年他也在国内工作过，领教过国内一些民营企业的急功近利，并不是真正想做事的思维。所以，面对夏汉关的这一次邀请，他也同样没有点头。但这一个小时的通话并非没有作用，他答应考虑一下。

很快，关鑫就先请他在上海的同学来太平洋精锻考察了一番。考察结束，同学给了一个非常客观的"好评"，并建议他加入。同学应该不会说谎的，于是，他决定亲自来一趟。

果然，不虚此行。他发现和国内一些目光短视的企业不同，夏汉关并没有首先谈投入，谈回报，反而是从

太平洋精锻的故事与哲理

技术开发的角度,讨论开发一个新的行业领域,市场开拓周期比较长,需要耐心。只要努力到位了,一切都会水到渠成。这让关鑫感觉遇到了志同道合之人。

"如果您觉得在这里不开心,您也不会来。如果我觉得您来了我不开心,我也不会去邀请您。咱们互相成就,而且我能保证我给您的承诺,全都会做到。"夏汉关又给关鑫吃了一颗"定心丸"。其实,关鑫本来也做过"盘算"。一个是,他研究的专业回国发展会有更大的发挥空间。另一个是,回来也可以填补国内在这一行业的市场空白,成全自己的拳拳报国之心。只是,之前没有遇到合适的平台。

价值观一致的人,一旦遇见,无需多言就能一拍即合。

就这样,关鑫从日本回到了国内,加入到了太平洋精锻,成为了唯一一位进入到领导层的"外来户"。太平洋精锻成立30年来,高层主管从来没有空降过外来人员,关鑫是个例外。这让他更加有理由把事情做好。

经过一年多的筹划,2022年6月,占地近10万平方米的太平洋精锻铝合金锻造工厂正式开工,属于太平洋精锻的第二增长点,拔地而起。

故事的哲理

合作的基础,不仅仅是共赢互利,还在于为人做事价值观的认同与默契。相对于利益,基于价值观形成的合作,才是最稳固和最富有效率的。事实上,德国的很多隐形冠军企业,其核心技术人才也不是首先考虑物质待遇,而是基于与企业乃至企业主的价值观契合程度——"在这里工作我高兴"。于是,整个社会环境更踏实有序,企业成本也更务实合理。

不论企业还是社会,只要是合作,利益永远都不可忽略,但如过于强调"没有永远的朋友,只有永远的利益",则局限乃至伤害的,永远将是自鸣得意的自己。这也是一个社会文明程度的标尺。(杨光)

始终保证充足的"家底儿"
产业协同,是企业最具格局的经济抉择

哲理的故事

在太平洋精锻，平时只要谁的汽车电瓶没电了，都会打电话去找设备管理部部长陆亚军借，都会一借一个准儿。因为他的车上常年备有两块充电宝。

不只是车上，陆亚军的家里也是常年备着水和食物，大米或者面粉吃少了一袋一定会再续上一袋，永远保证安全库存。一旦遇到不测，他家能生存半个月没问题。

陆亚军的这种习惯也直接体现到了工作中。平时做设备管理，配件的安全库存好比是家底儿，因此永远要做到心中有数。但他也并不是机械地用堆积大量库存来保证充足，而是讲究科学调配。

一款设备，如果只有自家企业拥有时，的确需要非常周全地储备几乎所有配件。因为有些配件一旦库存短缺，就要从国外进口，严重时会导致停工停产，非常浪费时间。

所以，从2020年开始，陆亚军想到了在自己公司所有设备的基础上，去寻找并统计全国有多少家同款设备，然后大家组成联盟。如果多家企业都有这款设备，就可以商量好分别储备不同的配件。一旦有需要更换配件的设备，就可以互相调配。这样，既能保证应急，又减少了库存量。

而且，平时设备如果出现故障，找不到原因时，也可以向联盟群里请教，询问别的企业有没有遇到过类似情况，如果有就直接顺着他们的维修思路去找原因，如此也就走了捷径。

太平洋精锻正是靠着这种充分而又科学的设备配件储备，在新冠肺炎疫情期间，即便是出现设备故障，出现配件库存紧张，也仍然能够保证正常生产。

故事的哲理

如今早已不是企业单打独斗的时代。作为经济微观体，产业协同，而非同行搏命，才是企业最大的经济选择与智慧格局。大到行业布局，小到配件存储，协同，在工业文明体中，无处不在。（杨光）

一封"牢骚满腹"的邮件之后

尊重客户的需求变化，是第一位的

哲理的故事

"都听说了吧，甲方对产品设计又提出了新的要求。"

"又有新要求？本来今年是可以实现量产的，这么一改设计，项目肯定延期！"

"按照技术协议我们都已经满足了，额外的要求我们没有义务满足。"

2021年，太平洋精锻全资子公司宁波太平洋电控系统有限公司项目组接到了甲方突然要修改产品设计的消息，项目组成员心中多有不快，正在会议室发着牢骚。

原来，他们与德国采埃孚集团（全球著名的汽车零部件供应商）合作，为采埃孚开发汽车配件电磁阀。本来说好的按照既定计划执行，结果采埃孚又对产品设计提出了新的要求。

改要求一定会延期，而延期意味着成本增加。于是，正在气头上的项目组给采埃孚方发了一封邮件，表达了自己的不满，并约定在上海开个碰头会议。

太平洋精锻董事长夏汉关听说了这件事，专门赶到上海参加了这场会议。因为有那封"不满"邮件在前，所以双方见面后关系有些微妙。会上，夏汉关几乎是用道歉的语气为项目组打了圆场，缓和了趋于紧张的气氛，并针对对方提出的修改要求达成了一致意见。

回到公司后，夏汉关又专门给项目组开了个内部会议。

"站在我们自己的立场来说，项目投入挺大，延期使成本增加，大伙儿着急，我理解。但我们是不是也应该先了解客户为什么会提出新的要求？客户提出新的要求，说明客户的需求发生了变化，当客户需求发生变化的时候，我们就要满足客户的需求，而不是牢骚满腹。就看我们是把客户放在了第一位，还是把自己放在了第一位。"夏汉关字字铿锵。

一席话，令项目组集体沉默。这件事，对他们触动很大，夏汉关不仅帮他们打了圆场，维护他们在客户心中的形象，同时又给他们强化了"尊重客户需求"理念。他们不仅达成了采埃孚提出的新要求，而且还因为这次的诚意合作而赢得了采埃孚更多的后续合作。

故事的哲理

要想为顾客提供满意的服务，首先就要学会站在顾客立场思考问题。谁为顾客的利益考虑得越多，谁就越有竞争力。毕竟，从客户那里获取利润的唯一办法，就是满足客户的需求。（杨光）

绕不过去的安全科
制度在可以通融时，才需要最严格

哲理的故事

2013年，太平洋精锻二厂区厂房即将竣工，进入了最后的消防安全验收阶段，结果却迟迟没有通过验收。一天不验收就一天不能生产，就意味着巨大的损失。为此，公司便开始严厉追究责任。而安全科首当其冲。

"到'现在'了，又把责任全甩到安全科头上！早干嘛去了！"时任安全科科长黄生华当头就是一句。这显然不只是气话，更是话里有话。

原来，从一开始施工，就是基建科和施工方在单方面沟通，而绕开了安全科。直到最后进行消防安全申报时，才发现公司制度中有明确规定，工程建设中消防申报工作必须有安全科参加。这才又找了安全科。

让安全科去申报消防验收，名正言顺，没有任何问题，但黄生华要求施工方必须提供所涉及到的共12项消防资料。

结果，施工方只给提供了一张检验合格报告。很显然，仅凭一张检验合格报告并不能说明什么，黄生华坚决要求把其他资料也提供齐全。可施工方却推三阻四迟迟不给提供，事情就这样僵持起来。

"没有消防资料证明，去拿什么申报呢？"夹在中间的黄生华有些为难：要是早提供资料，验收早就有结果了。但他同时也开始思考，既然迟迟不给提供资料，这其中必有蹊跷。

于是，黄生华瞒着所有人连夜把安装好的消防设备悄悄拆了下来，天一亮就赶去南京，送到江苏省指定的部门去做检验。结果，就在等待检验出结果的工夫，黄生华就接到了施工方的电话，直问他现在在哪里？

为了防止施工方去省里打通关系，黄生华留了个心眼儿，故意把南京说成上海，以造成设备送去上海检验的假象。几小时后，检验结果出来了，还真有猫腻——12项里竟有5项都不合格！

原来，在没安装之前，供应商是用正品送检，拿到了检验合格的报告。但现场安装的却是不符合检验标准的残次产品。好一个偷梁换柱！而这——埋下的隐患有多大，想想就不寒而栗。

一切水落石出后，黄生华马上一五一十地向公司做了汇报。本想靠侥幸蒙混过关的施工方被抓了个"现行"，不仅罚没了保证金，且永不再用。

消防安全验收的一波三折，的确是拖后了厂房投产的时间，但所幸及时杜绝了安全隐患。

故事的哲理

所有的法律、制度、规则，如果"是非之分"只是"人我之别"，就失去了它的价值。一个制度想要人们真的接受，并获得尊重，就必须严格执行和坚持——特别在看似"有理由"可以"通融"时。有的时候之所以规则能内化到我们的心中，那是因为我们知道它已经成为我们检验实践的唯一标准。(杨光)

4
品质·高效

品牌的感召力靠成功的营销,
成功的营销则离不开品质的支撑。
品质不行,任由包装花里胡哨、广告天花乱坠,
都不可能赢得市场的认可。没有品质保障的企业,
就像是无源之水、无本之木,终会被市场淘汰。
在保证品质的同时又要提高效率,
因为效率是企业追逐利益的保障,
高效生产不仅能降低企业成本,
而且能给企业创造更多的利益。

不比创新,不比品质,不比性能,
都搞同质化,都搞恶性竞争、窝里斗,
最后搞的整个行业都会出问题。
时代在变,需求在变,
但是做可靠的产品这个道理不能变。
想偷工减料,永远出不了好东西。

——夏汉关

Story & Philosophy of Pacific Precision Forging | 121

争做一个"笔记控"
高效抓住最关键的问题

哲理的故事

在太平洋精锻热处理车间主任包文慧的家里，存放着一摞一尺多高的笔记本，没事的时候，他会经常拿来翻翻。就是在这几十本的笔记本中，写满了他职业生涯中点滴进步的注脚。

1988年底，初进泰县粉末冶金厂（太平洋精锻前身）的包文慧，并不知道什么是热处理工艺，也没人教他。车间里唯一一本讲热处理的书还少皮无毛的，被人撕了近三分之一下去。

后来，车间里来了一位名叫张崇飞的老师傅，是国营大厂的老工程师，带着包文慧一行年轻人学习热处理，并给他们讲课。其中，张崇飞反复提到，一定要有记笔记的意识，今天做了什么？谁讲了什么知识点？认为有价值的就记录下来。

一开始，包文慧只是照着老师傅说的去做，老师傅讲课，他认为印象深刻的，或者不懂的就都记录下来，但并没有体会到记录的意义。再后来，他自己主动增加了重要的事，关键的事，以及做这件事的执行计划，全都写在笔记本上。慢慢地他尝到了甜头，并渐入佳境。

本子用了一本又一本，包文慧的业务能力也在日积月累中不断进步着。不仅出错率低，而且因为善于总结，所以每次操作水平都能比上一次有所提升。

后来，包文慧从小工人升职为车间里的班长，他发现在带人的过程中，之前记的笔记全都派上了用场：因为有记录，就有归纳、有总结，最终形成一套自己的系统知识，讲给新人听。

再后来，包文慧带新人，首先就问有没有本子，没有的话他主动给发，就是为了让年轻人养成记笔记的好习惯。而包文慧的那一摞笔记本也仍旧在增加着厚度，而且常翻常新，每次都有不一样的收获。

故事的哲理

记笔记，这是最传统的学习方法，却随着手机的普及、录音的方便，而逐渐被人们所忽略，甚至废弃。殊不知，记笔记最大的好处，是用最高的效率抓住最关键的扼要。最高的效率，在于笔记中的现场感，及在现场迅即的判断，是事后整理无法还原和替代的。所谓，好脑子不如烂笔头，就是这个道理。（杨光）

一对小齿轮赢来大客户
越是后来者,越要靠绝活儿

哲理的故事

"小沙,你们帮我们解决了大问题啊!"合肥汽车制造厂时任厂长缪仁刚,对太平洋精锻的销售代表沙风喜欣喜地说道。

原来,在1994年时,合肥汽车制造厂为江淮汽车生产的差速器总成"后桥"存在异响问题。大家百思不得其解地持续了很长一段时间,现在终于得到了解决!而解决这一问题的关键,却并不是他们自己,而是太平洋精锻开发出的一对行星半轴齿轮。

1995年,沙风喜经人引荐得以进入合肥汽车制造厂,介绍太平洋精锻的工艺优势。要说那时初出茅庐的太平洋精锻,真正与众不同的优势,就在于采用的是冷锻工艺。这在20世纪90年代的国内汽车市场,尚属头一份。这一工艺比业内普遍采用的传统机械工艺的精密度要高出很多,但也要复杂很多。这也正是当时让合肥汽车制造厂的设计人员喜出望外之处。因为他们只听说欧洲国家能够采用冷锻工艺加工锥齿轮,完全没有想到国内也有如此先进的锻造技术。

于是,经过一番试验之后,合肥汽车制造厂就把江淮汽车五十铃NPR的行星半轴齿轮,交给了太平洋精锻来开发生产。

一年后,齿轮交付,并为江淮汽车一次装配成功。原先的异响立马就神奇地消失了!就是凭借这一突破,江淮汽车五十铃系列被机械工业部评为了"优秀产品"。这也正是缪仁刚的欣喜之处。

为了表示感谢,这款产品不仅由太平洋精锻独家供应,而且缪仁刚还介绍太平洋精锻直接加入到江淮汽车集团的供应链。之后,太平洋精锻所研发的冷精锻差速器锥齿轮也顺理成章地成为江淮汽车开发新产品的指定产品。

自此,在太平洋精锻的鼎力支持下,江淮汽车逐渐具备了与重庆庆铃、江西五十铃等有日资背景的汽车企业抗衡的实力。

故事的哲理

普通的比较优势是靠不住的,也不足以真正征服客户。只有依靠拥有不可替代的绝对优势,才能赢得客户的由衷认可,争取到更多的业务。

这一点,对初创企业更加适用。因为初创企业往往什么都缺,要想在强手如林的市场里抢得一个后发机会,就必须依靠拥有独树一帜的特色绝活儿。这很难,但成功从来都是迎难而上,逆水行舟。(杨光)

从揪耳朵到拍肩膀
贴标签，是管理的万恶之源

哲理的故事

"唉哟，我的耳朵，您下手轻点儿！"

"这么常识的东西你都不知道吗？这么贵的刀头就这么报废啦！你就不心痛吗？"

1998年的一天，太平洋精锻模具车间工程师老丁正在指导入职不久的石小荣磨刀。结果年轻贪玩的石小荣自作聪明，把淬火刀头直接扔到水里冷却，而没有注意防止变形，结果导致了刀口开裂。老丁看到后，顿时火冒三丈，提起石小荣的耳朵，就是一顿劈头盖脸的批评。

从那之后，石小荣给老丁没有留下一点儿好印象。

不久后，公司开始为QS-9000质量体系的认证做准备，但原有的图纸不规范，需要重新整理重新描绘，现有人手根本不够。正好，当时在模具车间做班检的石小荣，大学学的就是机械设计与制造，于是负责协调的质量科就把他抽调到了技术科帮忙画图纸。结果，石小荣刚到技术科报道，就碰上了老丁。

"谁让你来的？"老丁眼皮都不抬一下冷冷地说道。见石小荣笑了笑没说话，老丁转身就去找了时任技术科科长赵红军，说："石小荣不行，他干不了，赶紧换人。""机加工和检具的图纸，石小荣最了解，咱们正是需要人才的时候，不妨先让他试试，不试怎么知道他不行呢？"赵红军劝说道。

老丁见说不动他，悻悻地走开了。石小荣则决定通过这次努力来证明自己，扭转老丁对自己的成见。

石小荣和三个助手，一共四个人，要在两个月内，完成几千张图纸的描绘，平均一天要画上百张图，压力可想而知。当时还没有电脑，全靠绘图板纯手工画图，平均每天工作14个小时以上。就这样，在石小荣的主导下，居然硬是按照规定时间顺利完成了所有图纸的描绘。

质量体系认证通过后，石小荣又回到了原岗位工作。有一天，他正在轰鸣的车间忙碌着，老丁从远处进来快步向石小荣靠近，然后一把拉住石小荣的胳膊就往外走。石小荣当时吓坏了，以为自己又犯了什么事儿。

出了车间，老丁重重地拍了两下石小荣的肩膀激动地说："你小子，还真行！我当时还说要把你换掉呢，这回你真让我刮目相看了！"

从那之后，老丁再也不轻易给人贴标签，下结论了。

故事的哲理

贴标签，是管理中的万恶之源。回想古今中外，几乎所有的社会悲剧，都是从有意无意给人贴标签开始的。但这也说明，贴标签不是一个人、一个组织、一个民族、一个时代才有的问题，而是人性的普遍弱点：因为，"贴标签"就意味着做判断时并无需足够的事实，而"能够"提高判断的效率，是看似最省事、最简单、最高效的办法。那么因此，作为一种管理卓越进而打造管理文明要尽到的责任，就必然就是"反人性"地不断警惕、破除我们自己内心、组织惯性下注定此起彼伏的各种有形无形的"标签"，这样才能避免基于效率而产生的浪费乃至悲剧，实现人尽其才，才配其位。（杨光）

"业务员"从满篇"批红"到业绩"翻红"
"反求诸己"是提高效率的绝对真理

哲理的故事

2000年,太平洋精锻时任技术部副部长钱后刚为了开拓东北市场,主动请缨转岗去了市场部工作,并从一名业务员开始做起。

一般来说,新业务员都有师傅"传帮带",但钱后刚并没有指定的师傅。时任总经理夏汉关兼任市场部领导工作，所以钱后刚受夏汉关直接领导。

当时的市场部老员工比较多，在互联网办公尚不发达时形成了一些传统的工作习惯。尤其是业务报告、业务记录等一些文案类工作，大部分靠手写或者按照一些由来已久的"惯例"执行，非常不规范。

"副部长"钱后刚知道，初来乍到想要做出成绩，就不能随波逐流，不仅要自律，而且整个部门都应该改变——但是，此时的他只是个人微言轻的小小"业务员"——想要改变岂非痴人说梦？的确，一个人如果没有自己的影响力，拿不出硬气的证据来证明自己的能力，仅凭自己的官位，想要改变别人是很难的——更何况，还没有官位。好在夏汉关将公司的邮件往来处理、产品报价、商务谈判等一些文案工作都放手让钱后刚来做。他想着，既然一时改变不了别人……那就通过改变自己去影响别人，自己先把工作做好。

一开始，给客户写邮件，钱后刚并没有经验，交给夏汉关批改时经常是满篇"飘红"。但每一处批改，钱后刚都格外用心地思考与修正。争取下一次比上一次有进步。逐渐地，邮件上的红色批改越来越少。

最后，不仅不再要修改，而且还被夏汉关作为模板贴出来给同事们看，并要求当成标准全体照着做。有了标准之后的市场部，每个员工的工作都有了参考，整个市场部便慢慢规范起来。规范的作用立竿见影，当年东北区的销售业绩一下提升了将近30%！

故事的哲理

变革，通常需要领导牵引。但领导职位从来都不意味着领导力。领导力，来自他人发自内心的认同，进而由内而外的跟随与改变。

对此，古人有一句绝对真理："反求诸己"。要想真正影响甚至改变别人，永远都要从控制自己进而改变自己开始。这不仅仅是垂范的需要，更在于是效率的需要。勇于改变自己，永远比试图改变别人更容易，更有效。（杨光）

精益生产是不是在"制造浪费"
从看见到实现，考验的是决策者的远见与定力

哲理的故事

在精锻行业，太平洋精锻的精益生产线改革已经成为参访的标杆，经常有企业前来请教学习。但其实，他们在一开始改革时，也曾遇到了不小的阻力。

2003年，太平洋精锻时任总经理夏汉关去唐山爱信齿轮有限公司参访学习时，发现了他们的精益生产方式既能提高生产效率，提升产品质量，还能消除浪费。于是，回来后也准备在车间导入精益生产方式。

但一开始，负责带头执行的时任质量管理部部长赵红军其实是有所顾虑的——毕竟是向生产线开刀，这么大的改革，一旦失败了怎么办？公司刚刚扭亏，这时若出闪失，真是承受不起啊！

"做不好没关系，你们放心大胆去做，不要怕失败。如果有什么疑问，还可以带着问题再到唐山爱信去一趟。但不能不做！如果做好了，还能让咱

们产值直接翻番。"夏汉关鼓励道。

于是，为了谨慎起见，赵红军一行人坐上了当晚的火车，再一次到唐山爱信。把一些疑问搞清楚之后，他决定请来专家，先排布第一条生产线。

执行者刚刚启动，可等落地到车间时又引发了工人的抵触。

推行精益生产首先要做5S管理，然后进行流程再造。但5S管理清除了大量的现场器具、物品，工人觉得很可惜，认为搞精益生产哪是消除浪费，明明是加重浪费。而且还要学习新的技能，所以不愿意改变的人一开始非常不配合，甚至有人直接离职了。

什么改革都不会是一蹴而就的，何况精益生产的效果需要一个逐渐显现的过程。

于是，赵红军他们就对工人耐心培训，选拔一些思想开放的人先适应。渐渐地，工人开始体会到精益生产的好处。他们发现根据弯腰、走路、转身等细节，对作业台布局进行了优化，干起活儿来更加人性化和标准化了，而好处还在后头。

原来的生产线是单线单台，1个人操作1台设备，类似是一个孤岛。整改之后，形成单件流，布局更加紧凑，一个人可以操作三台设备，并形成"一个流"，不仅后一道工序能够及时发现前一道工序是否出现问题，而且5分钟就能出1个成品。这要搁以前，1个成品完全出来可是需要好几天呢。

设备还是那些设备，但改过之后，不仅人员减少了50%，产能效率提高了1倍，而且由于设备排布的有序合理，减少了占地面积，足足省出了一跨厂房出来。

就这样，太平洋精锻的精益生产从一开始亦步亦趋的彷徨，最后成为了交口称赞的成功。2005年一年的产值真就翻了一番。夏汉关的远见，又一次征服了他的员工们。

故事的哲理

企业的整体价值观以及员工内在心智模式的改变，比外部环境的改变，更能决定一个企业的转型成败。而企业员工心智模式的改变，实现企业文化与产业文明的升华，绝不能来自说教，一定来自可以用绩效衡量的具体工作改善。但从看到可能的绩效，到实现果然的绩效，中间需要扛起与承受的，首先就是企业决策者的战略洞察与战略定力——而这一点，没有任何人可以替代。这也就是企业家对于工业文明的独特作用。（杨光）

太平洋精锻当机立断：从九页纸到半小时
最高效的谈判，是用对方的逻辑去谈

哲理的故事

2003年，当时太平洋精锻的美方老板叶涛坚先生由于身体患病，力不从心，有意向把公司转让他人。于是聘请了华尔街专业投行机构，召集了美国、德国、印度、泰国等不同国家的公司洽谈转让事宜，结果却都因为价格原因没谈拢。

这时，太平洋精锻时任总经理夏汉关还没有其他"想法"，刚刚实现扭亏走上正轨，此时只希望公司能够得到发展，自己和团队能继续做下去，哪怕换一任如同"后妈"一样的新股东。于是，夏汉关找到了叶先生，询问了买卖双方谈不拢的差价之后，提醒道："您可能高估了咱们公司的价值，其实值不了那么多钱。务实一点的话，会比较容易谈拢。"

"既然你说这个公司的估值别人都接受不了，那我现在问你，你们想要吗？"叶涛坚先生听了夏汉关的提醒，转而反问道。

这是夏汉关第一次听到自己的老板这么问他。一直安心做好经理人的夏汉关，全无思想准备。

"从1992年到2002年，公司亏损了10年，现在刚刚能看到点儿未来的曙光，您却决定转手，我觉得非常遗憾。当然，不管谁是公司的股东，我都一定会把公司管好，对得起股东，责无旁贷。现在既然您问我，我就明确回答您，我们想要，但没有那么多钱，我们需要找一个合理的办法来解决。"夏汉关思索了一下给出了自己的答案。

夏汉关直到后来才知道，叶涛坚先生为了自己抽身而退又能让公司发展的问题，曾专门找了第三方机构到泰州对夏汉关及团队做过调查，并出

具过一份详细的调查报告。正是在这份调查报告的基础上，得出了一个意义深远的意见——最好的方法，就是跟太平洋精锻的管理团队合作，除此之外没有其他更好的路。

叶先生让夏汉关想出办法来再

继续跟他谈,然后就先回美国去了。痛并快乐着——一个光明而艰难的决定,摆在夏汉关面前。

为了能够有机会掌握公司和自己的命运,夏汉关开始深入思考两全的办法。他当然希望能拿到一个合理的价格,同时又希望能对叶先生十几年的付出有所交代。

于是,夏汉关花了几天时间,把公司的价值和自己对公司未来的前瞻,做了一份详细总结,并提出在出价的基础上将未来一定时间的盈利比例给叶先生作为补偿。夏汉关通情达理地写满了整整9页纸后,将方案传真给了大洋彼岸的叶涛坚先生。很快,叶涛坚先生便打来了电话。出乎很多人的意料,一个如此重要的转让决定,两个人居然只用了短短半个小时,就谈成了。电话挂掉之前,叶涛坚先生告诉夏汉关说,他很欣慰夏汉关在用美国的谈判方式和他谈判。其实夏汉关自己并没意识到自己用的是美国方式,但他知道,太平洋精锻能够十年曲折地走来,并开始曙光乍现,和叶涛坚先生平时对他和团队潜移默化的影响有很大关系。

从1992年双方合作以来,叶涛坚先生每次到公司来都会给他们传授诚信、公平、开放、包容的价值理念,并反复强调:不管与谁合作,都要给大家公平的机会,做事情要公正。

这一次,耳濡目染下的夏汉关,确实是用了一个比较讲道理、讲公平、讲规则的方法来谈判,叶先生才会如此爽快地接受了夏汉关的想法。

太平洋精锻从1992年成立时的中外合资,到1997年困难时期改为外商独资,再到本世纪初终于又成为了全部内资,显然又是一次里程碑式的跨越。从此,确定了方向,揭开了企业发展新的篇章。

故事的哲理

商业上最艰难的一件事,莫过于谈判。之所以难,就在于我们总是将谈判视为"博弈"。而博弈,本质就是双方都只想实现本方利益最大化。但事实上,最高效的谈判,最成功的谈判,甚至是最伟大的谈判,恰恰皆非如此。之所以高效、成功乃至伟大,就在于双方在践行相同的价值逻辑与行事规则。

因此,如果我们能运用对方的逻辑,去争取对双方都有利的方案,即写好"九页纸",谈判就会高效轻松水到渠成,就会变成"半小时"。(杨光)

德国大众：中国人做不好！不要来
在全球配套"走上去"，品控团队最重要

哲理的故事

2007年，德国大众汽车公司在大连建设一个生产现代化变速箱的独资工厂，并面向全球招聘差速器锥齿轮供应商，并直言"中国人做不好，不要来！"。

闻此讯，一向自信的太平洋精锻董事长夏汉关当然不死心，马上联系上北京大众采购部门，愿意通过国际化竞争，从而获得配套机会。而这，就

意味太平洋精锻在保持全球价格竞争力的基础上，还要赢得德国大众严格的质量保证能力和工程技术能力的认可。但是，德国大众狼堡研发中心的齿轮专家对太平洋精锻的齿形设计与齿轮制造能力，刚开始是持怀疑态度的。虽然跟大众有合作，但齿轮有难度，他们认为中国人做不好。

不服输的夏汉关马上安排公司技术副总带领一队研发工程师，直接奔赴德国大众狼堡研发中心"搏一把"。当然，一开始，德国人并不重视这些东方来的不速之客，只想着简单接待一下就打发他们回去。

德国大众狼堡研发中心的齿轮专家，带着印有三维计算系统数据的一叠纸，过来问道："你们说你们懂，那你们告诉我，你们的三维数学模型是怎么建立的？模型相应的坐标点计算数据是多少？"

大众齿轮专家的意思是，齿轮的精度涉及很多数学公式和三维坐标，如果真懂这项技术，计算机数学模型也用了这项技术，那么双方的数据一定是一样的，否则就说明大家不在一条跑道上。

夏汉关知道，这些数据如果讲错了，哪怕有一处和对方的对不上，就会彻底失去机会，多少也暗自捏了一把汗。结果太平洋精锻工程师回答的小数点后面6位数竟然都与对方惊人的一致。然后对方又问了很多其他参数，结果也几乎一模一样。

这时，大众齿轮专家的态度马上就变了，说道："你们是真的懂。"德方本来想半个小时就把他们打发走，最后反而把其他的接待都推迟了——这对于一向守时到刻板的德国人是非常罕见的——而专门接待远道而来的太平洋精锻团队，又继续交流了大半天。大众齿轮专家发现，这是一个可以重点培养的战略供应商！他要马上到中国去一趟，再看个究竟。

很快，大众齿轮专家就反向来到了太平洋精锻的泰州总部。与中国文化截然不同的是，他并没有让人作陪，而是找夏汉关要了人力资源部的花名册，带着翻译在工厂里自行交流。前两天，大众齿轮专家都是与公司员工一起吃工作餐，每天工作到晚上九点以后。

直到最后一天，他才接受了公司的接待宴请，并开怀畅饮了青岛啤酒。大众齿轮专家很兴奋地告诉夏汉关，这3天他很有成就感！因为他发现了一个很有潜质的团队。并且他诚恳地说出，通过他的考察评估，公司哪些人可以大力培养,哪几个人悟性好,哪几个人要给机会。最后还给夏汉关留下了他的私人电话和邮箱,一再嘱咐,凡是他认可的这几个人,将来在研发过程中有什么问题,随时都可以跟他交流,凡是他知道的齿轮知识,都会毫无保留地讲解传授。

"在德国,很多年轻人也不愿意学习。以至于这些数学模型公式,现在大众里懂的人也并不多。既然我在你们公司发现了好苗子,以后有机会到欧洲,一定要把他们带过来交流。"大众齿轮专家向夏汉关坦言。

这就好比是武功盖世的高手对自己的徒弟费尽心思却难以教出,就在武功面临失传时,突然在圈外发现了可塑之才,颇有偶拾遗珠之喜,自然是尽心竭力地传授。只要有人能帮他传承,"武功"便没有了国界。

最终,太平洋精锻成功获得了德国大众的项目配套定点提名信。之后,太平洋精锻开发出的样品,也完美地通过了对方的实验与认证。从2010年,太平洋精锻因此成功打入了大众汽车的全球配套体系!

在这以后,凭着德国大众的品质认可与价值背书,太平洋精锻进军全球顶级配套市场的大门,也完全敞开。

故事还没有完。

在之后的交流中,大众齿轮专家多次向他的老板报告:中国的太平洋精锻值得重点培养。而且他还把德国大众过去10年所有供应商发生过的问题风险,全部和太平洋精锻做了分享,希望他们能更好地成长,为大众提供优质的产品和服务,不要走别人走过的那些弯路。

直到现在,大众齿轮专家依然和太平洋精锻保持着友好的往来,在之后与一汽大众几次合作中,这位专家也都起到了非常关键的推动作用。夏汉关将这位德国专家称为是太平洋精锻的贵人,非常尊敬他,每次带队去德国,都会特意去拜访他。

故事的哲理

不论"德国制造"还是"日本制造",都曾背负"劣质"恶名,而饱受全球质疑。这是一个制造强国的成长历程所必须经历的。必须,就意味着你必须接受,也意味着你必须挑战,还意味着你必须挑战成功。

而质量成功,与单纯的商业成功不同,不只靠企业家,更要靠整个团队。制造业的崛起,本质都是基于一大批工程师团队的崛起——特别是在全球竞争中。(杨光)

德国大众：中国人这次是真的干不了了
以"先发"之心实现"后发"之业

哲理的故事

"难度太大了，中国人这次是真的干不了了。"德国大众在2010年召开的变速器结合齿轮国产化推进会上如是说道。他们说这话的前提，是建立在上一次做差速器齿轮基础上的。

2007年，德国大众在中国大连建立自动变速器工厂。虽然是在中国建厂，但并不准备找中国供应商，并明确提出"中国人做不好，不要来。"但是不信邪的太平洋精锻凭着自己坚定的执着与过硬的技术，逆袭成功地取得了与德国大众的差速器齿轮配套合作。

而这次的结合齿轮，与上一次的差速器齿轮不同。太平洋精锻在给德国大众配套差速器齿轮之前毕竟还是和国内其他车厂有过配套基础的，至少技术上相对成熟。而结合齿轮，当时在国内还完全是个零，从来没有人做过。这也是为什么德国大众说中国人"这次真的做不了"的原因。

但这一次，太平洋精锻董事长夏汉关依然还是不信邪。虽然从没做过结合齿轮，但他是有一定的提前储备的，不仅招聘了大量专业人才专门研究技术创新，而且还不断派人去德国取经，积累了一部分经验。所以他依然有信心拿到德国大众结合齿轮的配套合作。

结合齿轮一套共有7个，夏汉关选了最难的一个进行攻克。从工艺到模具再到技术，反复试验。虽然第一套产品做出来就坏掉了，但马上分析原因并修正，第二套又坏掉了，再分析原因再修正，接着第三套，第四套……就这样，过了七八个月后，通过检测合格的样品终于做出来了。

夏汉关带着样品去德国大众总部做过程展示，德方再一次感受到了太平洋精锻的诚意，与上次的场面冷淡不同，这次德方特意选了一个大会议室，分批次约20多人参加了会议。

会上，夏汉关团队不仅从工艺方案到模具设计再到技术加工做了详细展示，而且还把对这一领域的前瞻性研究投入、理解掌握程度以及未来的发展路径，也都一一做了展示。

夏汉关团队的有备而来，令德国大众认识到，太平洋精锻比中国其他同行对于齿轮布局得更早，也研究得更深，是具备一定合作基础的。于是，双方这才开始进行项目讨论。之后经过一系列的技术评审、产能评审，三年后，最终达成了配套合作。

太平洋精锻与德国大众合作的结合齿轮业务，从零技术、零工艺、零设计，到最终实现批量生产，进而占到了公司年总销售额的10%以上。

故事的哲理

技术壁垒，说复杂也复杂，说简单也简单。说复杂，就在于"后发者"需要在这一领域投入大量资源，承受大量失败，同时拒绝大量廉价的机会。说简单，就在于"后发者"只要提前在雄心与视野上成为"先发者"，敢于且执着去做前述那些事，成功，通常只是一个时间问题。

大道至简。但是，真愿意专注于攻坚技术巅峰的企业，不在多数。也因此，它更弥足珍贵。中国工业的追赶与超越，靠的就是这个：炫酷不多，就是盯着干！（杨光）

单列出来,省了上百万
"当责",是更高层次的执行

哲理的故事

2013年9月,太平洋精锻财务部收到市税务局来函,要求公司出具一份关于"涉及非居民企业纳税情况进行自检报告"。时任财务管理科副科长的陈攀收到财务总监安排的应对任务。

很快,陈攀就搜集齐了往年公司进口设备采购合同以及付汇、报关等资料。但望着眼前厚厚一大摞资料，她有点犯难，虽然她是财务专业，但对如何写自检报告，还是第一次。尤其对花花绿绿的各种表格，更是一脸茫然。

于是，陈攀决定先上网查找进口设备的有关涉税政策及规定。然而，就在看政策解读的过程中，一条规定引起了她的注意："如果合同中未明确安装调试费用，则税务局可以不低于销售货物合同总价款的10%为原则确定非居民企业劳务收入。"

要知道，太平洋精锻的关键设备基本都是进口的，且需要国外的设备厂商来安装，这可是很大一笔业务量呢。

为了确认，陈攀又查阅了公司以往签订的进口设备购置合同，发现绝大多数合同未明确安装调试的费用金额。其中有些合同中设备的安装调试相对简单，涉及的费用远远不到合同总价的10%，如果都按10%申报缴税，岂不是大大增加了公司的采购成本？！

于是，陈攀大胆提出将安装调试费用从合同中单列出来，单独签订服务合同。这样既可享受国家政策的支持，又可以为公司降低成本。

陈攀的这一建议得到了领导的高度认可。自此，凡是涉及进口设备安装业务的合同，安装调试费用全部拆分单列出来。而就是"单列出来"这条不起眼的小建议，每年能为太平洋精锻节省上百万元成本。

这次经历，让陈攀意识到，做财务不仅仅是记账，更重要的是学会分析数据，并从数据中找到公司可以改善的点，从而为领导做决策提供可靠依据。正是凭借这份责任心，陈攀很快就从公司小会计走上了财务部部长的领导岗位。

故事的哲理

同样是付出一份责任心，同样属于"执行"范畴，负责和当责的内涵与意义却大大不同。负责是按照要求、被动执行组织交待的任务；而当责是为了基于工作更本质的含义层面主动发现并承担责任，进而交出满意成果。作为执行者，虽然当责可能意味着更多的工作内容和未知风险，却也会为组织创造意想之外的价值，并成为个人核心竞争力和"不可替代性"的最佳体现。（任慧媛）

一张"将错就错"的图纸
从"对不对"到"服不服",视野决定一切

哲理的故事

"今天让改这个,明天让改那个,最应该改的是他们的设计!"

"是啊,这么干没有意义!"

"要是再让这么做下去,我们就不配合了!"

2012年的一天,太平洋精锻技术部突然像炸开了锅一样,你一言我一

语地表达着愤愤不平。因为他们已经为这个项目付出了一年多的努力，反反复复来回修改，但就是通不过试验。

是谁这么不着调？

2011年年底，英国某著名汽车传动系统供应商给美国通用中国公司做配套，但由这家英国供应商的日本公司做主导。太平洋精锻参与产品的生产加工。但当他们把产品做出来后，并没有通过通用公司的试验。然后，回来修改，再去测试还是通不过试验。就这么来回反复了一年多。

其实，从第一次修改他们就看出了是图纸设计出了问题，但作为主导的日本公司方却坚持说没有问题，不答应改设计。英国供应商中国公司的一位高管夹在中间也很为难。

"不管怎样，我们还是要继续把事情做下去。硬让他们改，一旦闹僵了，进行不下去，对谁都不好。当所有路都走不通了，他们自然会听我们的意见，到时也让他们心服口服。"太平洋精锻董事长夏汉关做出了一个坚定的决策：在这个过程中我们也能积累经验，同时也是给客户一个交代。

夏汉关在用长远的战略眼光考虑问题。于是，技术部又配合着做了两个月，当所有的路都试过，没一条能走通，英国供应商这才接受了太平洋精锻的意见，重新做了设计开发。

设计改完，拿到了新图纸，太平洋精锻技术部只花了一个月时间就把产品做出来了，并一次性通过了通用中国的试验。

正是有了前面一年多的磨合与坚持，太平洋精锻很快就进入了这家英国著名汽车传动系统供应商的全球配套体系，并且业务量在不断增加，这家公司最终成为了太平洋精锻继德国大众之后的又一大客户。

故事的哲理

单纯站在技术的角度，一切以产品为出发点，往往看到的只是"事情对不对"。而作为一名企业领导者则更注重于长远发展，只要未来的发展前景足够好，不会计较一时的短暂损失，因为他看到的是"客户服不服"。这就好比诸葛亮七擒孟获，看起来战术上费时费力，但赢得了战略上的长治久安。可见，站的角度不同，思维高度也不一样，随之利弊算账的方式就不一样，最终收获也就不一样。（任慧媛）

几万件齿轮，就地销毁
要讲究，绝不将就

哲理的故事

2015年，太平洋精锻齿轮车间生产的一批汽车齿轮，在成型的时候出现了一点小问题，定为了不良品。于是，怎么处理这批齿轮，成了一个问题。

不良品并不是废品，只是有瑕疵。于是有人就提出将就一下也能用。这毕竟不是小批量，而是几万件的齿轮，价值300多万元呢，如果报废损失就太大了。

"必须就地销毁！没什么可犹豫的。"董事长夏汉关知道后，回答得斩钉截铁。

"如果将就用了，是暂时避免了300多万元的损失，那汽车使用过程中的稳定性怎么保证？疲劳期限怎么保证？不怕一万，就怕万一，如果真因为这批齿轮而导致汽车召回呢？公司的声誉损失那可就太大了！"夏汉关激动地说。

立即整改！

首先，抱着诚恳的态度先把实际情况告知了客户，得到客户的理解。接着，与客户开视频会议，共享屏幕，针对问题出现的原因、后果、解决方案等进行逐一分析，并形成报告。然后，按照解决方案再进行生产，并跟踪监测了两个月，产品100%人工检查，保证没有问题之后，这事儿才算结束。

至于那批不良品齿轮，真的就被就地销毁了。全车间上下眼睁睁地看着价值300万元的齿轮变成了一堆废钢，无不心疼，但这也令他们心中的质量意识更加强烈了，进而成为了一道不容触碰的红线。

其实，在平时生产中，也一直不乏有客户跟夏汉关提出，把齿轮的钢材规格降下来一些，进而产品价格降一些。但夏汉关每次都断然拒绝：宁可生意不做，也不能砸我们的品牌！

夏汉关在公司反复说的一句话是："什么都打不垮太平洋精锻，除了质量！产品质量方面不能有任何姑息。"当年，海尔张瑞敏就是举起一柄大锤砸毁了76台有质量问题的冰箱，也砸醒了海尔人的质量意识，进而成就了海尔这一驰名中外的响当当品牌。

故事的哲理

无论德国制造还是日本制造，都已经用事实证明：高质量产品的产生，一定来自企业上下对于"完美"的无限渴求，甚至近乎偏执的苛求！是将就，还是讲究，决定了一个企业、一个行业乃至一个社会的文明水平。如果说，物资严重稀缺的计划经济时代和物资貌似过剩的互联网时代都可能出现"不能讲究"和"不必讲究"，但要真正锻造中国的工业文明，实现大国崛起，就必须坚守捍卫分毫不差、精益求精的"持续讲究"！（杨光）

Story & Philosophy of Pacific Precision Forging | 145

让机器人工作，我去谈恋爱

无人化：取代人，正是为了"人"

哲理的故事

2015年的春节，太平洋精锻一位车间工人的准丈母娘，大过年的找来了。她跟车间主任提出来，不要让她的准女婿在假期加班了，她宁愿付5000块钱。

原来，国家法定假日是到大年初六开始上班，但太平洋精锻为了赶工期，初二就开始上班了。为了奖励上班的人，年初二到年初五上班，公司每天额外补偿500块钱工资，4天就是2000块钱。

但这位准丈母娘宁愿"倒赔"5000块钱，也不想让小伙子来加班，好去多陪陪她女儿——因为平时忙得连谈恋爱的时间都没有。

虽然加班给予了数倍的报酬，但也要从人性的角度避免员工身心疲劳。于是，从这一年开始，受到刺激之后的董事长夏汉关便决定进一步加强车间自动化，并逐渐尝到了甜头。

原来的数控机床安全门，人工一开一关，至少需要两秒钟，一天生产2000件产品，就需要4000次开关。改成自动化桁吊之后，直接吊过来，省了开门关门的工序，每天可缩短2个小时的工作时间。之前，一条线需要3个人操作，改成自动化之后，三四条生产线只需1个人看着就够了，工人30%以上的劳动力得到释放。

2022年，太平洋精锻进一步决定引进100台机器人，这将至少可以代替200个工人。这也就意味着，工人的工作时间将会越来越少，幸福指数会越来越高，再也不会出现没有时间谈恋爱的情况了。

故事的哲理

机器人取代人是趋势。但这是否意味着机器与人的零和对立呢？殊不知，机器人的核心功能，只是替代人作为"机器"的那部分属性。而当人的机器属性被弱化甚至替代时，人作为"人"的属性，以及追求，才会被释放。因此，越是无人化，才越是人性化。越是无人工厂，越需要人本管理。这是工业的未来，也是人类的未来。（杨光）

不行！必须连夜返工
站在产业链的角度看生产

哲理的故事

"工人已经下班了，时间来不及了，明天再来拉回去返工行不行？"

"不行！必须连夜返工！"

这是2015年的一天傍晚，时任太平洋精锻物流部常务副部长兼外协科科长陈山与供应商的对话。对方语气里充满了央求，但"暴脾气"陈山却是几乎是用吼出来的声音拒绝了对方的央求。

原来，外协供应商送检的产品，被太平洋精锻质检部门发现质量有瑕疵。而这批产品，第二天就要送到车间进行精加工，如果不能及时送货，车间就面临停产。

这个结果，是陈山不能接受的，所以他让供应商马上拉回去连夜返工。要搁平常，一些供应商只要一听到陈山的大嗓门吼出"不行"，往往都会知趣地去执行。而这一次，的确是供应商那边的工人已经下班了，明天一早就要，供应商认为时间根本来不及，所以才有了再三央求。但即便如此，陈山依然说出了"不行"。

供应商见没有商量的余地，只好把瑕疵产品拉了回去，临时把已经下班的工人召集回来加班。不放心的陈山也开车跟着来到供应商加工点，现场熬夜盯着返工。最终在天亮之前顺利把返工后合格的产品运回厂里，确保了车间的正常生产。

事后，陈山和供应商聊天时候说道："当我逼着你们返工时，并非不近人情，而是我知道，你们是有能力完成的。你们辛苦加班完成，我们才好如期生产，如期交货，下一步的生产商也才好如期接力。咱们这一步推迟，将导致后面一系列的滞后。一个小小齿轮，可能影响到整辆汽车的如期交付。"

在陈山的心里时刻装着进度意识和系统把控的概念。哪家供应商加工能力强？哪家供应商擅长加工哪类产品？加工一批产品大概多久？如何分配外协加工任务？如何保证品质和工期？他全部了如指掌。他深信，只有每一天、每一个环节都确保不掉链子，才能保证生产的正常进行。

故事的哲理

生产管理中，什么是必要的坚守？什么是多余的较真？这往往并不取决于一件事本身，而是站在怎样的事外角度去看。诚如：天下哪怕再大的一件事，都不如这件事产生的影响，更为重要。作为工业企业，管理者就必须站在全产业链的角度和高度去审视具体一个工作环节的价值与弹性。（杨光）

一部"颜值秘籍",拉开了行业差距
设备创新,奠定质量核心竞争力

哲理的故事

提起太平洋精锻的行星半轴齿轮,业界没有不夸赞的。且不说遥遥领先的工艺水平,也不说过硬的质量标准,单是一个齿轮外观,就已经远远拉开了与同行的距离。

一直以来,汽车锻造行业的齿轮表面都是靠机床磨出来的。只是,当同行还在为磨出来的粗糙表面束手无策时，太平洋精锻的齿轮表面已光洁如镜面。

当同行问起太平洋精锻的人为什么会做得如此光洁时，他们往往只是笑笑说，他们有特殊工艺。其实在太平洋精锻内部，是有一部"秘籍宝典"的。

早在2006年，太平洋精锻就有意向要对齿轮外观做出提升，无奈市面上根本没有这类设备。于是，设备部只好自主研发。经过查阅大量资料和整合现有资源，画出了第一张图纸。由于没有经验可参考，只能不断试验，反复修改，光图纸就改了十几版。之后再由自己生产或者购买配件进行组装，最终自主发明出了一种叫作"滚压球面机"的设备。

就是这样一台小小的设备，它让太平洋精锻的齿轮外观不仅光洁平整，而且采用滚压工艺相对于以往用机床一点一点磨出来的齿轮表面，大大提升了效率，于是产品很快就打开了市场。而这台市面上从没有过的"唯一一台"设备，就是太平洋精锻的一种绝对竞争力。

起初，公司只是做了2台滚压设备，后来随着产能提升，每年增加10台以上，再后来每年增加到20台以上，最后整个太平洋精锻各大厂区都在用这种设备，且已经申请了专利。

故事的哲理

在管理实践中，有那么多"颠覆式创新"吗？细节无小事。很多时候，创新和利润，就藏在这些小小的变革和精益中。对于更多行业、企业和岗位而言，一夜变天的颠覆性创新，都远不及持续改善的技术革新、工艺创新与设备创新，更有实际价值。制造业企业实现可持续发展的根基，还是来自为了提高效率与品质，而在工艺技术上拉开距离的小步快跑。事实上，德国制造的品质之所以强大，很大程度来自他们的核心设备，是原创而独一无二的。（杨光）

5

专注·永续

工于匠心,行以专注。
专注意味着聚焦在一个行业产品,
不停地去研究创新,
只有专注才能知道怎样改进,
怎样一点一点地创新,
最终完成超出客户预期的服务。
做到足够专注,
终会等到时间复利的出现,
时间越长得到的回报越多。

所谓定力,就是顺应产业的趋势,
找一个适合我们企业的最好的道路,
坚持走下去。像挖一口水井一样,
今天挖不到,明天挖不到,
但是坚持挖下去肯定会挖到水。
——夏汉关

打印室截出来的手写名额
越是重要的机会,越是属于偏执狂

哲理的故事

1992年,正处于创业期的太平洋精锻(股东——泰县粉末冶金厂)向江苏省政府申请项目资金支持。但由于当年政府没有立项安排,便只好又等了一年。第二年,时任副厂长的夏汉关直奔南京,向江苏省经委递交立项材料。

在等待的间隙,夏汉关遇到了扬州(当时泰州尚未建市,太平洋精锻所在地姜堰隶属于扬州)经委的熟人,便聊将起来。天南海北中,夏汉关得知他们正在帮助企业上争资金支持技改项目,如果能够立项还可以申请国拨结存外汇指标。

这当然是好事儿啊,申请资金支持今年能不能批下来还是不好说,但能申请到外汇指标也行,这能为公司进口先进设备提供不少方便呢。于是,夏汉关赶紧跑去江苏省计划委员会,找对口的主管部门。

"真不巧,你们来晚了!地方申报国家部委的一批技术改造项目已经审查结束,就要上报到国家计划委员会去了。"一位主管申报的部门领导婉言相拒。

"真的没有机会了吗?这个申报文件现在到了哪里了?"夏汉关并不死心。

"已经交到楼下打印室了,有没有打印完成上报就不太清楚了。"对方说。

夏汉关马上飞奔下楼找到打印室。还好,文件正在打印,这说明或许还有回转余地?于是他和工作人员声情并茂地说明情况后,成功地"截下"了依然发热烫手的文件,九转还阳般地抱来飞奔回到楼上。

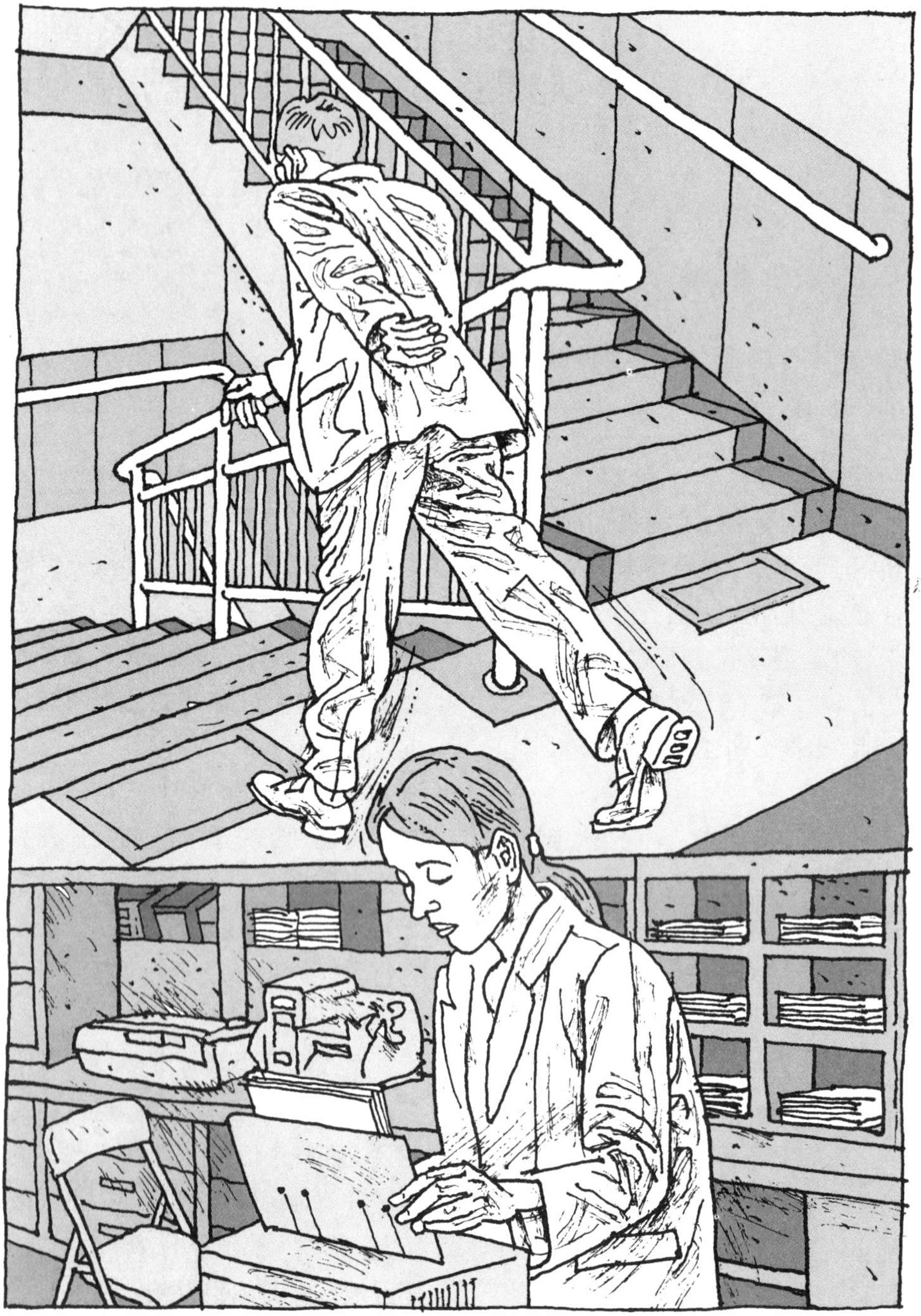

刚一进门,他就急不可待地恳求那位主管领导,能不能在文件上报国家计委之前,把泰县粉末冶金厂的名字"加上去"。面对眼前这个气喘吁吁、面红耳赤的年轻人,主管领导明显感受到了夏汉关的真诚与用心。于是,备受感动之下,他转过身和其他同志商量:这批项目能不能通过中央的审批还不知道,能批多少也不知道,多一个不多,不如就再加上一个吧。

最终,主管领导在签发申报文件审批稿上面的空白缝隙中,用手写的方式,加上了"泰县粉末冶金厂项目相关内容"一段文字。

颇具戏剧性的是,那一批江苏省的外汇指标项目申报上去之后,最终只有一家获批!而这唯一的一家,居然就是搭上末班车的泰县粉末冶金厂!而且双喜临门的是,公司不仅拿到了国家计委外汇支持的指标,还额外获得了央行200万美元购汇的配套人民币贷款资金支持。

试想,如果当被告知项目申报已经结束后,夏汉关就"规矩识趣"地转身离开了呢?

哲理的故事

真正伟大的企业,没有一家是在"理所当然"或"众望所归"之下被捧出来的。之所以能实现伟大,除了正确的初心和过硬的实力,还在于这些企业总能抓住稍纵即逝的战略机会。而"能"抓住机会,靠的绝不是"想",而是寝食难安甚至心神抓狂的"想",和不顾一切甚至"离经叛道"的"行"。而值得注意的是,这样的"冒险",有时未必会背负特别的"成本"。

之所以绝大多数企业抓不住关键机会,就在于连那些即便失败了都没有成本的"冒险",他们也往往都不肯去做。这就是平庸与卓越在起点上的分别。(杨光)

骨折下的英雄赞歌
使命是"壮举"最好的催化剂

哲理的故事

"烽烟滚滚唱英雄，四面青山侧耳听，侧耳听。晴天响雷敲金鼓，大海扬波作和声。人民战士驱虎豹，舍生忘死保和平……"

1994年3月的一天，太平洋精锻负责外协和销售的费根生一手拿着齿轮模具，一手扶着肋部，正艰难地行走在去往扬州长途汽车站的路上，心里默默哼起了《英雄赞歌》，一遍又一遍……

原来，费根生出了车祸，肋骨骨折，刚从医院出来。

由于当时的太平洋精锻尚没有先进的模具加工设备，需要把模具送到100千米之外的扬州去外协切割。所以，两日前，费根生先到扬州，办完模具加工手续，又马不停蹄地赶赴徐州洽谈业务。没承想，途中大巴车发生车祸，一车人都受了伤。费根生也被送到了医院。

在当地医院只躺了两天，送到扬州加工的模具已到了完工日期。要完成任务的责任感和使命感使费根生决定要去把模具及时取回来，不能耽误新产品的开发。于是，他让医生在腰部缠紧绷带，忍着疼痛，返回扬州取回了模具。

五六千克重的模具，平时对费根生来说是小菜一碟，而此时他却觉得有千斤重，豆大的汗珠从脑门儿上滚落下来。而就在快要坚持不住的时候，费根生的脑海中浮现出了《英雄儿女》电影中王成手拿爆破筒冲向敌军阵地的英勇场面，以及那首振奋人心的《英雄赞歌》。受到鼓舞的他一边哼唱，一边前行。就这样，五六千克重的模具被费根生连拉带拽带到了长途车上，又坐了2个多小时的车才赶回厂里，把模具交给了车间。

公司领导看到费根生痛苦的表情和惨白的脸色，忙询问情况，并及时把他送到了医院。最后，费根生在医院治疗了一个多月，骨折的两根肋骨才算逐渐康复。

事后，费根生跟同事说起，当时如果不是《英雄儿女》的鼓舞和责任感的促使，自己绝对不会去拿回模具。

故事的哲理

让一个人能成为英雄的，往往都不是他个人超群的资源与能力，而是内心切实的使命感。即便是看起来个人无所不能的好莱坞大片，其永恒的本质无非是两点：永远的责任，激发永远的英雄。因此，作为一个组织，能赋予多少看似平凡的干部内心以切实的使命感，将决定这个组织在未来能够创造出多少不平凡的领导力。（杨光）

4倍高的工资！我去不去
最终拼的不是此刻的烧钱，而是未来的前景

哲理的故事

临近2000年时，太平洋精锻由于经济效益不好，甚至到了连着半年都发不出工资的境地。所以经常有坚持不下去而离职的人。

一天，时任质保部副部长贾建平的下属也向他提出了离职申请。

"你现在离职出去，如果有一定社会关系，那么出去闯闯是有出头机会的。但如果你的资源没那么充分，出去也是打工，不如在这里好好打工。公司今年不好，不代表明年还不好。"贾建平跟下属说。

当然，他并不是要勉强谁必须留下。毕竟他也知道，等米下锅的日子不好过。但他只是觉得应该乐观一些，看得长远一些。

"自己的心态很重要。我一天赚1

块钱,如果能支配好,就比一天赚100块钱却不好好支配的人开心。"贾建平说。

过了不长时间,就有个之前离职去了南方且做得不错的同学给他打来了电话,问他要不要也过去那边工作,月工资8000元。

而贾建平当时每月的工资才不到2000元。之前,贾建平就知道开导别人,现如今,轮到自己头上了……这可是超过4倍啊!按照马克思的分析,面对超过300%的收益,很多人就会选择铤而走险。如今收入如此悬殊,他能不动摇?

结果,他还真就没动摇。同事都认为贾建平太理想化,但其实,他比谁都顾及现实。他觉得,人生在不同的发展阶段,应该有不同的考虑。毕业时,首先考虑工作方向,也就是长本事,而不是挣多少钱。工作几年后,特别是成家后,就要考虑家庭,考虑孩子,不可能再像单身汉那样在外面漂泊,只顾自己撒欢儿。再者,到了异地人生地不熟,还要再重新处理人际关系。

所以,如果自己这时跳槽,虽然工资高,但代价也高,经济收入是提高了,但家庭责任尽到了吗?有得必有失,甚至得不偿失。但更关键的一点,是他这时从新上任的夏汉关身上,已经看到了公司未来的希望!

事实证明,太平洋精锻熬过了最艰难的那几年之后,真应验了贾建平自己说的那句"今年不好,不代表明年不好"。太平洋精锻的业绩开始蹦着高儿地往上窜,员工收入再不是一个纠结——正所谓"苦尽甘来,终成正果"。

故事的哲理

日本企业界之所以难兴跳槽之风,就在于其规范的行业竞争自律与成熟的人才价值体系。其实热衷高薪挖角,到头来自己的企业和所在的行业,都要一起共担这些不可承受的成本重负,和严重扭曲的行为价值观。一个行业内,虽然看似各自为战,但是长远看,都是休戚与共的命运共同体。因此什么是对整个行业持续发展有益的决策,是行业内每一个企业和决策者,都有责任去思考的。

与此同时,打铁还需自身硬。最终能在行业薪酬竞赛中立于不败的,绝不是老板眼下花钱最狠的那家,也不完全是依靠员工忠诚的那家,而是企业前景实打实最光明的那家——毕竟没有人只想挣一两年的高薪,然后过把瘾就死。(杨光)

用5小时确定20年大方向
开拓视野，理念领先

哲理的故事

2000年5月，夏汉关刚刚上任太平洋精锻总经理一职，对于企业下一步该怎么走，该用什么样的思维做产品，尚有一些困惑。与其自己冥思苦想，不如去请教高人。于是，他到北京去拜访了中国锻压协会秘书长张金，共同商讨未来。

彼时的太平洋精锻产品还相对单一，且特色不太明显。张金作为走在行业最前沿的人，非常具有前瞻的眼光。张金跟夏汉关说：世界上只有两种产品，一种是有人在做的，另一种是没人做的。既然现在你的能力有限，不妨就先做有人做的，但要把产品做好、做绝、做大，让别人都做不过你。

那到底什么是应该做的产品呢？两人开始激烈地讨论着。

在此之前，张金经常组织代表团到国外参访交流，一度被称为"出口专业户"。"专业户"麾下的"常设团员"，就有夏汉关——即便那时太平洋精锻一直持续在亏损。在多次一起外出访问中，他们比较达成一致的判断是：中国汽车市场未来一定会像国外已实现的那样，有一个飞跃大发展！而且变速箱齿轮，一定是其中不可或缺的产品，也会迎来需求大爆发。再加上，1970年代，国内已经有人在研究变速箱差速器用精锻齿轮，因此这一领域并非从零开始。

有国外验证，有国内前景，又有基础研究，没有不做的理由。

他们愉快地交谈着，甚至忘记了时间，不知不觉就坐在酒店大堂里谈了5个多小时。就是在这5个小时的碰撞中，夏汉关确定了太平洋精锻的产品发展方向——向差速器用精锻齿轮发力。

当时正值跨世纪之年中国管理界战略理念也正在"跨世纪"，热烈讨论着应该专业化，还是多元化，从政府到企业都不乏为了拼大而处心积虑地组建"航空母舰"之举，甚至"拉郎配"也屡见不鲜。但翅膀尚不硬的夏汉关，对多元化一直冷眼相对。在业界的喧嚣声中，他一旦认准了，就坚决只想做好精锻齿轮这一件事。直到20多年后的今天，差速器用精锻齿轮仍然是太平洋精锻的主打产品，不仅已经在国内做大做强，而且也做到了全球前三名。

故事的哲理

"开拓视野，理念领先"，两者既是并列关系，更是因果关系。这是中外管理和很多优秀企业、优秀学者共同的洞察：不管自己多弱小，都要多走出去看。看多了，就看懂了。看懂了，见识就有了。见识有了，思路就会有。思路有了，方向就会有。方向有了，定力就会有。定力有了，专注就会有。专注有了，质量就会有。质量有了，市场就会有。市场有了，竞争力就会有。（杨光）

打牌，到底是谁输了，谁赢了
用终极价值驾驭自己的生命

哲理的故事

2000年春节，太平洋精锻时任副总经理夏汉关和他的亲戚朋友们欢聚一堂。既然是假期，大家娱乐放松，于是打牌就成了必点的项目。

夏汉关也参与其中，两圈打下来，他输了。心里当然是不服气，想方设法要去赢回来。再打一圈，他赢了。虽然是赢了，但他发现他并没有多开心，反倒是因为别人输了不开心，他心里过意不去。

这个时候，夏汉关开始思考：既然我输了，我不开心；我赢了，别人不开心，就这样没完没了地循环往复，有什么价值？而且，打牌一坐就是三四个小时，有的人甚至能从早打到晚，忘记了地球自转。长此以往，还落下了腰椎、颈椎的毛病。

既然如此，那么打牌的意义是什么？又何苦互相折磨？

夏汉关发现，一年打牌下来，赢输相抵虽然总体也没输，但时间浪费了。与其这样，不如利用这个时间去学习，去提升自己的能力。

但有一点，夏汉关并不反对家人朋友业余时间在家里打牌。既然喜欢，肯定是乐此不疲。再者，所谓人家，人是核心，是房子的灵魂，热闹有人气儿才是一个家该有的样子。

只是，从那之后，夏汉关几乎不再打牌。也是在这一年，他升任公司总经理一职，变得更加忙碌。一直到现在，他的时间除了吃饭睡觉，其他基本上都在工作，在学习，在出差，早已无暇顾及打牌这档子事了。

故事的哲理

你的人生追求什么？什么是你认为有意义的事？一个人的价值观往往决定他的言行、习惯、性格，最终影响个人的命运。合格的管理者，一定是关注利益的人。而优秀的管理者，则一定是在利益之上还有所追求的人。（杨光）

由区区一张效果图实现的模具国产化
因为相信，所以干成

哲理的故事

从手中只有一张外国人提供的效果图到制造出标准产品实现国产化，中间的路有多远？

2000年，太平洋精锻时任锻造工艺员陶立平就是拿着仅有的一张效果图走出了一条自主创新之路。

当年，太平洋精锻的齿轮模具大部分都是从日本进口。但其中有一套结合齿轮模具在使用过程中，收到了客户投诉，原因是生产的零部件有设计缺陷。于是，陶立平很快找出了问题，并把问题和需要改进的图纸发给了日本的模具供应商。

日方"供认不讳"，赔偿了一套改进之后的模具。但这是不够的，当时刚刚走上总经理岗位的夏汉关明确提出，要掌握主动权，必须自主生产，让模具国产化。

可是如何自主生产？当时日方已

有一定程度的技术封锁，只给了一张效果图。这就好比只有一张漂亮房子的照片，但具体怎么建起来的，里面什么构造，根本看不到。

当时的陶立平开始拿着这张效果图反复琢磨，虽然没有自主做过模具，但在此之前也曾做过一定的尝试作为铺垫。再加上每次去日本模具供应商那里参访学习也是有所积累和收获的。于是，陶立平通过倒推拆分分析，画出了模具制造工艺的草图。

但这只是一个思路，具体行不行，怎么生产还得通过试验。于是陶立平先找到了上海齿轮厂下属的一个有机加工经验的厂家，做了几轮试验，加工出了一套模具。拿回车间一验证，竟然是可以的！但那个机加工厂家并不想告诉他们是怎么做出来的。这等于有了建房子的图纸还不行，但还得知道怎么去施工建造这个房子。

陶立平只好继续研究。由于之前和这个机加工厂家交流的过程中聊到过一部分方案，也听日方提到过使用电极生产，于是他的目标锁定为一个关键点——电极。因为其中的电火花放电量和放电间隙对于模具的生产至关重要，一旦不准确，做出的模具就会有缺陷。

陶立平又把电极设计做了进一步优化。由于当时公司尚没有电极加工设备，于是找到了长春的一家工厂帮他们生产电极。

经过几轮试验将电极做了出来，拿来加工出模具，再用到车间试验生产，果然成功了！就是凭着那张"房子"的效果图，陶立平建造出了比图上还精致耐用的"房子"。

太平洋精锻的自主化创新之路自此开启。当时正处在"改朝换代"动荡时期的太平洋精锻，本来人心不稳，但自主化创新无疑成为了一针立竿见影的"强心剂"。

值得一提的是，在2019年"亚洲锻造大师"评选中，全亚洲共有7人，中国只有2人，而陶立平是其中之一。这正是对于陶立平在过去的20多年中，在锻造行业不断做出创新与突破的最好嘉奖。

故事的哲理

开拓，还是守成？这是一个问题，是一个组织想发展还是想混的核心问题。至于开拓中所需要的缺口资源，本就是在情境下逼出来的——诚如已然具有的大部分资源。所以，作为开拓者的定律：不是因为看见，所以相信；而是因为相信，所以坚持，直到干成。

（杨光）

"离职潮",去留随意
扛过阵痛,才会有升华

哲理的故事

2005年,太平洋精锻齿轮机加工车间由传统的单工序生产方式向精益生产转变,普通车床也就变成了数控车床。这本是很有意义的一件事,然而却引起了车间的一场动荡。

由于生产方式发生转变,岗位需要调整,相应的工人技能方面也需要提升。即便是原来的熟练工也需要重新适应和学习。所以,不乏有堂堂技师变成了普通员工,一方面收入受到了影响,另一方面还要加班加点地重新学习新技能。这不免让很多人心中有了"想法"。

"原来计件时可以多劳多得，现在全改成统一的一条线了，我干得多也显不出来了啊！""哎！跟不上时代变化了，只能自我淘汰了。""我好歹是个技师，明明有一技之长，到哪不能有碗饭吃？"……

一时间，消极与不满的气氛与言语布满了整个车间。陆陆续续有人离职。很快，离职的人越来越多，一度达到了20%以上。人员在不断减少，量产需求又在不断增加。双重压力下，车间主任有些坐不住了，找到了总经理夏汉关，反映了情况。

"你们也知道，咱们从2000年开始就在不断地安排骨干人员去培训学习精益生产管理。为了什么？不就是为了技术的进步和管理的提升吗？"夏汉关来到车间和工人们平静地说道。

"我们正走在一条正确的道路上，能够同甘共苦，共同成长进步的人，我们欢迎一路同行。如果宁愿不干也不去做出改变，这种员工也不会是太平洋精锻所需要的员工，那就只好分道扬镳。"夏汉关不卑不亢。

虽然出现了批量人员流失，但这并未阻碍夏汉关改革的决心。他知道，但凡改革总要付出代价，转型总要经历阵痛，但长痛不如短痛。当一个企业不能适应市场变化，不能满足客户需求时，眼看着一个又一个订单望尘莫及时，那才叫真正的痛苦。

听完这番话，在场的员工理解了夏汉关的高瞻远瞩，也更加坚定了改革的信心。虽然走了一部分人，但毕竟还是留下来的人多，正是这些人顶住压力一边保障生产，一边支持改革。大概花了半年时间，就把整个生产线调整了过来。

生产方式转变之后，成本降低了，效率却大大提升了，高级订单一个接着一个。太平洋精锻也如同装上了新引擎，又轻又稳地步入了发展快车道。而当时留下来的骨干员工，因为与时俱进地成长进步，后来也几乎都成为了车间管理者。

故事的哲理

是选择满足当下的"过得去"，还是着眼未来的"大发展"？是要做"长青企业"，还是赚快钱就死？不同价值观的企业，会有不一样的答案。但作为工业文明的践行者，必然会选择当下的持续变革以赢得未来的可持续发展。而在与时俱进的必然挑战下，企业团队内在心智模式的持续改变，以及基于此必要的人才筛选与重构，将决定一个企业的转型成败，也将决定一个企业的文明进程。（杨光）

喜欢追问"为什么"的"老师傅"
只要找到"真因",答案往往迎刃而解

哲理的故事

"为什么机器停了?"

"因为超负荷保险丝断了。"

"为什么超负荷了呢?"

"因为轴承部分的润滑不够。"

"为什么润滑不够?"

"因为润滑泵吸不上油来。"

"为什么吸不上油来呢?"

"因为油泵轴磨损松动了。"

"为什么磨损了呢?"

"因为没有安装过滤网混进了铁屑。"

那好,给设备安装个过滤网。这是一个日本丰田精益管理的经典故事。

2006年,已多次访问过日本的太平洋精锻董事长夏汉关,又一次到访日本,开始认真学习日本丰田TPS精益生产管理。于是,太平洋精锻对于精益管理的实践,也就进入到一个深化落实的新阶段。

次年，刚刚大学毕业的石正忠进入太平洋精设备科跟着老师傅学习设备维修。一天，他在公司"偶然"读到一本名为《丰田生产方式》的书，其中读到五个"为什么"部分令他热血沸腾，顿觉如获至宝，于是一口气读完了这本书。从此，凡事追问"五个为什么"深深地刻进了石正忠的心里，也成了他的做事方式。

跟着老师傅学习维修设备，石正忠不再是被动接收，而是主动思考。并用"打破砂锅问到底"的劲头每次都向老师傅多问几个"为什么"。

石正忠不仅在工作中下功夫琢磨，还在业余时间学习了电气自动化的理论知识，通过自学掌握了可编程逻辑控制、人机交互、关节机器人等方面的工控软件，面对洋设备一点也不打怵。每次公司从国外购进大型设备，别人看着崭新的洋设备，还在等着师傅来教时，石正忠早就围着设备，这里摸摸、那里看看地研究起来。

谁都喜欢爱学习爱思考的人。老师傅看出石正忠是个可塑之才，所以，每次对他提出的"为什么"都毫无保留地知无不言，甚至还互相深入探讨，并夸奖石正忠将来一定会超过师傅。

正是因为石正忠总是带着"为什么"的思维去思考、观察、拆解问题，所以很快就掌握了设备复杂问题和疑难故障处理的技术，渐渐地也成为了大家眼中的"老师傅"。

虽然石正忠已经是太平洋精锻设备科副科长，是高级电工技师，是泰州市青联委员，是江苏省企业首席技师，但他最乐意人家叫他的，还是"老师傅"这个称呼。

故事的哲理

爱因斯坦有一句名言："我没有什么特殊的才能，我只不过是喜欢寻根问底地追究问题罢了。"而中国古人也曾有云："学贵有疑，小疑则小进，大疑则大进。"

但凡真正解决问题，首先就要找到问题的真正根源，也就是"真因"——这是丰田精益管理方法论的精髓之一。但问题的真正根源，通常都不是一望而知的，必须不断去伪存真，从表面触及灵魂。因此，通过借助"五个为什么"——乃至丰田历史上"最恐怖"的一次曾连续追问15个为什么！——直到发现真正的问题或说真因时，意味着问题已经解决了一半。发现不了真正的问题，才是最大的问题。

（杨光）

陈兆根：做一只啃"硬骨头"的蚂蚁
困境更能激发人的潜能

哲理的故事

2016年的一天中午，太平洋精锻一台从德国马尔进口的设备突然出了故障。公司找德国马尔中国公司维修，结果那名维修人员要半个月后才能从德国回来。只好先通过视频交流，最后对方说是电路主板坏了，但替换的配件从德国发来要80天时间，还得分两次才能修好，报价要6.8万人民币。

花钱是一方面，问题是产品还要急着交付。于是，公司副总经理赵红军找到设备科有电器维修经验的电工陈兆根，问他能不能尝试着修一修。

陈兆根答应先看看设备图纸。结果只用了半天时间他就找到了毛病。傍晚时分，他通过网购从深圳电子市场买到了可替代的配件，然后用加急快递，第二天中午就收到了。配件换上之后，设备马上就恢复了正常运转，仅仅中断了一天的生产立即得以继续。

配件加运费总共没超过200块钱，这其中还包括一个备用配件的钱。这让德方工程师不得不发出惊叹，并主动上门与陈兆根微信加好友交流。

无独有偶。还有一次，公司进口自日本小松的一台二手设备的一个零件坏掉了，需要维修。结果小松报出了人工费+服务费+零件费共260万元的天价。陈兆根认为值不了那么多钱，于是主动请示领导批准他来试着解决。结果，他通过熟人找到了曾经在小松工作过的一位专家，只花了不到10万元就把问题解决了，而且这位专家还顺便帮他们解决了许多其他的问题。

这让陈兆根体会到，国外使用设备终究是受制于人，还是要想方设法自己做突破。他坚信：再好的设计都有缺陷，再小的改善都是进步。而且他不仅自己主动改进，还带领团队去改进，让团队也有成就感和积极性。

陈兆根说："我们要做一只蚂蚁，去啃那个硬骨头，越是难啃，越要去啃，就越能体现价值。"

故事的哲理

常言道：智慧在民间。有效激发员工的潜能和基层智慧，往往就是低成本克服困难最有效的办法。要永远相信，人的潜能是无限的，只要信任他、授权给他，就能创造奇迹。（杨光）

不卑不亢的乙方
业务与法务的关系，在决定组织的活力

哲理的故事

2021年，太平洋精锻与一家客户欲展开业务合作。本来谈得挺顺利，结果却因为对方法务的"指手画脚"，而陷入了停顿，且僵持不下。

作为公司市场营销副总监的夏敏，并不想就此轻易放弃，她觉得还有希望，于是主动找到对方的项目负责人谈了谈。

夏敏开门见山地提出，一份合同多达数百页，业务人员拿不定主意，请法务把控业务风险，无可厚非。但法务并不能因为"害怕风险"就照本宣科、一味否定。法务对于业务毕竟不专业，不能代替业务部门做决策。

"只要是交易就会存在不确定性，但对于合作双方来说，总要把事情做成才会彼此受益，而非搁浅停顿乃至放弃。"夏敏说：所以，在面对"可能不行"的情况下，法务应该主动提供新的解决方案，让业务得以继续。毕竟，创造组织效益的永远都是业务，而不是法务。

法务就好比是军队中的参谋，即使是上校参谋，也不能代替少尉排长做战斗决定。只有"听得到炮火声的人"才最适合做决定。

一番交流下来，对方项目负责人听出，虽然夏敏据理力争，但她的分析有理有据，且兼顾了双方立场，于是松口答应回去做进一步分析和重新商榷。就这样，本来因"害怕风险"而几乎放弃的项目，经过夏敏的一番争取又重新回到了谈判桌上。最终，经过双方协商和完善条款而达成了合作。

"即便作为乙方，也一定要不卑不亢，有些权益不是不可以主动争取。"夏敏事后总结说。而看不到谈判背景的法务当然不会知道，这一单正是后面一系列重要合作的开端。

故事的哲理

很多时候，遭到拒绝（甚至是貌似法律层面上的）未必意味着完全没有机会。如果你可以不断地尝试和争取，并且站在对方的业务立场上为他去思考，用对方的逻辑去重新影响对方，最终就很可能会峰回路转。要谨记，自助者天助。

作为一个日趋规范化的大型组织，究竟是"业务大"还是"法务大"，看似各有所依、各执一词，实则不同的取向，已然决定了这个组织的"活力"还剩下多少。（杨光）

能做"CT",就别做"核磁共振"
时刻杜绝一切浪费

哲理的故事

2022年5月的一天，太平洋精锻退休返聘的高级工程师秦钧到天津分公司的车间走访了一圈儿，回来写了一份长达几页纸的报告，递交给了董事长夏汉关。

原来，他在车间里看到了三坐标测量机的使用有不合理之处。三坐标测量机，好是好，有些产品的确需要用它测量，但有些没有必要使用它的产品，也用了。

他说，这就好比是病人去医院看病做检查，有的需要做核磁共振检查，有的则只需要做CT检查。这需要医生通过经验来判断，负责任地告诉病人到底该做什么检查，而不是动不动就让做高价的核磁共振。

秦钧算了一笔账，所有的设备都是有寿命的，三坐标测量机自德国进口，价格高达上百万，一年就是9%的折旧费。这些都要平摊到每一天，每一次测量，以及每一度电，每一份人工。

这一点，和夏汉关提倡的成本意识非常契合。在一些讨论会或专题会上夏汉关也反复提出要开动脑筋设计专用测量检具、仪器替代，以利降低成本、提高效率。

另外，秦钧还发现设备上的配件往往都普遍迷信于进口刀具，认为使用寿命长。但是他提出，如果使用方法不得当，进口刀具的寿命其实并不长。而国产的刀具，只要掌握正确的方法，寿命能和进口的刀具不相上下，但是价格才只是进口刀具的1/20！所以，他主张使用国产刀具。

平时只要一有时间，秦钧就会到车间里转悠，看到一些不合理的情况，就会形成建议主动跟夏汉关提出来。他认为，如果你不提出来，我也不提出来，任由问题就在那里，就不会有人意识到。而一个企业，每浪费1块钱，成本优势就会降低1块钱，竞争力也就弱了1块钱。

故事的哲理

工业竞争，表面上是品质的竞争，本质上还是基于品质的成本竞争。成本不只是账目数字，还是战略抉择，更是日常习惯。只有具备了节约意识，才能杜绝浪费，才能降低成本，才能增加利润。这是企业经营管理的基础工作，一滴水见太阳，万不可小看。（杨光）

一份百人名单与"灯下黑"
记忆，代表的是关注与信仰

哲理的故事

2022年，恰逢太平洋精锻成立30周年之际，需要对30年风雨的点点滴滴做一个系统的回顾、梳理与提炼。这活儿，就由成立31周年一路相伴走来的中外管理传媒帮助太平洋精锻完成，最终携手写出了这本充满故事与哲理的图书。

30年历史，注定不会是一个人写就的，注定是一个群像。要讲故事，就要有故事的主人公，谁是主人公？

一张张熟悉的脸庞在董事长夏汉关的脑海中如同过电影一般涌现出来。从上到下，由远及近，每想到一个人他就在纸上写下一个名字，在中外管理记者眨巴着眼睛的观望下，他最后竟陆续形成了一份涵盖企业内外近100人的访谈名单！

夏汉关不见得和这些人朝夕相处，却对每个人的性格特点、成长进步以及专业特长，都做到了心中有数。哪一个人怎么招聘来并留下来的？哪一个人怎么敢于突破自我的？哪一个人怎么安家落户的？甚至哪一个人怎么找对象的？谁家孩子该上小学了？他全部如数家珍，娓娓道来。

之后，中外管理传媒按照名单，进行了一一采访。果然，这是一群有沉淀的团队，挖故事的过程就像是寻宝，时不时地就会出人意料地闪闪发光。

其中，这些员工或合作伙伴也讲了许多令他们记忆深刻的关于夏汉关的精彩故事。

但当故事陆续出炉，中外管理传媒社长杨光陆续发给夏汉关，期待这些遥远而生动的事迹与记忆能碰撞出感慨的火花时，夏汉关却一次又一次地萌萌地反馈说："这些我都忘了……"然后再一次次萌萌地反问："这都是哪位员工说的啊？"其实，夏汉关的记忆极好。回忆起帮助过他的人和事，他每每都是娓娓道来，引人入胜，颇有评书大家风范。但夏汉关只清晰记得的是那些身边的人，而一股脑忘记了那些自己的事。

30周年之际的一次系统性梳理，让太平洋精锻集体做了一次回顾与复盘。那些渐行渐远的故事，趁还没忘记，及时记录并存留下来，升华提炼出来，传播出去，影响更多的人。这是太平洋精锻与中外管理传媒并肩创业30年的价值与意义。

故事的哲理

人的精力终归有限，没有人无所不能，也没有人过目不忘。因此每一个人有意无意都是在做选择。而一个人最终铭记什么，淡忘什么，下意识所做的选择，恰恰说明了这个人真正关注的是什么，内心信仰的是什么。也因此，一个组织经年累月之后不可避免加以选择的记忆，也就自然代表了一个组织骨子里的价值信仰。（杨光）

"5秒钟"干掉一个配件部

无可替代,在于专、精、特、新

哲理的故事

在上汽通用五菱(原柳州五菱汽车厂),虽然锥齿轮的外形几经变化,但齿形参数,从1994年一直到现在都还在使用。而这个参数,就是太平洋精锻当初给他们设计出来的。

当时的市场上大部分都采用热锻或者刨齿切削工艺加工齿形,做出来的锥齿轮由于齿根强度比较弱，导致寿命非常短。柳州五菱迫切想突破这一瓶颈，可无论如何想不出什么好办法。

于是，柳州五菱找到了当时已经率先使用冷锻工艺的太平洋精锻，拜托他们想想办法。很快，太平洋精锻的技术部就设计出了方案和优化后齿形参数，并画出了图纸。

可是，当柳州五菱拿着图纸去生产时，却发现得改设备上的刀具，而对于大厂来说，这一改就是牵一发动全身。而且即便改了刀具，如果还是用刨齿工艺生产，依然远远不如太平洋精锻的冷锻工艺先进。

一番衡量之后，柳州五菱索性把大批量的锥齿轮都交给了太平洋精锻生产。

这一"转移"不要紧，结果直接"干掉"了柳州五菱的售后配件部门。首先，原来使用刨齿技术加工一个工件需要1小时，而太平洋精锻的冷锻技术成形一个齿轮只需要5秒钟，这大大提高了交货速度，而且比之前花费的成本还降低了。

更关键的是，冷锻技术本身就使齿根强度提高了40%，齿形参数的重新设计又使强度提高了20%。这等于说，与原来的齿轮频繁损坏、频繁替换相比，太平洋精锻生产的齿轮甚至比车子寿命还要长。如此一来，售后配件部门当然也就没有存在的必要了。

在此基础上，太平洋精锻还顺利成为了桑塔纳、江淮等更大的汽车公司的长期供应商。而这一切，都要归功于他们技术的先进和设备的领先。

故事的哲理

一家工业企业的核心竞争力，说到底，往往来自于对细分技术领域执着的专业化、精细化，和进而实现明显超越行业平均水平的技术尖端性，乃至不可替代性。这也正是"专精特新-隐形冠军"企业，之所以在改革开放40年之际，成为国家发展战略乃至国家安全战略基石的重要原因。中国正在面对的所谓"卡脖子"，卡的并不是巍巍"大航母"，而是决定"航母"命运的"诸多"不可或缺的"小部件"。（杨光）

6

共性·积累

企业发展过程中，太过于急于求成，
太过注重眼下利益，就会丢掉长远的未来，
这是一种缺乏战略的短视思维。
一切成功，都离不开积累的力量。
没有默默无闻的付出，没有埋头苦干的匠心，
没有配合无间的团队，没有日积月累的心血浇灌，
就不可能行稳致远。

工业产品的应用场景可能不同，但共性指标一样，
就是高精度、低噪音、长寿命，这三个相互支撑，
少一个都不行。共性之后就要不断积累，
最后实现创新。你为什么一直在路上？
因为还有最好的东西没出现。把自己的经验
积累到一定阶段才能做出最优化的东西。
人类讲文明，文明说白了就是
积累下来的好东西，工业文明也一样。

——夏汉关

"向上向下向外"的注定失败
职业经理人，须先向内求"职业"

哲理的故事

2000年，那时的太平洋精锻尚属外商独资，但由于持续亏损，外商出资人叶先生从中又一直看不到起色，于是在地方政府的支持下，果断改组公司管理层，调整更换了在任多年的时任总经理，大胆交由常务副总经理夏汉关接任，做最后一搏。

一朝成了"前任"的那位总经理，显然并不妥协。她开始"向上"和叶先生闹意见，提出特别要求，但被叶先生拒绝而落空。

于是，她又"向下"打起了团队骨干的主意。如果核心的人员，核心的业务让自己都挖走，那整个企业不就彻底完了吗？如果真是这样，这对于正处在风雨飘摇中的太平洋精锻来说，将会是非常致命的打击。

当时的营销科副科长沙风喜，手里握有一些核心客户资源。于是，前任总经理便跑到三四十千米之外的竞争对手那里去推荐沙风喜，并谈好了入职条件：承诺给沙风喜在市里买一套价值20万元的房子。当时当地的房价仅仅是1200元一平方米，相当于要给他买一套近200平方米的大房子，这是下了血本的。并且同时给予的年薪高达10万元，而当地的人均工资尚不足千元。

不只是沙风喜，其他骨干也都经历了这种"诱惑"。但他们和夏汉关从在泰县粉末冶金厂（太平洋精锻前身）时就在一起工作，都是风风雨雨十几年的老同事，建立了非常深厚的感情，所以都团结一致不为所动，共同打定主意要有难同当，一起奋斗出辉煌。

于是，挖角亦未遂。

前任总经理当然很生气，但仍不罢休。于是她又"向外"跑到太平洋精锻的核心客户合肥汽车制造厂那里去"声明"，称自己已经离开太平洋精锻，以后不要再用它们的齿轮了，她会重新介绍其他厂家的齿轮来配套。

当时沙风喜正巧也在合肥出差。于是合肥汽车制造厂的厂长把他叫

了过去，满脸难色地说道："小沙，我看你人挺实在，你们的产品质量又挺好，但是，你看你们内部矛盾如今这么激烈……我担心我们的生产配套会因此受到影响啊……"

眼看客户的态度有倒戈迹象，沙风喜当即做出保证，说自己不会离开太平洋精锻，以后只会做得更好。显然，仅有一个干部的个人承诺，对方还是不放心的。这位厂长又特地到太平洋精锻的生产车间实地去考察了一番，眼见一切正常如初，才答应继续合作。为此，厂长还去特意劝说了前任总经理一番，但也是无果。

到了10月份，前任总经理又去了合肥汽车制造厂，这次找的是负责经营的副厂长，意图再次动摇以往的业务合作。

很显然，这一阵地是绝对丢不得的！最后，万不得已之下，总经理夏汉关专门带着团队前去合肥拜访，并正式做出了产量和质量承诺，才算稳住了业务。于是，那位前任总经理的如意算盘，又一次落空了。

从那之后，公司内外的顽固阻力逐渐变弱，太平洋精锻也凭着自己过硬的技术水平和产品质量越来越强大，如一棵大树般扎下了深厚的市场根基。

故事的哲理

常言道：铁打的营盘流水的兵。不管是CEO还是销售员，一个"职业人"，不论自己是顺境还是逆境，不论自以为蒙冤还是遭遇不公，都必须要遵守最基本的"职业操守"——也就是不管别人怎样待自己，我应如何待职业。

文明，注定要凝结在人的文明上。当中国企业的经理人阶层，都能放下"你不仁我不义"的"中世纪江湖思维"，而真正基于现代商业文明变得更加"职业"时，才意味着中国企业的整体氛围和秩序，将更加健康，更加文明。

是的，铸就中国工业文明，不仅仅要依靠一批胸怀天下的老板，更需要一大批真正具有职业精神的经理人。因为"死守"的老板，其好坏只能决定一家企业；而"流动"的经理人，其行止却可以影响一大片。悲剧如斯，希望亦如斯。（杨光）

有事就好好说事……闹事就报警
首先抓住对方最核心的诉求

哲理的故事

2001年的太平洋精锻，已然还处在水深火热中，人员动荡不安，企业资不抵债，供应商投诉不断，工资青黄不接，不乏有人堵在时任总经理夏汉关的办公室闹事。

有一天，公司大门口来了一个戴着墨镜凶巴巴的人，想直接往里闯，门卫让他做来访登记，他不理会。保安上前拦住他，被他一把推开了。

这个时候，正在厂区大道上讨论问题的夏汉关恰好看到了这一幕，知道来者不善。

很快，"墨镜"就来到了夏汉关的面前，一脸轻狂。

"你找我是来解决问题的吗？"夏汉关首先说话了。

"是啊，找你解决问题。""墨镜"一脸不耐烦。

"那你今天是真想解决问题的，还是存心来斗一斗的？"夏汉关再次问道。

"当然是想解决问题！""墨镜"再次确认。

"好！但我看你今天的态度并不像是要解决问题的，你刚才对我们门卫的态度我都看到了。如果你想解决问题，那你听我的，到大门口给我们门卫道歉。然后再来我办公室，我会安排人给你泡茶，热情接待你。因为你是来解决问题的，你就是我的朋友。"夏汉关不卑不亢地说道。

"如果你不去道歉，是来闹事的，那我就不会理你。我不怕把事闹大，闹大了就报警。"夏汉关旋即"先礼后兵"。

"墨镜"听完，愣在那了。因为夏汉关没有按他想象中的"套路"出牌。然后他想了想，答应了去找门卫道歉。

等到再回到办公室时，态度一下就变了，墨镜也摘了，满脸堆笑，什么脾气也没有了，全都按照夏汉关合情合理的意见办。

"想解决问题，就要用解决问题该有的方法，你看你这次跟我就把问题解决了，相信你以后跟别人也能处好关系。"夏汉关最后还不忘说教了两句。

"墨镜"临走时连说对不起，到底是自己莽撞了，今天在这里上了一课，以后一定改正做事方式。

一场本来别人策划好的闹事风波，就这样被夏汉关和风细雨地化解了。

故事的哲理

人们在各显其能时，常常忽视最基本的常识和法则。其实在找到有时因为不言而喻反而被视而不见的问题症结之后，往往很复杂的麻烦也能迎刃而解。正如稻盛和夫所言：要学会用最基本的道理，来判断那些看似最复杂的事物。不仅解决问题如此，创造创新也如此。（杨光）

三个月象棋盘上租来的特别设备
经营人心,是经营企业的核心

哲理的故事

在太平洋精锻第一厂区的机加工车间里,有一台日本AIDA冷挤压设备在不停地运转着。这是一台租来的设备。当年,为了成功租到这台设备,时任市场部业务经理的赵国荣,愣是陪人下了3个月象棋!

2002年年底,时任总经理夏汉关和赵国荣到连云港北方变速器厂拜访。在车间里,夏汉关偶然看到了放置在角落的一台冷挤压设备,了解到闲置不用后,便决定要租来用。

要知道，对方企业性质特殊，所有的资产变动都算是国有资产流失，哪那么好租？这个任务就交给了经常和北方变速器厂打交道的赵国荣。这可给赵国荣出了难题。

对方每天几百号员工进进出出，一个近50吨重的庞然大物从厂里运出来，能不引起注意和质疑？

好在赵国荣在这个厂有一定的关系基础，只是这个厂的时任领导由于不爱说话，所以并不太好接近。但有一个爱好，特别喜欢下象棋。而且因为家是外地的，所以常年住在厂内宾馆里，周末时间也没有别的个人爱好，就在宾馆里下象棋。

于是，2003年初的那段时间，赵国荣一到星期五就坐大巴车到连云港，然后去领导住的宾馆，特意在领导房间的旁边也开了一个房间，不干别的，就陪他下象棋。

整个下象棋的过程中，那位领导基本上不说话，最多赢的时候说仨字儿："我赢了！"所以，赵国荣和领导一直也没有什么交流，租设备的事儿更是只字不提。但他就坚持陪着下象棋，每周如此，风雨无阻。

就这样默默下了3个月象棋，关系逐渐熟识起来。赵国荣这才说出自己厂里产能跟不上，想租设备的想法。领导告诉他，其实还有四川的一家企业也想租这台设备，而且可以一把付清10年的租金。

其实，那位领导也知道这台设备的确也是闲着不用，与其放在那里生锈，不如让它发挥出应有的作用。只是从厂里运出去设备是要承担一定风险的。权衡再三，最终这位领导决定帮一帮这个默默陪他下了3个月象棋的"棋友"。双方商定好先签10年合同。下象棋还真能下出信任，赵国荣内心充满了成就感。

由于顺利完成了租设备任务，夏汉关特地给赵国荣发了4000元作为嘉奖。

正是有了这台设备，太平洋精锻一举突破了当时的产能瓶颈，仅一年时间，产值就翻了一番。

故事的哲理

市场竞争从本质上说就是文化的竞争。而文化竞争，本质上是人心竞争。而人心竞争，本质上是人性竞争。因为，所有的客户内心都有柔软的一处，就看企业是否看得到、点得准、抓得住。只有了解人性、把握人性，才能赢得人心、赢得市场。（杨光）

玉龙雪山顶上的电脑包
行囊，不是包袱

哲理的故事

"先生，你们不会是把电脑一路背到了山顶吧？"

2004年，云南玉龙雪山的山顶上，一位旅客瞪大双眼惊讶地看着对面人手里厚重的电脑包，忍不住发出了疑问。

"被你猜中了。"背电脑包的人有些不好意思。

这个背电脑包的人正是太平洋精锻时任市场部部长钱后刚。他和时任总经理夏汉关到云南丽江出差，参加一个配套会。结束后，主办方增设了一个去爬玉龙雪山的旅游活动。

坐在大巴上的时候，夏汉关他们并没觉得随身携带的东西是个问题，但是当大巴把他们送到山脚下离开后，两人这才将目光落在了那个笔记本电脑包上。那时候的笔记本电脑，还比较厚，也比较重，再加上还有各种项目资料，都一起装进电脑包里，得有二三十斤重。没有行李存放处，只能背着上山了。

在登山队伍中，与别人的轻装上阵相比，夏汉关俩人如蜗牛一般的负重前行格外引人注目。关键是背上电脑包还不算完，他们还要再背上氧气瓶。这可真是到了拼体力、拼极限的时候了。

俩人就这样一路跌跌跄跄地攀登了大半天时间，虽然有点儿狼狈，但最终还是登上了山顶。

其实，不只是这一次，每一次出差夏汉关的行囊都是沉甸甸的。

为了方便随时随地工作，不管到哪出差他都喜欢随身带着他的笔记本电脑。同时，他还特别喜欢买书，出差的固定补贴中，除了住宿吃饭之外，余下钱他全都会买成书。基本上每次出差回来，他都会背一大包书回来，很重，但乐此不疲。

背着这份沉甸甸的行囊，夏汉关的足迹遍及国内国外，一路背出了太平洋精锻全球领先的辉煌。

故事的哲理

行囊不是包袱，尤其对一位企业家来说，出差背起的行囊其实就是一个随身移动的办公桌，或者说是大脑的一个"外挂"。即使东奔西走，也不妨碍他信手拈来，随时随地，见缝插针地工作、学习。就像鲁迅先生说的："哪里有天才，我只是把别人喝咖啡的工夫都用在了工作上。"（任慧媛）

谁说人不可貌相
用"细节"落实"爱"

哲理的故事

你能想象到的一位上市公司董事长对于员工的关心，可以细致入微到什么程度？就有这样一位堂堂董事长，可以叱咤市场风云，也可以带着小员工去买衣服，去化妆，去捯饬头发。

2006年，太平洋精锻董事长夏汉关带着公司的几个人开车去和上海汽车齿轮厂谈一项业务。但在去的路上，夏汉关突然要改变行驶路线，要去逛商场。

原来，同行的一名翻译是公司新招聘来的一名刚毕业的女大学生。这名大学生翻译水平没有任何问题，但由于来自偏远地区，又加上刚走出校门，所以在着装上有些朴素。但夏汉关觉得，既然是出来谈业务，就应该注意形象上的体面，否则会容易让人误认为底气不足。

之前夏汉关看过一项心理学研究：在人际沟通传递的信息中，55%来自身体语言，包括你的外表、表情和姿势；38%来自声音维度，包括声音、语气、语调；只有7%的信息来自所讲的内容。

于是，夏汉关带着这名女大学生到商场，自掏腰包买了一套比较时尚的衣服，然后又带她到专业美容化妆的地方做了头发造型，还化了个精致的妆容。

果然是人要衣装佛要金装，经过一番打扮之后，女大学生稍显稚嫩的学生气息立即不见了，取而代之的是成熟自信的职业范儿。于是，这次与客户交流时的翻译不仅更加游刃有余，而且声音都比平时响亮了许多。

从此之后，这位女大学生也懂得了形象对于工作的重要性，渐渐地自己也学会了美容化妆、服饰搭配，职场商务范儿拿捏得稳稳的，翻译工作也做得更加从容。

故事的哲理

"关爱员工"，绝不能仅仅局限于关爱员工的"境界"，而必须立足关爱员工的"琐事"。只有下沉到琐事与细节，"关爱"才是真实而可信的。"关爱"的价值，不在于初心起念，而在于终点信服。（杨光）

夏家一门两硕士
持续行动"自带"领导力

哲理的故事

2006年,太平洋精锻董事长夏汉关正在备考中欧国际工商学院EMBA,而他的女儿夏敏也正在这一年准备高考。

彼时,夏敏并不理解,父亲都40多岁了,工作又那么忙,怎么还会想着和自己一样那么辛苦地去考试,去上学呢?

由于爷儿俩都在备考,所以经常一起复习功课。夏汉关遇到搞不懂的数学题还会去和女儿讨论。他还经常学习到深夜。目睹了父亲的那份认真好学和求知若渴,夏敏内心的不解在一点点消失。那一年,夏敏顺利考入华中科技大学材料科学与工程专业。夏汉关也拿到了中欧国际工商学院EMBA的录取通知书。一个径直去了武汉,一个要经常到上海,两个"学生"各自深造,已不常见面。

每次寒暑假回来,夏敏都能看到父亲依然在外面学习,上课,而且还要认真完成许多作业。父亲的努力,夏敏不仅更加理解,而且决定要以父亲为榜样,不断学习不断进步。所以,都说高考结束后,大学就能放飞自我了,但夏敏的大学生涯反而比高中时还更加忙碌了。

夏敏说,一个目标完成了,还会树立下一个目标。她在完成了材料科学与工程专业的同时,还主动修了德语作为第二专业,最终拿到华中科技大学本科毕业的双学位,并保送上海交通大学读研究生。

夏汉关也在44岁那年,成功取得了中欧EMBA的硕士学位。对于孩子的教育,夏汉关没有任何严厉和空洞的说教,而是通过以身作则的榜样示范和潜移默化的影响,让孩子变得更加自律和优秀。

2022年,快"奔六"的夏汉关又踏上了攻读中欧国际工商学院(瑞士)工商管理博士(DBA)的新征程。而夏敏的新征程,才刚刚开始。

故事的哲理

所有的成功,包括管理的成功,最终本质上都会归结为"教育的成功",反之亦然。但所谓的教育,未必就是教育。真正的教育与说教的区别,就在于前者力求输入于心,垂范在先,未必动口;而后者则是输出于口,指点在后,仅需动口。

决定这两者的,是你内心是不是真的相信。真的相信,就一定会落实在行动上。而这两者"似是而非"的巨大差别也就使得,领导与具有领导力的人,未必真是重合的。(杨光)

电动车来了,燃油车要完
要用理性而非激情来做战略决策

哲理的故事

2007年的一天,太平洋精锻董事长夏汉关送中国锻压协会秘书长张金去泰州火车站。路上,夏汉关跟张金说起了当时正炒得火热的电动汽车。

那段时间,国内几乎所有的汽车零部件,包括太平洋精锻所在的锻压配套行业,一度都患上了"恐电症":

如临大敌般地众口一词认为电动汽车的未来已来。因此传统的燃油车将遭遇灭顶之灾，而燃油车配套企业之前所投资的设备、技术，有可能要全部扔掉——结论：自己多年经营的心血，将在三五年内全部玩完了。

刚刚有起色、正处在爬坡阶段的太平洋精锻，自然也不能置身事外。董事长夏汉关一开始也是持悲观态度的，他在路上激动地描述着汽车业被颠覆后的可怕前景。一路上，张金都在听夏汉关演"独角戏"，却只是哼哈支应，观点未置可否。

回去后，张金写了一篇文章，明确亮出了自己的观点：电动汽车只是汽车产业的一个机遇，而不是洪水猛兽。理由是，解决动力源，即电池的蓄电能力，需要新的理论和技术支撑，但就当前可见的材料、储放电技术，难有良好的解决方案。并指出，全球有六七千万辆汽车，完全被替代要到三四十年以后了。发展混动、非燃油燃料汽车、提升发动机效率，仍然是未来一段时间内的关键努力方向，同时建议业界关注、探寻节能和新能源发展方向。

细细研读后犹如吃了一颗定心丸似的夏汉关，很快就做出了决定：巩固已有的燃油汽车配套，积极把握新能源汽车配套的机会。他坚信，"做好当下每时每分每秒应该做的事，未来就不会有多差"。

事实证明，10年后，电动车的量产在特斯拉的带动下才逐渐出现，而中国本土电动车真正的"量产元年"在屡次爽约后更又延迟了好几年。如果当初太平洋精锻像大多数企业那样一味悲观，犹豫不定，技术不敢投资了，人员也不培训，就根本没有今天在世界领先的太平洋精锻。

故事的哲理

在变局将起时，一味悲观与盲目乐观对于企业而言都是危险的。过于悲观和过于乐观，都只是激素的产物，而不是事实。依靠激素而不是事实，必然会使人不再淡定，也就失去了理性的判断力，而走向极端。而失去判断力，走向极端，所失去的就将不仅仅是未来，还包括现在。没有现在，就没有未来。没有现在的强大，也就没有资格去抓住未来！（杨光）

再给每人加俩炸鸡腿儿
为未来的人才投入，决定企业的未来

哲理的故事

2008年12月的一天傍晚，河南科技大学材料成形、机械、工业工程等专业即将毕业的17位大学生坐上了开往江苏泰州的绿皮火车。他们要到太平洋精锻参观考察，寻找毕业后的工作着落。

当时正值隆冬，天黑得比较早，

其中有个叫岳耀东的大学生望着漆黑的车窗外，心里有些没底。当时他并不知道自己正奔赴的是一个光明的未来。

次日清晨6点，火车到站，岳耀东和同学们走下了火车。时任太平洋精锻人力资源科科长的孔令军热情地接待了他们，吃过早饭开始参观。

走进太平洋精锻，面对漂亮的展厅，整洁的厂区，忙碌的车间，以及董事长夏汉关为企业描绘出的宏伟蓝图，同学们心驰神往，边参观边思考着自己的未来。

一天的参观结束后，当晚6点返程。公司不仅给他们买了车票，还贴心地准备了方便面、火腿肠、水等食物。就在他们准备乘大巴车去火车站时，董事长夏汉关特意赶来送行，关切地询问带了什么吃的，并当即嘱咐食堂，再给每位同学炸两个鸡腿带着路上吃。

同学们听后很感动，但是怕时间来不及，忙说不用了。

"让食堂加急，马上就好。"夏汉关满心诚意。

于是，不到半小时，几十份酥香嫩脆、冒着热气的炸鸡腿就送到了每位同学的手上。

回程的火车上，岳耀东和同学们吃着鸡腿儿，交流起到太平洋精锻参观考察的感想，一致感觉到了自己的幸运，初入社会就遇到了一个有温度有前景的企业。岳耀东则当时就心意已定，干脆中途就下了火车，直接折返回了太平洋精锻，准备实习。进而他还第一时间打电话兴奋地告诉家里，自己已经找到工作了！而其他十几位同学，不多久也陆续来到了太平洋精锻开始实习。

2009年7月，刚一拿到毕业证，这群大学生就迫不及待地来到了太平洋精锻人力资源科，从实习生转为了正式员工，开启了他们充满干劲儿的奋斗人生。

如今，当初的那批大学生，除了个别人因个人原因半途离开之外，大部分人都已经成长为公司的中坚力量，有的直接在当地安家落户，娶妻生子。而岳耀东也从当初那个懵懂的小伙，历练成为了太平洋精锻锻造二车间和三车间主任。

故事的哲理

人越来越成为企业最大的成本，但人才却始终是企业最大的生产力。一个企业愿意为吸引人才，特别是未来的人才投入多少，决定着一个企业未来的高度，以及能走多远。（杨光）

"抠门儿"的上市公司
利润,是省出来的

哲理的故事

2011年,太平洋精锻上市前夕,需要到中国证监会报材料过会。董事长夏汉关带着财务、会计、券商等一众人来到了北京。

证监会旁边的金融街上豪华酒店林立,但夏汉关并没有去住豪华酒店,而是多走了一段路,在金融街旁边的一家经济型酒店住了下来。一时间,引得券商、会计等人心里开始嘀咕:都快要成为上市公司了,还住在这么普通的酒店,这也太抠门儿了。

这其实已经是太平洋精锻的一种习惯:每次出差或参加会议,夏汉关通常都不住五星级酒店,而是自己提前定好经济型酒店,哪怕离会场远一点,多走一段路。

在夏汉关看来,白天开会,只是晚上回来休息一晚,在酒店待的时间并不长,只要干净卫生就好,一晚上花1000多块钱住豪华酒店没有必要。他自己更是以身作则,不抽烟,不爱玩,一件衣服可以穿5年。

在太平洋精锻,不只是出差住宿住经济型酒店,而且坐飞机也从来都选择经济舱。从上到下,已经成为很有默契的一种共识。

不该花的钱一分不花,但是该花的钱也一点都不省。在培训学习方面,夏汉关从来都是一掷千金,毫不吝啬。即使是在快要"揭不开锅"的困难时期,也依然会每年不止一次地派人远赴海外取经。坐着经济舱、住着经济型酒店,却付着不菲的学费。他也可以为了技术研发,不惜抵押房子贷款筹钱,花几百万元从国外引进先进设备,眼睛都不眨一下。

太平洋精锻正是凭着把钱花在刀刃上的"抠门儿"的精神,从一个亏损十年的公司,一步步走向了行业领先的高收益上市公司。

无独有偶,娃哈哈宗庆后会坐高铁二等座,一年消费不超过5万元;吉利李书福几乎没有500元以上的衣服……他们的公司至今是行业龙头。

而一向以"小气"闻名的日本丰田汽车公司,为了节约用水,丰田员工甚至往抽水马桶里放三块砖,以节约冲水量;笔记用纸正面写完后,裁成四段订成小册子,反面再作便条使用……因此,以精益著称的丰田,曾有一句名言:"利润,是省出来的!"

故事的哲理

处于相同环境的企业竞争,最终往往还是成本的较量。而企业经营者自身如果保持节俭无奢的习惯,那么整个企业自然也就能上行下效,不慕虚荣,追求实效。所谓"抠门儿",显示的是一种成本意识,是价值意识,是忧患意识,因而也是一种可持续发展的根本保障。不懂得"不必要的花销都是万恶之源",就还不懂得什么是管理。(杨光)

董事长热衷当"媒婆"
用心关爱"作为人"的员工

哲理的故事

"这小伙子什么都好，就是个子稍微矮了点儿。"

"邓小平个子也不高，不是照样成了伟人吗？"

这是在太平洋精锻的员工刘毅的相亲现场，女方父母与太平洋精锻董事长夏汉关的对话。

夏汉关自己都不记得这已经是第几次帮员工相亲，已经促成了多少个幸福的小家庭。人常言，做媒是女人的天性。但不想身高一米八的男儿夏汉关，居然也"热衷"做媒。而且，还不只是做媒。他经常和外地来的员工说："你们远离家乡，远离父母，我就是未经你们父母委托的监护人。"所以，帮助有困难的孩子买房子、娶媳妇，都成了这位大家长的操心事儿。

刘毅是个工作能力非常强的优秀员工，只是由于家在外地，父母离得远，终身大事迟迟没有解决。爱才好士的夏汉关听说后，对刘毅格外上心。刚帮他申请了买房福利，这又陪着他来相亲。

在夏汉关的褒奖下，女方家长对刘毅留下了非常好的印象。最终刘毅"抱得美人归"，两人过起了幸福快乐的日子。这还不算完，小两口生了孩子，夏汉关又开始操心孩子上学的事儿，并利用政府赋予的人才政策，帮忙解决了孩子的择校问题。

为人父母，儿女长大后最操心的三件大事不外乎：买房，结婚，生子。夏汉关这个大家长一件也没缺席。

不光夏汉关自己张罗，他也经常给公司的部门主管或者老员工规定一些不成文的指标，要积极参加年轻人的活动，要帮助年轻人介绍对象。

当然，这些"儿女"也没辜负夏汉关的期望，比如刘毅已从刚进公司时的普通员工，成长为公司中有所担当的中层管理人员。

故事的哲理

洞察人性，是企业家的人生必修课。而作为工业制造业企业，在奔走洞察客户的人性之前，企业家需要先敏于洞察员工的人性。以"人"之性满足了员工，员工自然也会走心以"人"之性去满足客户。经营者要相信，以爱心投资于员工，是最划算的一笔投入。而这笔投入的"成本"，往往也只需要一颗火热的心。这，本身也是一家企业的"文明"之处。（杨光）

一场连夜救命呼叫
经营企业，首先经营人心

故事的哲理

"夏总，救命啊！救命！"

2016年的一天傍晚，太平洋精锻董事长夏汉关刚从外地出差回来，正在通过江阴长江大桥时，一位员工突然打电话给他，当头就是这句带着哭声的呼救。

夏汉关心头一惊，赶紧追问情况。原来，这位叫杜娟的员工前些时刚刚生了个女儿，一家人还没等庆祝，母女就因为意外感染了一种奇怪病毒而住进了苏州儿童医院重症监护病房。由于找不到病毒因子，医生无法对症下药，母女俩只能干等着一天挨过一天。在煎熬中挣扎的杜娟实在走投无路，想到了向自己的领导求助。

正巧，夏汉关是江苏省委组织部组织的"江苏省创新创业领军人才海外研修班"第一期学员，认识一些医学界的朋友。于是，他立马给苏州的两位医学博士打电话，说明了情况。其中一位博士说，她家先生（另一位博士）去参加省里的医学项目评审正在从南京回来的路上，回来后会马上到苏州儿童医院去。

为了能够争取到多方专家会诊，夏汉关在联系两位博士的同时，当晚10点多钟还给省委组织部人才处的处长打了电话，希望能从省委组织部的人才库里找到苏州儿童医院的专家，进而又辗转联系到了苏州儿童医院的院长。

当天夜里都12点多了，博士夫妇俩风尘仆仆地赶到了医院了解情况，并及时跟夏汉关保持沟通，忙活了大半夜。

第二天一早，放心不下的夏汉关又给杜娟发短信询问情况。杜娟说，病房里一大早就来了好几位领导和医生，正在进行会诊。最后在多方努力和医院的用心跟进下，终于就找到了病因，病情得到有效控制并快速好转。母女二人康复后，杜娟回到公司非常诚恳地感慨："公司就是我安全的港湾，让我没有后顾之忧，我一定会全身心地投入工作中去。"

而这也是夏汉关一直以来的追求。员工工作不开心，或者有困难、有情绪，都会导致生产质量有问题，而作为管理者有责任去找到根源在哪里，然后尽一切办法去解决。他希望每一位员工都能怀着一种干好工作的积极心态和良好状态，到企业里来。

故事的哲理

发明福特T型车、开启人类工业流水线生产时代的亨利·福特，曾很无奈地感慨："本来我只需要雇佣一双手，却不得不雇佣一个人。"也因此，他晚年时福特汽车一度濒临倒闭。因为，做企业，做产品，做服务，需要的本来就不只是一双手，而是一个人，且是一群人。而人的本质，是心。因此，当把经营人心看作是经营企业的灵魂时，很多企业文化墙上念兹在兹的"团结"，就不只是自说自话的口号，企业经营也会蒸蒸日上。（杨光）

我有一个资料库
结果的效率，都来自日常

哲理的故事

"这材料还是太平洋精锻的水平吗？你们现在就是这态度？"

2016年的一天，江苏泰州市科技局的领导把时任太平洋精锻技改科科长王耀祖劈头盖脸地一顿嘲讽。

"时间紧是一个方面，但这也反映了你的态度！这下把脸丢大了吧！回去好好反思一下！"回来的路上王耀祖又把办事员申明说了一顿。

申明自加入技改科从事项目申报工作以来，工作从来都是按部就班，除了编写项目主体材料之外，每次的附件材料也都要花一番时间来整理。这对于项目时间较宽裕的时候尚可，一旦遇到时间紧、任务重的情况，可就容易掉链子了。

这不，这一次他们在申报省成果

转化时就出了娄子。当时接到申报通知时，只剩下6天时间，本来定好的相关责任人用3天交出初稿，后面3天留给申明做整合。结果申明在第5天时才拿到初稿，这意味着她只有1天时间去完成申报书的整合与报送。

首先得保证主体材料内容的打磨与编写，哪还有时间再去整理附件材料？所以申明只是单纯地把附件材料进行了PDF合成，并没有一一插入到word文档中调整大小，然后就草草交稿了。

从科技局回来后，有些沮丧的申明又把材料又从头到尾看了一遍，发现附件中的图片大大小小，有的居左有的居右，比较凌乱，难怪科技局领导会不满意。但她同时也发现，这些附件在之前申报科技支撑项目时基本上都用过，当时怎么没想到拿出来直接用呢？于是申明开始反思，她之前其实并没有意识到及时归纳整理，如果定期把公司已有资质荣誉、产品荣誉、体系认证资质等进行梳理，分门别类建立科技专员资料库，那么等到用的时候不就可以信手拈来了吗？

从那之后，申明在自己的电脑中建立了一个项目资料库，并定期根据不同的项目要求整理附件，等到来通知准备申报时就可以节省大量时间，进而提高了工作效率。

果然，再有时间紧、任务重的项目申报，申明提交的材料不仅非常规范工整，而且人也变得从容了许多。之后，她又把这个做法在技改科内部进行了推广，从个人电脑上的一个小资料库，变成了科室内部的大资料库，大家共同完善，共同分享。

故事的哲理

本事来自积累，功夫都在日常。平时把工作都做到位，虽不壮丽，却最有效率，且最终会最有效能。日德企业之所以在全球制造业长期居于翘楚，当然来自核心技术领域的长期占优。而他们技术上能持续占优，并非从天上掉下来，也非靠天才灵光一现，而恰恰来自于他们平时对于各项资料看似琐碎单调的持续日积月累。

20世纪60年代日本人能够迅速摸清中国大庆油田的实情，主要是依赖30年前他们占领东北时积累的大量资料；而如今中国古生物学家往往需要具备阅读德语的能力，也在于德国人对科学资料的积累最齐全。工作的原理往往就是这么简单，是否有成效，往往就看是不是持续不打折扣地去做到。这也正是中国企业界依然普遍存在的差距。（杨光）

被浓缩了76%的PPT
少即是多

哲理的故事

"PPT的页数太多了,先照着一半往下减。"2017年11月的一天,太平洋精锻副总经理董义给技术开发部部长助理苟文星说着工作。

原来,他们将要去德国拜访客户,去之前需要做好充分的准备,以便给客户充分展示。但已经辛苦准备了好几天PPT的苟文星,对董义的"腰斩"要求无法理解。

"你要知道,我们去的是德国,英语并不是德国的母语,也不是咱们的母语。所以,你用大量的文字叙述,本来翻译理解后再翻译基本上就要打个八折,客户再读翻译后的英文,理解上又要打个八折。何况,长达30页的PPT,你能保证他们都有耐心看完吗?"董义接着说。

哦，嫌字儿太多了！于是，苟文星又回去修改了一版交来，果然，减了三分之一下去。但董义觉得还不够，还要继续减：能一句话说明白的，坚决不要啰嗦两句。能用图片展示的，坚决不要用文字。

然后，苟文星又在这个基础上做了精简，30页的PPT变成了15页，再交董义审。董义看完说，依然还有精简的空间。但这一次，苟文星觉得领导在吹毛求疵，因为他觉得已经减无可减了。

"见一次客户不容易，必须要抓住机会，在最短的时间，做最高效的展示。所以，我们要总结客户究竟想知道什么，该准备哪些针对性的资料。要站在他们的角度，既让他们看到了自己关心的内容，又一目了然地看懂并能够记住。"董义看出了苟文星的不理解。

听完，开窍了的苟文星再次回去做修改，不仅用了大量的图片，而且对客户做了进一步的详细分析，了解到他们所关注的重点，然后有的放矢。这一次，原先30页的PPT骤然变成了仅仅7页！苟文星将"高浓缩版"的PPT提交董义，并附言：董总，这次是我吐血版的修改了。

"止血吧。"董义看完之后，满意了最终的修改。

几天后，苟文星带着这份PPT到了德国，与客户交流，果然，知己知彼百战不殆，双方很快就找到了契合点。苟文星这才发现，董义之前的那些要求都是有道理的。

太平洋精锻的团队每年都要定期去国外拜访客户，把当前的进展、中长期发展方向及时展示给客户，从而找到结合点。为了让客户了解得更深入，他们还会针对不同部门的关注点，准备不同角度的PPT。所以，只有给客户留下深刻的印象，客户才会在有需要的时候第一时间想到太平洋精锻。

正是靠着这样的一种方式，太平洋精锻才赢得德国大众、德国GKN、美国通用等一众国际大客户源源不断的订单。

故事的哲理

大凡大成功，都需要一次"大丢弃"。初稿，包含了精华，也包含了杂质。只有具备把好东西"重来一遍"的勇气与智慧，真正的好东西才会诞生。这个真正的好东西，意味着对自己最深刻的理解，对受众最充分的洞察。而这一切，往往都来自更彻底的减法。（杨光）

董事长的一兜养胃药
以人性为本，以细节为本，以行动为本

哲理的故事

2018年的一天，太平洋精锻市场营销部海外科副科长邓梦临近中午时才来上班，正好在公司门口遇到了董事长夏汉关。一问情况，原来是邓梦胃不好，刚从医院回来。打过招呼之后，邓梦就进公司了。

没多大会儿，夏汉关就给她推送了与养胃相关的一些微信公众号，这让邓梦有些始料未及。然而更让她意外的是，几天后她到董事长办公室汇报事情，临走时，夏汉关叫住她，特意拿出准备好的一兜养胃药给她，并嘱咐她记得按时吃药。

员工生病，作为领导竟然这么上心。邓梦拿着药走出董事长办公室眼泪就夺眶而出。邓梦是太平洋精锻从外地招来的大学生，远离家乡的她，父母不在身边。但董事长就像父母一样，不仅从公司给她贷了房子首付款，而且还如此细心地关心她。这让邓梦根本感觉不到身在异乡的孤单。她说："我没有任何理由要离开太平洋精锻。"

不久后，公司派人去德国谈一个项目，其中包括邓梦。但不巧的是，邓梦发现自己怀孕了，由于是刚刚怀孕，需要格外小心，所以去，还是不去？邓梦有些纠结。如果提出不去，领导也不会说不行。但她想到，既然是去德国，自己是当时公司唯一一个学德语专业的人，理应跟着去。所以，为了不让领导为难，她最终还是决定去，并暂时隐瞒了自己怀孕的情况。

到德国后，邓梦的孕吐反应非常厉害，什么都吃不下，不知情的同事还说她太挑食。她只是笑笑，继续忍着。直到要回国了，她才跟大家说了实情。

邓梦的孩子出生后，夏汉关参加百日宴，专门敬了邓梦一杯酒，并着重提到了她去德国时的不容易。但邓梦觉得，一切都值得！

故事的哲理

所谓以人为本，如果只是口头讲出来，或者流于形式地写在纸上，员工是感受不到，也体味不到的，结果就是管理者"自娱自乐"。真正的以人为本，一定是初心以人为本，进而是表现为以细节为本，最终是落实为以行动为本。管理者对员工投之以情，员工自然会报之以恩，这是一件相得益彰的事情。（杨光）

当6位与会领导，只有5瓶水时……
服务考验的是对人性的理解，进而做出应对

哲理的故事

2018年的一天，太平洋精锻几位刚入职不久的大学生来找董事长夏汉关汇报工作。恰巧夏汉关正在开会，于是董事长秘书田海燕就让他们先等一会儿。

出于好奇，有位大学生问起田海燕做好秘书工作的秘诀。

田海燕笑着说：没什么秘诀，就是首先要把领导交办的事情办好。而且不能只当"传声筒""复读机"，要时刻换位思考，主动服务。听田海燕这么一说，几位大学生面面相觑。

见几位大学生没听明白，田海燕现场给他们出了一道题：假如通知有6个重要领导来开会，马上就要进门了，可你手里只有5瓶水，怎么办？

"把水倒进杯子里。"一位大学生快速抢答。

"没有杯子。"田海燕说。一听"没有杯子"，几位大学生傻了眼。

于是，田海燕帮他们分析说："6位领导，5瓶水。这5瓶水，到底给谁？如果没给大领导，不仅有失礼仪，也会让大领导觉得没面子，这是做秘书的大忌。但如果急慢了小领导，又会让小领导觉得你是势利眼，瞧不起人。"

一时间，大学生们沉默了。

"所以，这5瓶水，不管你怎么发，都会出现问题。怎么办？那可不可以把水放在水台上，让有需要的领导自取？这虽不是一个最好的结果，却不失为一个应急的好办法。然后，利用这个空档，想办法再弄来一瓶水。"田海燕说出了解决之道。

大学生们一听，纷纷给田海燕竖起了大拇指。但其实，田海燕刚走上秘书岗位时，也是什么都不懂，只有一颗朴素的初心。随着不断总结，才开始有了心得，她觉得做领导秘书，要以一种"钉钉子"的精神脚踏实地，做好每一件事，完成每一项工作。做一个有思想、有主见、有担当的秘书。

所以，做领导秘书，是田海燕非常宝贵的人生经历，在这一过程中，既增长见识，又推动事业，还体现价值，而这一干就是25年。如今，她已经成长为太平洋精锻总经办常务副主任、证券部部长。

故事的哲理

服务，绝不仅仅意味着循规蹈矩的手势与微笑，更应该体现为出现意外情况时，基于对于人性的深刻洞察，所具备的实施解决问题方案的能力。高水平服务不是高科技，但却更能考验你的洞察力与判断力。（杨光）

"划"出一个越来越聚的"同心圆"
想不想，往往决定行不行

哲理的故事

2022年1月22日，太平洋精锻一年一度的年终颁奖大会如期召开。但这一年的大会，与往年有些不同。

和大多数会场的座次安排一样，太平洋精锻往年颁奖大会的200多位领奖人员也是分布不集中的。但是由于领奖先后时间不同，导致领奖路线互有交叉，会场秩序有些乱。

　　这一年的颁奖大会，由刚刚上任办公室副主任三个月的王耀祖负责策划。他决定要对这次的大会做出一些调整和创新。但当他和同事们说出了自己想法之后，得到的却是反对意见。同事们认为，他们做了这么多年的颁奖大会，一直没出过大问题。王耀祖刚担任策划工作，没有什么经验，如果贸然调整修改，出了大错谁来担责任？

　　但王耀祖不这么认为，再加上这一年还新增加了线上云直播，会场秩序更要确保有条不紊，才不影响画面效果。于是，他决定要尝试一把。一个巧妙的构思，正在他的脑中酝酿。

　　他先将最先领奖人员排在方阵最后一排，而后依次向前排，第一排人员为最后批次领奖。最先领奖的先进代表从左边出来候场，领完奖向右走回到座位，刚好走完一个顺时针的整圆。这个时候第二批领奖的先进代表在上一批领奖的时间时已经提前候场，与上一批人不存在路线交叉。接着，领完奖也走完一个顺时针的圆，越往前圆越逐步变小……

　　随着颁奖进程的继续，全场就像是有了一种默契，一条一条的圆形运动轨迹有条不紊地向中心聚集，形成了一个更加紧密团结的寓意。而这，一切都是按照王耀祖提前的策划来进行。

　　最后，这场精心策划的颁奖大会非常顺利而又出彩地结束了。王耀祖的创新想法也实现了一次成功的落地。

故事的哲理

　　任何一个组织、任何一个管理者，在面对新事物，哪怕是一个工作细节时，都应该扪心自问：面对每一种可能性，或不确定性，究竟我们是一个上升期、希望开拓创新、敢于试错的团队，还是一个因循执行、稳健为上、不求有过的团队？这里，也许没有一个绝对的对与错，关键是看组织与自己所在阶段和价值追求是否相匹配。想不想，往往决定行不行。（杨光）

"1234" 磁力棒
管理的改善，来自管理的可视化

哲理的故事

太平洋精锻的机工车间有一种叫作磁力棒的工具，专门用来吸附清扫够不到的犄角旮旯的碎铁屑。但由于这种工具并不大，很少人重视他，所以总是用着用着就丢了。丢了也只是扣班长2分，工资扣100块钱，但这并不能引起班长的重视，认为多加几个小时班，钱就又赚回来了。所以扣着扣着也就麻木了。

于是，磁力棒总是丢了再买，买了再丢，循环往复。

2022年6月，太平洋精锻机加工车间副主任辛鹏飞刚刚上任不到1个月，看到这种现象后，他决定要管一管。

于是，他先买来了4根磁力棒，定好保存的位置，标识好"1234"，4根一一对应放好。比如，发现1号位置的磁力棒不见了，就要及时找回来。谁丢了谁掏钱买齐，能找到责任人就责任人赔，找不到责任人就整条生产线员工"众筹"。总之就是要保证"1234"全部在位。

之前是丢了只罚班长，现在是工人也参与了进来"连坐"。就这样，经过几次"众筹"之后，大家都有了自觉自律的意识，并形成了互相监督的责任。从此，车间的4根磁力棒就像哨兵站岗一样，保持各就各位，再也没有丢过。

这也让辛鹏飞领悟到，惩罚不是最终目的，解决问题才是。

故事的哲理

管理最容易出现的问题，就是不知不觉间把手段混当作了目的。惩罚作为手段，唯一的价值就是促进改善。因此惩罚从来就不应是重点，重点始终应该是改善。而管理的改善，最简单也是最有效的方法，就是将一切目的实现"可视化"，用位置，用标识，用颜色，让所有人甚至文盲，都能一眼看到，并一眼看懂。对，就这么简单。大道至简。（杨光）

"跑腿儿的" PK 老专家
永远是市场，在引领和验证技术

哲理的故事

一边是专家意见：图纸有误，必须改图纸。一边是客户规定：不符合图纸的产品，拒收。你如果作为生产方夹在了中间，会怎么办？

1996年，依然经营困难的太平洋精锻，"雪中获炭"般接到了一个加工锥齿轮的订单。但为此，要先加工出电极，再加工出模具，然后才能加工产品。其中电极加工部分，由于当时的太平洋精锻经验尚不丰富，不放心自己做，于是就拿着产品图纸去了上海汽车齿轮厂，由他们的专家先根据产品图纸设计出电极图纸。

结果，专家发现产品图纸的设计中有一处不重合，但正常来说是应该重合的，于是就按照重合的情况设计出了电极图纸。

可当太平洋精锻按照这一电极图纸加工出样品之后，客户却因为不符合图纸而拒绝接收。既然设计的样品被拒收，"不重合"的产品出来更是不会被采用。可专家提出的"重合"问题又是经验之谈。

怎么办？到底听谁的？大家一时陷入了两难境地。

最先打破这一局面的是当时负责跑腿儿的技术工艺员黄泽培，他跟领导提出：先抛开上海方面的专家意见，就按照客户的方案去设计和生产。可领导面对只是个跑腿儿的黄泽培，肯定是有所顾忌的。要知道，一旦开发失败，不仅模具报废，而且设备也有可能被损坏。

"据我判断，按照客户的思路，虽然不合常理，但也是可以做的。等于说，专家的意见和客户的要求，其实是殊途同归。"黄泽培进一步解释道。

领导听完有些半信半疑，但当时卡在那里也没有别的办法，只能死马当活马医。

最终，产品做出来了，客户非常满意，也没有出现模具或者设备的异常损坏。

那么，黄泽培如此笃定的判断依据又是什么呢？领导事后找他聊起，才知道他平时特别注意收集国内外汽车齿轮的最新标准，不同国家的齿轮风格、设计理念、精度标准往往不一样。喜欢独立思考的黄泽培经常研究他们设计背后的逻辑，也就是说，每一种设计背后一定有其原因。

"知其然还要知其所以然。只有知识掌握得越全面，才会越少走弯路。"黄泽培一语道出了本质。

反过来说，如果只是机械地按照常规图纸去生产，而不去了解背后的设计理念，再加上迷信所谓权威意见，那么，当时的这批订单肯定就黄了，更谈不上后续的合作。

这次事件也成为了一个转折点，领导开始对"跑腿儿"的黄泽培越来越放开手，并逐渐让他在设计研发上挑起了大梁。如今，黄泽培已经由当初一名小小的技术工艺员成长为技术开发部副部长和高级工程师。

故事的哲理

对于强调技术的企业和岗位，最大的误区与盲点，其实恰恰就是对于"技术"的迷信。技术，是客观的；但"技术"，看起来代表技术，实则只是对于技术的判断与经验，往往是主观的。主观，正是实践的大敌。因此越是要掌握技术的通途，就越是要打破"技术"的壁垒。而这里的关键，就是回归并紧紧抓住市场（客户）这个价值原点。任何技术，只有能被市场认可，只有能为客户创造价值，才是有意义的技术。（杨光）

被破译的参数"密码"
热爱,是开拓创新的第一引擎

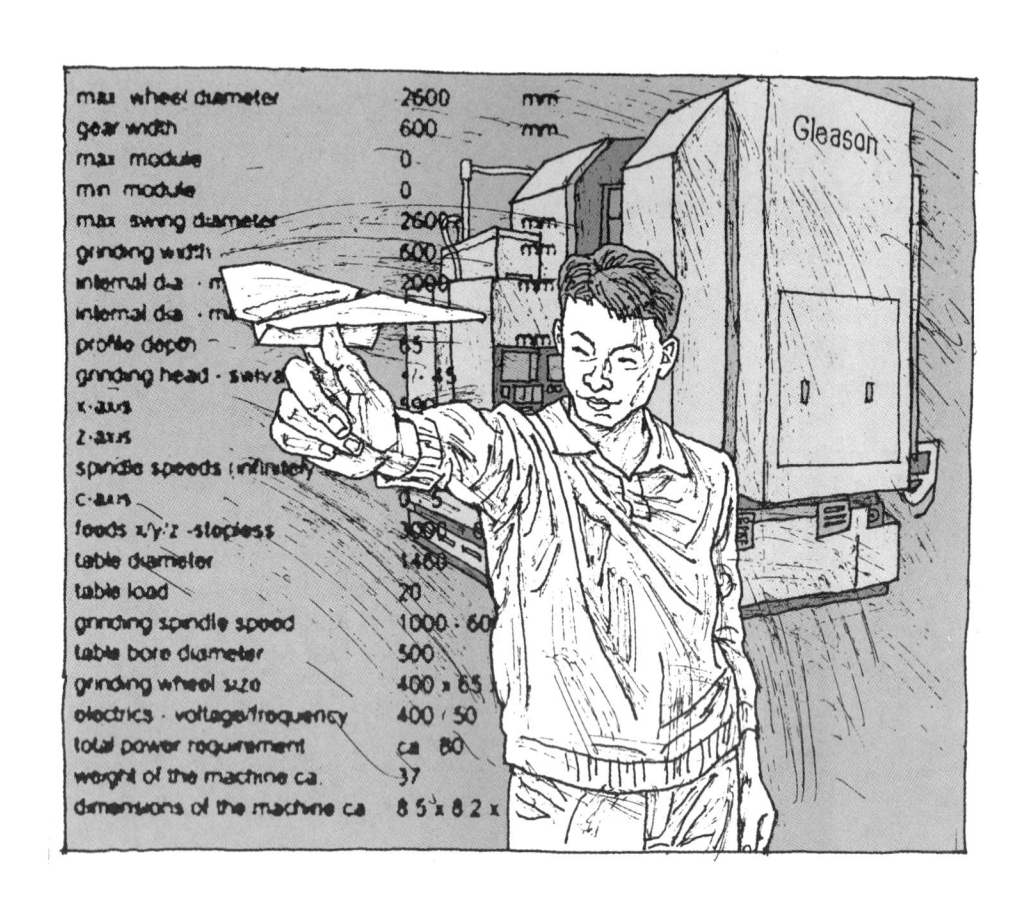

哲理的故事

20世纪90年代,由于太平洋精锻购买了美国格里森的设备,所以每个月都会收到一本叫做《格里森通讯》的杂志。其中,时任技术工艺员的黄泽培每次拿到这本杂志都会仔细地从头看到尾。

当时,没有人会想到,只是翻翻

杂志的黄泽培日后会一举解决被格里森"卡脖子"的难题。

1997年，由于太平洋精锻增加了新产品，刨齿机需要更换参数，但刨齿机进口自美国格里森，参数也由它们设定。每更换一次产品，都需要重新设定一次参数，而每设定一次参数就要付200美元，而且得半个多月才能发来。

"一张纸写几个数字竟值200美元？费钱又费时间！怎么样才能不再受制于人？"一个强烈的想法在黄泽培心里诞生了。

由于他平时没少看《格里森通讯》，对于格里森的设备性能有着深入的了解，再加上他之前去上海汽车齿轮厂进行外协时，厂里有台美国格里森的老设备，他跟着学习了一些操作要领。于是，他拿起了格里森刨齿机的说明书开始研究起来。

黄泽培像破译情报密码一样去破译参数，大半年时间里，都在不断查资料，不断反推和验证。最终，成功破译了"情报"，并且还一举掌握了设计参数的方法。同时，为了防止格里森方出现没有刨齿刀现货或者断供情况，黄泽培还自主研发了刨齿刀，虽然精度没有格里森的高，但基本不影响使用。

一直到2005年，太平洋精锻购置了首台三轴加工中心，产品质量超过了国外水平，黄泽培发明的参数设计方法和刨齿刀才完成了特殊历史时期的使命，逐渐退出了舞台。

"按说，格里森给的参数，给什么就是什么，我不用动脑筋，也不用担心。如果是我自己设计的，我是要负责任的。但我就是不想被'卡脖子'，就是要较这个劲，谁让我对齿轮设计一往情深呢！"黄泽培中肯地说道。

故事的哲理

面对一个行业、一个职业，努力和勤奋固然重要，但还有一个更为重要的引擎，那就是全心的热爱。从古至今，没有一位科学家、发明家、企业家，仅仅是凭努力和勤奋就能成功的，而更重要的是对于新生事物的"热爱"。这是实现创新的不竭源泉。(杨光)

"栽"在 MES 系统里的小偷

领导者的责任，在于站在战略高坡上去"断"

哲理的故事

2020年8月的一天夜晚，精锻科技二厂区车间的夜班工人们吃过饭后刚回到岗位上，一名工人发现，他正在生产的样件少了2个！可就在吃饭之前还完整着呢。由于是样件，丢了要核查具体原因。于是他赶紧报告了当班班长，并要求调取监控录像查看。

通过监控他们发现，有两个行为异常的陌生男子翻过外面的围栏闯进公司，潜入车间偷走了2个齿轮样件，然后跳上围栏外一辆浙江牌照的汽车逃走了。公司马上报案，派出所开始立案追查。由于发现及时，那两名男子第二天就被警察拘了回来。经过盘问，才知道是太平洋精锻的同行，得知太平洋在生产一批最新的样件，于是就想着偷走样件回去模仿生产。没承想，刚下手就栽了。为了免遭牢狱之灾，责任方认交20万元罚款，这事才算结束。

那名男子应该想不明白，明明已经顺利得手离开了，为什么还能这么快被抓到？这事儿要搁在2019年之前,他的确是不会或没这么快被抓到的,因为零件多几个少几个,没有人会注意到。但自从2019年太平洋精锻实施了MES系统(生产信息化管理系统)之后,一切就都不一样了。

MES系统使全公司800多套设备实现了互联互通,之前了解产品的库存信息,要去现场一个环节一个环节地查询,统计完成才能获得完整的信息。如今,只要打开系统马上就能一目了然地知道实时的产品库存状态、物流状态、加工设备的运行状态,通过二维码对物料进行数量和状态的管控,比如当托盘上本来有100个工件,一旦只出现98个,或出现废品不上报进行私藏,系统马上就会显示异常。

但对于抓小偷来说,工人通过MES系统马上发现样件数量异常还只是一方面。与此同时,太平洋精锻车间内部都安装有现场监控系统。本来,这套系统是为了精益生产随时追溯还原生产现场的状态而安装的,没想到闯进来的小偷被"追溯还原"了。所以,经过这件事反映,车间现场监控系统还多了个防盗功能。

现在再回过头来看,当初为了安装MES系统,全公司的争议是比较大的,大多数人有抵触。因为大家已经习惯了原来的ERP系统(企业资源计划系统),且认为ERP系统已经很管用,能解决当时的所有问题。

但董事长夏汉关坚持认为,看问题不能短视,MES系统可以为ERP系统减负,MES系统的有效实施可以提高生产物流管控水平,可以让ERP系统的数据更加敏捷、可靠、准确。MES系统是数字化制造的重要支撑,太平洋精锻要想打造智能制造工厂,就必须尽早导入这个系统。ERP的有效运行是建立在PLM(产品生命周期管理)、MES基础上的,这些管理系统相互支持,单个系统不能包罗万象,仅靠ERP不能解决所有问题。智能化改造、数字化转型不是一蹴而就的,而是不断完善改进的过程。

通过系统及时报警抓住小偷这件事,全公司上下都开始对MES系统刮目相看。而这,才只是其强大功能的冰山一角。

故事的哲理

对于志存高远的企业,既有资源是永远跟不上发展需要的。一把手与班子智库的区别在哪里?在于班子和智库更善于"谋",而一把手更善于"断"。谋,只需要具备足够的专业基础,呈现所有的可能性;而断,则更需要独到的战略高度和风险意识。(杨光)

从"两会"上搬过来的管理改进
激发全员参与,决定制造业能否基业长青

哲理的故事

2007年的一天,太平洋精锻设备一科科长陈兆根向公司的提案小组提交了一个可以将安全光幕(一种冲床安全防护装置)进行改进的方案。紧接着,这个方案就经过了相关方的评审并准许实施。

很快,陈兆根便将设备进行了成功改进,使成本降低到只有原来的1/30!而且,还改变了原来防不胜防的一线员工伤手指的情况,实现了安全生产。

其实,陈兆根的提案只是太平洋精锻的其中一个典型,诸如此类的情况不胜枚举。而这还得从当初建立的"员工提案"制度说起。

2003年,太平洋精锻董事长夏汉关在履职江苏省泰州市姜堰区政

协委员期间,发现不少高质量提案都能够精准地解决社会发展问题,这使他想到在公司内部也建立起"员工提案"制度。

夏汉关深知,搞好一个企业要靠集体的智慧和力量,那么将全员的改善动力和改善潜力充分调动起来,并把他们的合理化建议落实到公司管理中,就不愁搞不好一个企业。为此,公司专门成立了提案小组,员工提案先提交提案小组。改善提案都会进行初评、复审和最终审定,并得到相关部门的签字确认,最后通过提案审查评分表来给予打分。每年评比出"提案标兵""提案改善奖""提案办理组织奖"等给予表彰激励。

渐渐地,提案改善意识像一颗种子在太平洋精锻员工的心里生根发芽,员工变得越来越善于观察与思考。"我想使自己的工作更轻松,即便是很小的改善""一定还有更好的办法""我想通过改善获得他人的认可"等想法成为了员工更高的精神追求。

于是,降能减耗、节约成本、提高工效等关键性突破如雨后春笋般涌现出来。通过一个提案可以使抛丸机的电机寿命延长20倍,产值翻数番。通过一个提案将热处理电炉由"平"装改为"挂"装,可以使产品不合格率从20%降至0.3%……每年通过提案改善包括替代进口减少或降低的成本已经达到几百万甚至上千万元。

"我们并不是没有失败,只是我们勇于从失败中找到新的方向。在失败时领导没有责怪我们,而是鼓励和支持,甚至帮我们分析调整思路。这使得我们的改进更加有动力。"已经连续7年同时获得"提案标兵""提案改善奖"两大奖项的陈兆根在获奖感言中感慨道。

自提案制度建立近20年以来,太平洋精锻的员工已累计呈交16万多件提案,其中一些提案创意和成果应用还支持公司获得了国家技术发明二等奖,或者被公司采纳应用于公司牵头起草的国家标准、行业标准中。

故事的哲理

与资源型、金融类企业依靠个别精英不同,所有伟大的生产制造企业,都是能够将基层员工热情与智慧充分激发出来的,并用于组织管理持续不断改善的企业。丰田能够将精益生产做到极致,能够创造美国整个汽车产业加在一起都不及的高利润,靠的就是中基层员工全员参加管理持续改进。中国工业企业也不例外,谁将基层员工激发得好,谁就可能成为下一个丰田。(杨光)

仅仅是为拿个"质量奖"吗
执行，始于认知

哲理的故事

2011年下半年，太平洋精锻成立质量奖申报团队，开始申报江苏泰州姜堰区"区长质量奖"，结果经过两次申报才算通过。到了2014年，申报江苏泰州"市长质量奖"，却又落选了。2015年，再一次申报，再一次落选。这让他们在不甘心之余，不得不开始反思起自己之前的做法。

精锻精品，精益求精，质量一直是太平洋精锻追求的根本。既然政府质量奖是质量领域的最高奖项，《卓越绩效评价准则》是质量奖的评审准则，而太平洋精锻早在2004年就导入了卓越绩效管理模式，怎么会通不过呢？！

还别说，在起初的几年时间里，公司的管理者，特别是中层管理者对卓越绩效标准和质量奖的认识确实是模糊的，以为树立卓越绩效标准就是为了申报质量奖，只要符合各类体系认证就能通过审核，而申报质量奖能不能成，那是质量部门自己的事。所以，他们还停留在"就事论事""各自为战"的阶段。于是，屡报屡败也就不足为奇了。

"各类体系认证只是符合性的审核，而质量奖重在绩效体现，体系认证好不一定绩效好，而绩效卓越则一定是体系有效。质量是一项系统工程，质量是企业的生命，有了质量，没有市场可以创造市场，没有质量，已有市场也会失去。"董事长夏汉关非常明确地指出了问题。

也就是说，当初卓越绩效管理模式只是种下了种子，却没有开出花结出果来。

于是，全公司上下这才开始系统

企业学习与对标。

很快，效果开始显现。太平洋精锻不仅在2016年获得了泰州市"市长质量奖"，而且紧接着就在2018年获得了江苏省"省长质量奖优秀奖"，2019年成功获得了江苏省"省长质量奖"。

"创建质量奖不是目的，关键是创建过程的探索求是，对质量工程的感悟求真，对品牌建设的持久追求，对质量理念的初心传承。"夏汉关总结说道。

好事多磨，正是10多年的申报质量奖的历程，推动了太平洋精锻的质量建设与管理走向了卓越。追求品质、追求卓越绩效、铸锻品牌永远在路上。未来太平洋精锻还将继续登高望远，追求"中国质量奖"。

地推进卓越绩效管理。一方面学习卓越绩效标准、世界一流企业成功的管理模式，并根据卓越标准逐条与公司的现状进行对比。然后请外部的卓越绩效管理团队、专家对公司的现状进行诊断和提升。另一方面向历年来获得国家质量奖和省长质量奖的一流

故事的哲理

不管是改变想法或者行为，其实都是为了促成改变认知。只改变外在行为，并不是真改。只有改变行为背后的认知，才是从根本上改变。所以执行，始于认知，终于标准。（任慧媛）

省一堆砂子，养一个习惯
精细化，重在意识

哲理的故事

当看到1.5吨沙子堆在地上时，可能很多人没什么感觉。但如果说这是从一台叫做抛丸机（一种清理或强化锻件表面的设备）的设备中，防漏节约出来的砂子呢？

此前，在太平洋精锻对于抛丸机设备有一个固有观念，那就是"没有不漏砂的抛丸机"。所以抛丸机漏砂现象，一直被默认为正常。但自从经过了"5S现场管理"改善，整治了砂管、抛头之间的漏点，使得耗砂量从原来的每生产100万件需用6吨砂子，降低为4.5吨，硬是节约出了1.5吨砂子！

这要是按之前的观念，1.5吨砂子一点一点地漏掉，也就这么一点一点地被清扫掉了，化为浮云。

发源于日本丰田的"5S现场管理"，是针对生产现场中人员、机器、材料、方法等生产要素进而灵魂认知进行的体系管理。它本是一种已经被印证行之有效的管理方法。但太平洋精锻，却是曾走过一段弯路的。

早在2005年，太平洋精锻就开始导入"5S现场管理"，但由于先期缺乏对员工进行系统的5S教育培训，导致大部分员工对于5S的认知还停留在只是"打扫卫生"的阶段，以至于搞了十几年，都没有达到预期效果。

董事长夏汉关意识到，太平洋精锻既然追求品质，追求基业长青，那就必须要有规范的环境，规范的动作，进而形成日常自觉的习惯作为基础，毕竟万丈高楼平地起。

于是，从2018年开始，太平洋精锻专门成立了"5S"推进办公室，聘请外部专家对员工进行集中培训和现场指导。通过实施中的持续改善，使员工自己意识到，5S管理的推进不是简简单单的打扫卫生或工作环境的改善，更多的是通过外部条件或生产方法的改变，来影响日常工作习惯的养成和消除安全隐患、便于生产绩效的提升。所以，诸如防止设备漏砂子这类的事情不再是熟视无睹，而是已经形成了一种习惯，变成了一种下意识。

从这之后，太平洋精锻5S管理的实施逐渐跨过原来"走形式"的迷途，生产管理"发自内心"地走向了更加良性的运转轨道。

故事的哲理

对于制造业来说，要真正做出品牌，基础一定是精细化的品质。而精细化管理，不仅仅是一种方式，一种方法，更是一种态度与作风，进而形成一种意识和习惯，乃至文化。只有具备一个良好的工作习惯才能有助于日常工作的顺利开展。（任慧媛）

一封邮件改变的"刺儿头"
初入职场，最重要的就是学习和历练

哲理的故事

2005年，刚从中南大学毕业的莫江涛来到太平洋精锻从事技术研发工作。作为当时公司学历最高的人，意气风发的莫江涛不免有些心高气傲，一有看不惯的地方，便会越级给高层领导发邮件指出来，且言辞激烈，不管跟谁都敢正面叫板，简直就是个"刺儿头",也因此被戏称为太平洋精锻的"风云人物"。

当初,作为技术工程师的莫江涛负责做齿轮修形技术的突破,但经过一年多的摸索和努力却没有任何进展,心中不禁有些消极低沉,没了信心。

于是,他像往常那样直接给董事长夏汉关发去了邮件,提出自己做了那么多事情,却是要成绩没成绩,要待遇没待遇,不如离职算了。

面对莫江涛每一次发来的"火药味"邮件,夏汉关并不责怪而是选择包容和引导。这一次也不例外,他专门给莫江涛写了一封长长的邮件,非常耐心地跟他分析,学历在一个人待遇中的比重,是会逐年降低的,应该注重在工作中不断提升自己的能力,与企业共同成长。同时还教导他注意待人处事,学会与人的相处之道,毕竟尊重是相互的。并教他如何调整心态和改变工作方法。

就是这一封长长的邮件,触动了莫江涛,使他的心态有了非常大的转变,开始静下心来踏实做研究。

2008年,以莫江涛为主导的攻关团队辛苦钻研了两年后终于成功掌握了齿轮修形技术,且正好赶上了与太平洋精锻第一大客户德国大众的首次合作,可谓意义重大。他作为代表前去德国进行技术交流,得到了德方的交口称赞,一时间风光无限。而这也令莫江涛感到,如果当时因为一时任性或者挫折而放弃攻关,损失何其重大。所以,在技术方面做出突破的同时,他自己的人生也有了一次非常大的突破与成长。

从那之后,公司领导们连连感叹:"小莫跟原来大不一样了啊!"

故事的哲理

年轻人初入职场,千万不要过于看重当下的收入——因为你其实还没有真正为组织创造价值,有付出才有收获。初入职场者最大的误区,往往是以为自己在校园里已经付出完了,已经要开始收获了。其实恰恰不是这样,这时候要看到最重要的三点:一是评估这个组织平台的成长价值。二是理解这个组织平台为什么能有今天。三是在这个组织平台上安心历练,学能力,长本事。(杨光)

7

团队·创新

德鲁克曾经说过:"企业成功靠的是团队,而不是个人。"在这个充满竞争的商业社会里,单打独斗的时代已经过去,想要成功需要一个高效的团队,企业的核心竞争力就是拥有经过有效磨合的团队。只有拥有强大、不可战胜的团队,每一位员工才能将个人潜力发挥到极致,才会在工作中脱颖而出;企业才会在竞争中保持基业长青、蓬勃发展。

大家都优秀,你自然也优秀,
你想落后有人拉着你跑。
要有好奇心,有进取心,只要不断超越自我,
不断反省自我,你的状态就是向上的。
——夏汉关

夏汉关的"贤内福星"
奋斗者文化，务必获得家属支持

哲理的故事

1984年，年仅20岁的黄静进入泰县粉末冶金厂（太平洋精锻前身）就职，担任总账会计，她很热爱这份工作。然而，就在黄静任职到第10个年头，也就是泰县粉末冶金厂成立中美合资企业太平洋精锻第3年时，一纸调令来了，让她到几千米外的水泵厂去工作。

原因是，她的爱人夏汉关将被提拔为太平洋精锻副总经理，而夫妻俩不能一个掌权，一个管账，必须避嫌。所以，公司最后决定让黄静退出。要知道，当时的泰县粉末冶金厂可正是红火时候，又刚刚建了新厂房。多少人都盼着坐在宽敞明亮的新厂房里办公呢，然而黄静却只能望厂兴叹。

本来就不太景气的水泵厂，没过

几年就倒闭了。于是在2000年，黄静又回到了太平洋精锻。但由于财务一职已经有人在位，本是财务专业的她只能做起了公司里跟社保、招聘相关的工作。

当时，镇政府又成立了一个新公司，而镇政府领导对于黄静的业务能力早有耳闻，所以想邀请她过去担任财务总账。这一次，黄静有些犹豫了。

虽然当时的夏汉关已经由副总经理提升为总经理，但实际上他接手的是个烂摊子。太平洋精锻当时的效益实在是太差了，要债的供应商经常找上门。家里的房子都拿去抵押了，还是动不动就半年发不出工资。夫妻俩都在这个困境里，但柴米油盐总得过日子。再者，黄静也想着能做回老本行，继续她的财务工作。

于是，为了缓解家里的经济状况，也为了追求自己的事业理想，黄静跟夏汉关商量，要不要去镇里的新公司工作。然而，夏汉关却给出了否定的回答。因为当时的太平洋精锻本来就人心涣散，如果这个时候黄静离开，全公司上下会怎么想？连总经理夫人都走了，人心岂不是更加不稳？

"咱们再忍一忍，公司目前是有些困难，但未来肯定会好的。"夏汉关在抱歉中给出了坚定的信心。

就这样，黄静只好放弃了自己心心念念的财务工作，继续留在太平洋精锻做她的社保和招聘。而且一做就是10年。直到2010年，因为上市要求，太平洋精锻成立了审计部，黄静才开始担任起审计部部长一职，并且一做又是十几年。但实际上，以她的水平和资历，早就应该做到了公司财务总监的位置。

比较戏剧性的是，当年黄静没调离的时候，泰县粉末冶金厂一派欣欣向荣，夏汉关也正春风得意。但黄静一走，厂里就开始走下坡路。然后她一回来，太平洋精锻就又开始转危为安，并逐渐红火起来。有人开玩笑说，黄静就是夏汉关的"福星"。

故事的哲理

一个组织建立真正有效的奋斗者文化，不仅要表现在凝聚员工忘我奋斗上，其实更需要表现为奋斗者家属的理解与支持上。只有拥有家庭包容甚至和谐的奋斗者，才是一个良性而幸福的奋斗者，这样的奋斗者文化才是可持续的奋斗者文化。（杨光）

太平洋精锻的"七年之痒":破产,换人?
亏损往往是内部"制造"出来的

哲理的故事

1997年,因为中国汽车市场还在培育成长期,太平洋精锻自身的造血能力不足,导致公司持续亏损,资金周转出现了较大问题。于是只好通过股东继续注资,进而调整股份结构来缓解资金压力:公司由原来25%美资和75%中资,通过增资和股权受让,改制成了100%的美资,合资企业就此变成了纯外资企业。

然而很遗憾,这场增资改制并没有使公司情况立即好转。两年后,汽车零部件配套市场仍在培育中,公司经营依旧不见起色,又赶上早年的贷款本金开始进入还款周期,从而屋漏偏逢连夜雨,太平洋精锻再一次陷入资不抵债的泥潭。当年亏损高达900多万元(20多年前的900万元可不是今天的900万元),工厂连续6个月发不出工资。

迟迟看不到扭亏的希望,一直支持太平洋精锻的银行方面也准备抽贷。而这一抽,可谓是釜底抽薪。到1999年下半年,"七年之痒"的太平洋精锻,已处在破产的边缘。

作为独资的美籍华人叶涛坚先生,当然清楚问题的严重。经过七年的观察,并吸取了自己上一次只增资不变人的教训,他如今已非常确信"换帅如换刀",再不解决人的问题,企业就没有希望,自己也将血本无归。他决定做出改变。

于是叶先生和当时的总经理商量,建议她职务不变但不管理一线工作,放手让下面的年轻人大胆干。进而双方达成一致意见,让同为创业班底的常务副总经理夏汉关试一试担纲。接着,在1999年10月的公司董事会

上，由时任总经理主动提出：即日起，公司各项日常经营管理工作，统一交由常务副总经理夏汉关负责。

自创业就加入，已主持一线工作十多年、熟悉公司各个业务线的夏汉关，对于公司的管理其实早已有不少自己的想法。他深知公司持续亏损的病根在哪里，只是碍于自己没有决定权，抱负无从施展。现在老板和领导既然一致希望放权让自己干，那自己一定要做出点儿名堂来。

但当时，夏汉关可谓是"有信心

没把握"。因此他给自己和新团队定下了一个半年左右的"试用期"。

"让我干可以，但是要按我的改革要求来干。"在10月份的又一次公司高层会议上，夏汉关直截了当地提出了自己的要求，并列出了他自己连日写就的"管理改革20条"。大到部门重组小到补助发放，洋洋洒洒几千字，全部围绕一个核心——降本增效，激发活力！这令在座的管理高层看到了生机与希望。时任总经理表态支持。既然是老板和总经理提出让自己干，夏汉关也没想太多。

夏汉关当仁不让地提起改革的大刀，首先砍向了采购环节。以往，太平洋精锻的钢材原料一直都由时任高管亲属开设的公司负责采购。钢材价格高、交付不及时，这里说不清道不明的事，就会难免，只是以前大家无可奈何。这次夏汉关经过一番比质比价之后，发现这其中有非常大的优化空间。于是他主动过去跟那位"亲属"商量。结果对方并不接受企业优化而自身被优化的条件。不欢而散。

既然要改革，要求生，就必须知难而进。

于是，夏汉关决定绕过这个"亲属"中间环节，直接找上游钢厂去采购钢材。这一下不得了，可谓立竿见影，太平洋精锻有了更大的选择余地，不仅钢材质量更加优质，而且价格还比原来更低——因为去除了中间环节，公司每一吨钢材能节省近1000元！而当时一名工人的月工资也仅在500~600元。

故事的哲理

当企业经营出现困难时，我们往往愿意强调外部的原因，要么是环境，要么是对手。诚如老电影里国民党军那句经典台词："不是兄弟无能，实在是共军太狡猾！"因为，当原因归结于外部时，内部就可以集体免责了。至于后果，那是经营者甚至老板自己的事。结果，必然濒临破产。于是，前几年当家大业大的日本航空也面临破产时，整个公司上下居然没有一个人站出来说：我对公司的利润负责。

事实上，企业经营亏损往往都是由于企业管理失当造成的。外因即便存在，也是通过内因真正来杀伤。而管理问题，又主要或首要是"人"的问题。对于基层，主要是收心和换心。而对于管理层，则主要是换人，否则通常换汤不换药。上到CEO，下到部门主管，都是如此。

外病，要内治。经营，靠管理。止跌，得换人。（杨光）

管住"花果山"的那帮"猴子"
改变，都是"诱导"出来的

哲理的故事

"这哪是去模具车间，简直是到了花果山啊！满山的顽皮猴子！能不能服你管……你可想好了。"

1997年，当听说时任太平洋精锻模具车间主任的钱后刚，要去兼任模具车间主任时，一位模具车间的工程师说了他的担心。模具车间的一帮年轻人难管,是出了名的,甚至已经到了敢和前任模具车间主任吵架、打架的地步!但越是这样,"专治各种不服"的钱后刚反而就越想一试。

到任第一天,钱后刚去车间检查设备保养情况。刚走没两步,就看到一位小伙子操作的车床上,四把刀只有一把刀还有正常的螺栓,其他三把刀全秃了。而且拖板摇臂轮上的把手也不见了。

这是严重违反操作规定的。但钱后刚并没有批评他,而是不动声色地问道:"设备都成这种状态了,影响不影响干活?"

"不影响,主任放心!"小伙子一脸不在乎地回答。

"你说没有影响,那你现在把拖板从左到右摇十次我看看。"钱后刚继续冷静地说。

结果摇到第三次时,小伙子就摇不动了:"主任我错了!"

"错哪了?"

"我应该把这些都配齐再操作。"

"你自己会不会配齐?"

"不会。"

"去买包烟,请师傅帮你安装上吧。但是配好以后,可保证不能再弄丢了。"钱后刚用一种变相的批评教育,让小伙子愉快地接受了。

从那之后,钱后刚几乎天天去跑模具车间现场,耐心做交流,严格立规矩。赶上工期紧时,还陪着他们一起通宵加班。就这样,软硬兼施、宽严并济了仅仅1个月,钱后刚就和整个模具车间建立了信任,也树立了威信。最明显的变化就是,之前吹了熄灯号好大一会儿都还在闹腾,但一见钱后刚来了立马就安静下来了,不一会儿便鼾声四起了。那帮"猴子"如同戴上了紧箍咒一般,从此对钱后刚言听计从。

故事的哲理

任何教育,任何改变,都不是处罚出来的,不是对抗出来的,不是压制出来的——而是"引导"甚至"诱导"出来的。因为每个人在本质上,永远都是被自己说服的。为此,要想真正改变一个人,或一个习惯,一个行为,就必须让对方自己意识到,客观现实正与自己(而非领导)的主观逻辑相违背。这时候,教育与改变,就是事半而功倍的——所谓响鼓不用重锤。

几千年前,古人就说:"疏而不堵"。谁都知道。就看谁真的做到。

(杨光)

你们种出的庄稼能养活自己吗
用底线意识激发团队活力

哲理的故事

1999年，在困顿中挣扎的太平洋精锻，已然到了破产边缘。实在没了办法，只能由中美合资改为全部外资。由此，公司独家投资人就是原来持美股部分的美籍华人叶涛坚先生。可是两年时间过去了，状况仍旧不见好转。

远在美国的叶先生坐不住了，他来到工厂先考察了一圈儿之后，开始坐下来和高管团队交流。他给每位高管都发了一张纸，让他们在上面写几句话，以表达自己此刻的心情。

时任质量保证部部长的赵红军，写了这样一句话："不管企业是政府的，还是外资的，我们在里面打工，其实是为我们自己打工。只有干得更好才会有出路。"

纸条收上来，叶先生看到赵红军写的这句话，不住点头："小赵写得不错！只要好好干，肯吃苦，公司就一定会有红火的那一天。"

"为自己打工"，这是赵红军当时的真实想法。因为他一直都知道公司一旦倒闭，大家只能作鸟兽散。

接着，叶先生又说道："我来给你们投资，就好比是买了一块地，让你们在上面种庄稼。我都先不说收地租，但你们至少得保证种的庄稼能够让自己吃饱吧。"

在场的高管听后都不说话了，但他们形成了一种强烈的共识——未来掌握在自己手中。齐心协力把公司拉出泥潭，成为了他们最好的选择，也是最有远见的选择。

2000年5月，太平洋精锻"改朝换代"，时任副总经理夏汉关接任总经理一职。一派蓬勃的新气象徐徐展开，公司上下铆足了劲儿干，为了筹集周转资金，26名骨干还抵押了自家的房产。新班子仅用了两年时间，就将亏损了10年的太平洋精锻扭亏为盈。自此，他们种出的"庄稼"不仅实现了自给自足，而且一年比一年高产。

故事的哲理

做企业，必须要有底线意识。所谓底线意识，就是基于不容回避的客观事实，将最最基本的乃至难堪到无可辩驳的底线要求，加以直观而刺眼地呈现出来，从而让团队每一个人都明确意识到团队的现状，以及自己的责任，同时自我摒弃那些之前一直大行其道的诸多借口。当一个组织处于低谷，或急需变革时，往往都需要用底线意识来摆脱"混得下去"的诸多借口，而加以梦醒，从而重新焕发活力。（杨光）

26套房子与"四渡赤水"
有了共同利益，才有团结一心

哲理的故事

2000年5月，太平洋精锻因长期亏损严重，虽努力不懈，但依然处在风雨飘摇中。危如累卵之际，夏汉关临危受命接任总经理一职，在大胆实行了一系列改革措施之后，公司开始出现起色。但夏汉关清楚，要想把公司彻底拉出泥潭，除了管理上做出改革之外，归根到底还得开发出具有市场竞争力的好产品。

凭着之前市场开发积累的经验和对经济发展的前瞻性眼光，夏汉关瞄准了个人消费逐渐占主流的乘用车市场，并进而决定将其中的差速器齿轮和结合齿轮，定为主导产品。

方向是确定了，但一个现实也摆在了面前——当时已经连亏了近10年的太平洋精锻，资金极度紧张，以致银行也不肯再多贷给一分钱。新品开发面临着"无米下锅"的窘境。

老板叶先生已明确表态，他不会再追加投资。夏汉关思前想后，只剩下一个办法——抵押房产。但由于当时公司已经押无可押，所以只能抵押员工个人的房产。彼时，商品房尚未兴起，职工家庭条件也并不富裕，基本上一家都只有一套"安身立命"之所。谁会轻易拿出来？但凡抵押，就一定有风险，万一血本无归呢？难道全家流离失所？所以，即便员工同意，家人会同意吗？

如此，全面发动全体员工显然不现实，夏汉关只好先找来了25名骨干员工。先做了一番现状与前景的分析，最后他非常恳切地说道："企业就像一条船，我掌舵你们划桨，是满载而归，还是抛锚搁浅，取决于船上的所有船员是否齐心协力。否则，我们大

Story & Philosophy of Pacific Precision Forging | 245

家时刻都处在一起沉没的危险中。"

对于太平洋精锻的员工，尤其是骨干员工来说，这份工作是自己捧了多年的"饭碗"，谁都不想轻易丢掉。但也只有大家都有活儿干，才有钱赚，才有未来。再加上夏汉关上任之后的大胆改革，带来的变化和希望已是各方有目共睹，所以，骨干们跺跺脚，选择相信夏汉关，就此一搏。

最后，加上夏汉关自己，总共26位太平洋精锻骨干员工，没有一个人"掉链子"，全都拿出了自己的房本！26套房屋总共向银行贷款260万（据评估，彼时1块钱等于如今5块钱）。然后，用这笔钱作为流动资金，新产品开发才算是得以开始。

仅仅用了两年时间，也就是在2002年，夏汉关便带领团队成功开发出了高端乘用车精锻齿轮，并很快赢得市场认可，形成了量产。这一年，太平洋精锻也第一次实现了扭亏为盈，从此彻底走出亏损了10年的泥潭。

"大家都选择相信我，把企业的事当成自己的事，我们也都共同相信未来会更好，相信国外把这个产业做得那么好，我们也没道理做不好。正是这种相信的力量，发挥出了令人意想不到的威力。"夏汉关回忆这段往事时感慨道，"如果当时看到的都是风险，做什么事情都瞻前顾后，也不会走到今天。"

太平洋精锻全体团队，用26套房子抵押出了公司成长史上的一个类似长征"四渡赤水"的重要转折点。

故事的哲理

"搞成一件事，必须靠团队。而搞砸一件事，有我一个就够了。"这句夏汉关时常调侃的口头禅，是他和整个团队团结一心共同实践检验出来的。

团结一心，是几乎在所有企业的墙上都会找到的一个词。但遗憾的是，往往它也就只是墙上的一个词。症结在于，团结不是顺风顺水时的和睦与态度，而是生死一线时的互信与行动。这便是"团结"和"要团结"的区别。而作为经营者，真正实现团队从"要团结"成为"团结"，则不在于言辞的哽咽，口号的响亮，而在于必须切实找到团队所有人共同利益的最大公约数。商业实践的感人至深，本质往往都是来自于理性至实。（杨光）

像接待总经理一样接待应聘大学生
创新的起点,往往是目标的创新

哲理的故事

2005年的招聘季,一辆辆高颜值上档次的小汽车在太平洋精锻与机场或车站之间,来回往复地忙碌着。但接待的并不是领导与客商,而是从全国部分高校前来面试的大学生。

和很多企业一样,太平洋精锻在

每年毕业季,都会有校园招聘。但这一年不同的是,所有来面试的学生,不仅来回路费全部由公司报销,而且公司针对每个高校都派出了一个组长带队,如同前面所讲的那样,开着小汽车去高规格地迎接前来应聘的大学生。

这是因为总经理夏汉关特意叮嘱公司的人力资源部:"要用接待总经理的心态,去接待来应聘的大学生。你们怎样到机场、车站去接我,就怎样去接他们。"

如此接待"芸芸总经理",夏汉关自有他的"如意算盘"。

学生们都是抱着对公司的认可才投来简历。公司邀请他们来面试,不外乎两种可能:一种是有的人愿意留下来,干得好将来可能晋升到部门主管,甚至公司总经理。那么,今天接待的人,将来就是公司的高层领导……接待领导,我们能不用心吗?

当然还有一种情况,学生可能因为种种原因,不想留下。但不排除他们中的某个人,20年后成了一个政府领导,或者三五年后,有人到通用、大众这些大客户某个部门当上了主管。那时他们可能会想起对太平洋精锻的印象——尊重人才,重视年轻人,而且还挺人性化的。如此,在招人的过程中可能就培养出了未来的忠诚客户。

夏汉关的这一做法,与华为当年做校园招聘时异曲同工。为了吸引大学毕业生来深圳到华为面试并能选择加入,华为不仅为前来应聘的毕业生提供往返机票,而且还带着去游览深圳。最终,因为印象美好,大部分的毕业生都选择了留下。

这可不是一次作秀。把大学生作为未来的人才、未来的客户来接待,也已经成为太平洋精锻多年来一直坚持的一种习惯,也因此吸纳了大量的优秀人才。校招留用率达到90%以上,其中晋升到主管级的人才中80%以上也都是来自校园招聘。

故事的哲理

企业家的创新和经理人的创新有什么差别?差别就在于后者只是根据一个既定的目标去改善与突破,但企业家的创新往往如同"一箭多星",是考虑到多种可能性后,基于有限的成本,去争取实现可能无限的价值。因此,创新的起点,往往是目标的创新。(杨光)

用40万元从角落里租来3000万元产值
思维方式，往往才是决定性的

哲理的故事

2002年年底的一天，时任太平洋精锻总经理夏汉关带着市场部业务经理赵国荣到客户江苏连云港的北方变速器厂去拜访。当走到一台被放置在角落的日本AIDA冷挤压设备跟前时，夏汉关停住了脚步。

"这台设备放在这里是什么情况？"夏汉关问道。

经常到北方变速器厂交流的赵

国荣比较了解情况。他告诉夏汉关，这台设备之前试着做过一批样件，但没有做出来，于是就此闲置了。

当时，太平洋精锻也有2台同类的设备，只是没有这台吨位大。于是夏汉关就开始动了心思：正好我们产能跟不上呢，既然他们不用，那不如给我们用。可这台设备当时市场价值600万元上下，客户账面原值1000多万元，买肯定是暂时买不起，倒是可以租。于是，嘱咐一旁的赵国荣，无论如何一定要把这台设备租回来。

由于对方企业性质特殊，所有资产的变动都算是"国有资产流失"，所以并不是那么好租的。

好在赵国荣经常与北方变速器厂保持来往，有一定的资源基础。他通过一级一级地找上去，与对方领导建立了联系，并说出了自己产能不够，想租冷挤压设备的想法。对方领导也开始考虑，虽然设备是国有资产，但闲置在那里对于他们来说也没什么用，与其放在那里生锈，不如让它发挥出该有的作用。再说，出租的设备，所有权并没有改变，也不算资产流失。于是，就同意了出租，并定好了前十年，每年租金40万元。

于是，2003年3月，这台重达约50吨的设备，被吊车吊了起来，装车运到了太平洋精锻，光运费就花了1万多元。有了这台二手冷挤压设备，再加上当年从浙江采购回来的进口二手锻造压力机，太平洋精锻一举突破了产能瓶颈，2002年还只是3000多万元的销售额，2003年就近6000万元了！

就这样，本是一台闲置不用的二手设备，只是换一个地方就变成了生产主力。太平洋精锻用40万元的租金，扩大产能，当年创造了新增3000万元的产值。赵国荣感慨，当年他虽然每个月去北方变速器厂都能看见这台设备，但如果不是夏汉关留心看到，并敢于想到租赁，他直到现在也想不到去租这台设备。

故事的哲理

但凡一件事做久了，人们总习惯于用一种固定的方式，去反应、思考和处理问题，进而长年累月地按照一种既定的模式工作生活，从而形成思维定式。于是，要么墨守成规，要么视而不见。

事实上，左右一个人成功与否，或持续成功与否的最关键因素，并不是智商，抑或常说的情商，而是他的思维模式。诚如稻盛和夫所言，人生其他因素都是单向的，只有思维方式是可以正负双向起作用的。（杨光）

一分两半，多产10倍
"跳出来"成就卓越

哲理的故事

2003年,时任锻造车间工艺员的陶立平有一次去车间,看见工人在上班时间却闲来无事。一问才知道,车间正在更换模具,更换过程需要至少两小时以上。而这个更换还挺频繁,大概才用上三天模具就会开裂,就又得停工更换。

陶立平看着裂开的模具开始思考:如果能减少开裂,就能减少更换。于是,陶立平开始做起3D模拟试验。他发现这种模具每次都在同一个地方开裂,原因就在于这一处的应力过于集中。于是,陶立平产生了一个大胆的想法——既然总是开裂,那就索性分开,将应力释放掉。

但是分模会导致产品有毛刺,为了消除毛刺就在生产过程中增加一个类似台阶一样的东西。而这意味着生产产品的图纸要有所改动。于是他去跟客户做了一番沟通与分析,在保证不影响产品质量的前提下,客户同意了修改。

原来的整体式模具一分为二,改成了分开的模具。几轮试验没有问题之后,开始投入使用。原来的整体式模具生产5千件产品就开裂了,而这个分开的模具生产了1万件产品仍然完好无损;2万件,还是安然无恙;3万件,依然完好……直到生产到5万件时才需要更换。

从5千件到5万件,一套模具的寿命足足被延长了10倍!省出了9套模具,一套模具就要8千元钱,总共省下了7万2千元!最主要的是还省了频繁更换的麻烦,进而省了时间,大大提高了生产效率。陶立平的这次大胆改进,获得了公司领导的高度赞扬,并奖励了他3万元。

之后,陶立平还将这次的突破专门写成了一篇论文《冷挤压行星齿轮模具结构优化》,并申请到了两件技术专利,进而还触类旁通地将这一方法论引用到了其他项目中。

故事的哲理

专业,必须要钻进去。但卓越,必须要跳出来。(杨光)

"处心积虑"的三个"51%"股权设计
越是成事后,越不要"只相信自己"

哲理的故事

2005年,太平洋精锻由外商独资彻底转为全部内资,夏汉关也从"总经理"转变成为"董事长"。然而历经5年前的"朝不保夕"和如今终于"大权在握"之后,夏汉关却反而感到不安起来。

"搞好一个企业,要靠一个团队;

搞坏一个企业，一个董事长就够了。"作为太平洋精锻的领头人，夏汉关时不时地都会想起这如同警钟般的一句话。他知道，人总是会犯错误的，但重要的是如何让自己少犯错误。

一次偶然中，夏汉关读到了《艰难的一跃》这本书，书中非常生动地讲述了美国宪法诞生的过程，以及为什么要实行"三权分立"。这令他大受启发。

既然公司的发展要靠团队，靠大家，那就要防止个人权力过于集中，就要把大家的积极性调动起来，让决策民主化、科学化，让权力得到制衡。所以，公司里也需要"三权分立"。

于是，经过内部讨论之后，太平洋精锻设立了独特的股权架构：夏汉关和骨干团队股权加起来，大于51%；骨干团队和员工的股权加起来，大于51%，夏汉关和员工的股权加起来，大于51%。如此，夏汉关加上持股员工的意见，可以否决公司管理层成员的意见。反过来，其他公司管理层成员与员工股东意见一致，也可以否决夏汉关的意见。

这便很好地形成了管理的制衡，避免了一股独大、一人决策的弊端。夏汉关将其比喻成"把权力关进笼子"。

他常说：人不能盲目自大，不能没有敬畏心，要敬畏规则，敬畏自然，敬畏市场。做企业就好比在大海上航行，大海以宽广的胸怀接纳了你，让你扬帆远航，切不可说是你征服了大海。同样，你登上了山顶，也只是大山以虚怀若谷的胸襟让你欣赏到了更美的风景，并非是你征服了大山。

故事的哲理

平庸的人犯不了大错误，凡是犯下大错的，都是大人物。也因此，越是已经亲手创造了"丰功伟绩"的大人物，在光环与惯性下，越容易不知不觉地犯下颠覆性的致命错误，走向自己与事业价值的反面，甚至万劫不复。而反之，领导敢于把组织的命运寄托于机制，而不是任何人，特别是"不再相信自己"，才会真正成就组织的基业长青，与自己的晚节无暇。而这，正是乔治·华盛顿空前做到了，而后世经营者都要力争去做到的。（杨光）

上不了市，都是我的错
自信，也是生产力

哲理的故事

2011年，已经为上市筹备了近4年的太平洋精锻，终于到了关键节点。按照上市流程，在通过证监会审核过会之前有一个例行问答环节。太平洋精锻董事长夏汉关与券商、会计师、律师等中介机构人员，全都到了北京配合审核。

第二天，问答准时开始，证监会的财务和法律审核员向夏汉关问道："夏总，如果你们公司上会被否决了，你直观上感觉公司有什么问题？"

"如果我们公司上会被否决了，都是我的问题，是我看错了人！我们公司这么好的'原料'居然没有过会，一定是我请了不好的'厨师'！也就是券商选错了，律师选错了，会计师选错了。"夏汉关坚定的语气中有些激动。

顿了一下，夏汉关继续说："我不会放弃的，6个月以后我还会再来。但是我回去会把这些律师、会计师、券商全都换掉。因为我相信像我们这样立志于产业报国、认真干事情的企业，如果都进入不了资本市场，没有道理！"

夏汉关可谓旁若无人。因为当时，为太平洋精锻上市做审查保荐的律师事务所、会计师事务所、证券公司人员，可全都在场……此时此刻，一方面言语难免刺耳，一方面各自内心也不禁开始嘀咕：真的会被否决吗？如果这样规范的企业都不给过会，除非是资本市场的政策有了变化。

要么是保荐机构的问题，要么是政策的问题，但绝不会是太平洋精锻本身的问题。这是夏汉关的底气。

其实此前几天，夏汉关一行人刚到北京，就有熟人曾跟他建议：最好是提前"走动"一下，为接下来的审核做铺垫。

但夏汉关只是表面上答应了，实际上他哪里都没去，就只待在酒店看书。因为他对自己的公司有着足够的信心。

事后，审核人员跟夏汉关交流时半开玩笑地说道："当时听你那么坚决地讲了那番话之后，我们就都放心了。"2011年8月26日，太平洋精锻在深交所顺利敲响了上市的钟声，一举成为国内精锻行业的首家上市公司。

故事的哲理

有时候，成功反而意味着失败；而有时候，失败却彰显着成功。面对可能的失败时，依然能彰显出的底气与自信，有时候比成功本身或成功后的豪放，更令人印象深刻。21世纪的中国人和中国企业，需要谦虚，但更需要真正的自信。

自信本身，往往就是说服力，甚至就是生产力。（杨光）

产品没问题，图纸就没问题吗
要敢于打破"惯例"思维

哲理的故事

"你们怎么来了呢？"

"我们跟德国大众方的一位专家约好了，下午谈齿轮图纸的事。"

"我知道你说的哪位，他上午的航班，但你今天来没用的，因为他每次下了飞机都不会直接来公司的。"

2013年秋季的一天，时任太平洋

精锻技术部部长董义下午1：30提前到了一汽大众，他等待着已经约好的一位重要人物的到来。但一汽大众的一位熟人以惯例告诉他，他可能白跑了一趟。原来，太平洋精锻给一汽大众捷达做倒挡齿轮开发配套时，发现图纸上有一处技术要求存在问题，于是，去找对方反映。"这个零件是从欧洲直接进口的，我们用了十多年了，从来就没有问题，做不出来是你们自己的问题。"一汽大众方回复道。

成品从来没有问题，就能说明图纸没有问题吗？鉴于一汽大众主要参与德国大众的生产加工和物流，并没有参与研发，对于图纸的了解并不是那么清楚，所以，要搞清楚图纸，还得找到德国大众总部。

于是，董义给德国大众的一位交往很好的专家发了邮件，说明了这一情况。很快，就收到了德国大众专家的回复，并引荐了分管捷达项目的另一位专家进行直接对接。正好，这位捷达的专家近期要到一汽大众出差，于是双方便约好了到时顺便谈一下倒挡齿轮的图纸。

所以，即便按照"惯例"从来不会来，但不代表这次也一定不会来。董义仍然选择等待。下午2点多时，那位捷达专家真的如约出现了。这让一汽大众的那位熟人很诧异：这次真的是打破惯例了。

捷达专家现场看了董义拿来的图纸，发现技术要求的确有问题。于是手写签字，同意修改。

之后，一汽大众捷达倒挡齿轮的项目才得以正常进行。但反过来，如果真的就相信了图纸从来没有问题，这事儿也就彻底黄了。而专家的意外出现，也证明了"惯例"就是用来打破的——只要值得。

故事的哲理

很多时候，人们往往会被那个叫"惯例"的强大魔咒所包裹，寸步难行，以至于丧失了质疑与反抗的勇气和力量。但是，"从来如此"的，不一定就是正确的，更不意味着永远正确。任何看起来理所当然的事物，在时间轴面前，都可能今非昔比，时过境迁，而需要不断去探问与验证。为此，保持独立的判断力，与持续质疑的求真力，就是技术创新的重要原点。(杨光)

是咬牙买房,还是立得10万?这是一个问题
员工"统战",如同客户营销

哲理的故事

2011年,毕业于燕山大学的刘毅并没有回到陕西榆林老家,而是选择到南方发展,来到江苏泰州加盟太平洋精锻。刘毅喜欢这里,想长期留在这里,所以工作非常认真勤恳,也得到了领导和同事的一致好评。但由于刚毕业不久的刘毅尚无多少积蓄,家庭条件也不太富裕,所以安家落户成了奢望。

董事长夏汉关知道,外地大学生招进来之后,往往流动性比较大,只有在这里实现了买房、结婚、生子,才能真正留下来安心工作。所以,他反复强调,员工只需要积极努力工作,其他生活上的事,各种担心的事,都

由公司提前帮他们解决。

这一次，夏汉关利用公司资源，跟房地产开发商谈妥了团购价格，决定先由公司帮助支付首付款，然后员工再慢慢还款。

可即便是这样，家境困难的刘毅依然觉得还款的压力比较大，有些犹豫。而这样的优惠机会多少人正求之不得呢。于是，就有人来和刘毅谈，如果他能够将这个优惠机会转让的话，立马就给他10万块钱。刘毅当时一听不禁有些动摇了，毕竟自己什么事情都没干，马上就会有10万块钱啊！拿不定主意的他，来找夏汉关商量。

"这种优惠机会是公司为帮助有困难的优秀员工而特意去争取的，你却要把它转让掉，这肯定是不允许的。再者，你是男孩子，结婚你肯定得买房子。你一个人买房当然有压力，但看问题不能短视，一个人还贷款压力是100%，但有了对象之后，还贷能力就一下提高了100%，负债水平也下降了50%，两个人一分担压力也就降低了。"夏汉关从长远发展的角度给刘毅做了一番深入的分析。

"另外，公司有良好的住房公积金制度，靠着公积金就可以把房贷还上。你目前最关键就是差一个首付，而公司相当于给你提供了一个无息贷款，已经把你的短期压力解决了。"夏汉关进一步说道。

听完夏汉关这一番话，刘毅才下定了买房的决心。由此，为安家落户走出了关键一步，当然这也使他的奋斗有了更强烈的动力。不到5年时间，刘毅便从一个初出茅庐的大学生，迅速成长为公司中层管理人员。

夏汉关常说：如果把员工看成是资源，就会想着爱护他，投资他，带着感情和期望去帮助他成长。但如果把员工看成是成本，当然是成本一高就先想着裁掉他——而没有一个企业和个人的成功，是被裁出来的。

故事的哲理

员工就是企业的"第一客户"。如看不到这一点，企业所有的光环都将是短暂的，也无法塑造出真正的企业文化，更遑论企业文明。

因此做好员工"统战"工作，也应如同企业营销工作一样，要讲成效，要讲方法。为此，管理者必须时刻谨记自己推动一项管理举措的初心，坚定不移，这样才进退有据。同时，管理者还必须懂得站在"客户"的逻辑下，通过共情来演绎自己的初心，进而"统战"成功，实现公司与"客户"的双赢。（杨光）

Story & Philosophy of Pacific Precision Forging | 261

降服"伤人手"的车床
创新，源自对于攻克痛点的孜孜以求

哲理的故事

在2016年之前，太平洋精锻机加工车间的管理岗，无论谁来担任都担不踏实，晚上睡觉都睡不安稳。因为他们最怕接到电话。但凡一接电话，就一定是车间出了事故。

这一年的一天夜里，刚担任车间调度工作不久的王正平，就突然接到了一个电话：一个夜班工人的手指头被车床顶针顶骨折了。

这种骨折伤指的情况，全公司三个厂区的机加工车间每年都会发生。工人都称之为"伤人手指头"的机器。虽然反复说要注意，但每次都防不胜防，而且每次出了事故也只能是送去医院，彻底解决有一定难度。

这一次，王正平照旧及时把工人送去了医院。但当他看到工人疼得满头是汗，不由为之动容。他在想，既然是车床把工人手指头顶骨折的，那能不能想办法控制住这个"蛮横"的车床呢？

于是，学机械设计出身的他决定试着研究一下。工作之余，一有时间他就思考这个问题，翻来覆去地琢磨了好几个月，还是没有思路。直到有一天下午，他偶然间看到车间里一开一关的光线感应门，一下受到了启发——在"伤人手指头"的地方安一个光线感应门，只要手超过安全距离就不开门。

于是，他先设计出图纸，然后买了一些零配件进行组装。再拿去一试，竟然成功了！之后，经过美化和改进，成为了正式产品，还成功申请了"实用型新型专利"。现在，这项技术已经升级换代到第二代了。

就是这么一个小小的发明，制服了"伤人手指头"的机器，工人伤指断指的情况几乎没有再发生过。

故事的哲理

爱迪生没有学历，却是人类第一发明家；瓦特只是技工，但开创了人类工业时代。他们只是关心人类的需要，痛点在哪里，去把它造出来，或者解决掉。满足需求，解决问题，我们需要的创新莫不如此。（杨光）

徐爱国意外闯"年关"

创新试错，需要一个"中试"

哲理的故事

2019年年底,春节也即将到来。太平洋精锻技术开发部机加工科科长徐爱国原本计划完成手头负责的欧洲麦格纳项目的2000套样品之后,正好回家安心过年。

然而,计划赶不上变化。

就在项目接近尾声时,麦格纳方面突然提出要对产品做离子氮化处理。而太平洋精锻的产品用的是气体氮化,离子氮化更多是用来做模具。但徐爱国考虑到,虽然是不同的氮化,但性能是一样的。于是,他决定把模具的离子氮化用在产品上。

一开始试了几个产品,没看出什么异常,于是就大胆放了一炉,500个,结果竟然全部氮化不合格!晚上10点跟客户开视频会,汇报情况,并提交了解决方案。

第二天,按照新的方案又放进了一些,结果还是氮化不合格。晚上10点又和客户交流,但这次没了解决措施,因为找不出是什么原因。一边是客户催货,一边是废了那么多产品,又没有解决方案,徐爱国有些迷茫了。但他不放弃,必须找出原因和解决办法,啃下这块硬骨头。

于是又继续试,先是几个几个地试验,然后是几十个,再到成百个,不断地试验,找出规律。徐爱国这才发现,问题出在了受热不均匀上。于是,他通过摆放产品位置改变受热面积——氮化果然合格了。

就这样,这个项目整整比原计划延迟了一个半月才算结束。都说年关,年关,徐爱国感觉自己真的像是闯过一关一样,完全不知道那个年是怎么过来了。他开玩笑说:"这一关,是客户花钱,让我买了个教训,也积累了个经验。下次一定长记性了。"

故事的哲理

作为企业,特别是工业企业,"生产出来"永远不是问题,而是以怎样的"量"能够"稳定"地生产出来,才是问题。作为企业,在探索新产品、新工艺时,首先要思考的,就是保证质量的"规模"边界,和影响"规模边界"的所有因素。因此,在实验生产与批量生产之间,再增加一个中试生产,往往是决定创新成功率、减少试错成本的重要保证。(杨光)

他敢跟"大咖"顶嘴

观点多元,才是工业技术创新的保障

哲理的故事

2021年的一天，太平洋精锻铝锻事业部的办公室里，传出了一声高过一声的争论。因为事业部副部长吴勇勇正与世界著名铝合金锻造专家、事业部副总关鑫，急赤白脸地争着一个技术问题。

原来，他们在讨论长棒产品和短棒产品的问题。太平洋精锻一直做的是短棒产品，关鑫认为长棒也是可以做出来的，但是吴勇勇坚持认为做不出来，正在"有理有据"地高声阐述为什么做不出来。

只见关鑫不急也不躁地听他说着，明知道他说得不对，但也愿意听他说完，然后再跟他分析自己的观点。这种情况在铝锻事业部经常发生。虽然最后证明了关鑫是正确的，但吴勇勇也不觉得自己有什么不对，真理不辩不明，有质疑就要有讨论。

关鑫反而很喜欢这种敢坚持自己观点的人，甚至是敢跟他顶嘴的人。吴勇勇的可爱，恰恰就在于他是个善于思考又心直口快的人，有不同意见敢于及时说出来，而不是领导说什么就是什么。

一般，公司招聘都喜欢招"情商高"的人，但关鑫并不同意这种做法。尤其是做技术研发，和坚持主见的人一起做事，通过角度各异的讨论，能够互相补充，又互相激发，反而更有利于进步。

关鑫和他的下属在一波未平一波又起的辩论中，不断各自成长，各自收获着。

故事的哲理

现实中，很多人害怕争论，害怕不和谐，在做事时总想着"做人"。殊不知，"无效"的所谓共识，对组织不知不觉的危害，远比"有效"的所谓争执，要大得多。统一不是目的，有效才是目的。特别是研发正在成为中国企业核心竞争力时，提倡信息和思路的"多元性"，将是保障创新、规避风险的第一步。（杨光）

站在"巨人"肩膀上的创新

它山之石,可以攻玉

哲理的故事

2008年,太平洋精锻想要对结合齿、锥齿轮类产品制造工艺、制造精度和生产效率做出进一步的改进,但苦于当时他们所掌握的锻造工艺已经触顶,于是,如何突破成了问题。

时任太平洋精锻技术情报科科长的王耀祖刚从南京理工大学知识

产权学院培训学习结束。面对公司齿轮类产品工艺的突破问题,他首先就想到了地方科协不久前推荐太平洋精锻在专用计算机中安装的国外发明专利"数据库检索"系统。

想要追赶世界的潮流,就不可避免地要应用到别人共享的知识。

而科协鼓励安装这一专利系统的目的恰恰就在于,让企业根据技术研发的需要,在系统中查找国外专利中相关的发明专利,了解并借鉴他们面对同类问题的解决思路和方案,找到二次创新的突破点,进而应用于自己的产品开发、设计中,最终再形成新的发明技术。

在2010年,泰州市科协多次到公司开展系统应用培训,王耀祖组织锻造工艺员张艳伟等人从专利系统中检索到美国的一件锻造专利以及锻造装置,经过分析之后,总结出了专利中的思路。在此启发下,他们运用TRIZ理论(一种发现问题和解决问题背后的理论和方法工具),对结合齿、锥齿轮类产品的工艺流程和模具结构做出了改进设计,并最终形成了自主专利。正是这项改进,不仅大大提高了太平洋精锻齿轮类产品的精度和生产效率,仅一年的模具制造成本就降低了360多万元,利润增加了近千万元。

这一举措,很快被中国科协推荐为创新代表应用典型,并引起了时任中国科学技术协会副主席冯长根的重视,2012年8月专门带人前来调研。太平洋精锻也首次在全国科协创新专题(部长级)大会上以"企业科协信息推送工作情况汇报"为主题做了案例分享。

王耀祖作为主导人,经过一次次的实践与经验积累,也早已变成了"知识产权达人",2020年被国家知识产权局评为"知识产权工作先进个人"。

故事的哲理

人们总认为创新是在某个时间点上某个人或某些人的突发奇想,但如果纵观历史,就会发现创新是创新者在前人不断摸索积累下,站在巨人肩膀上的产物。(任慧媛)

8

感恩有你

时光荏苒，岁月峥嵘。2022年，太平洋精锻迎来30周年。

30年，如同30个坚实铿锵的台阶，见证了太平洋精锻经历的风风雨雨，记录了我们探索的脚步与奋斗的历程。

30年，太平洋精锻跨越了无数的艰难与险阻，创造了无数的惊喜与感动。实现了从艰辛创业到蓄势腾飞的突破，也实现了从无到有、由弱到强的蜕变。

30年，彰显了太平洋精锻拼搏进取的本色和基业长青的密码。也展示了其生命力基因在不断传承与提升，不断激发和喷薄。

往事难忘，感慨万千。我们牢记每一个关键节点的转折，以及在关键节点中发挥过重要作用的人。我们深知太平洋精锻的每一次奋进，每一步成长，每一份积累都离不开那些一路相扶相携，给予了我们无私帮助和关爱的人们。

历数帮助过太平洋精锻的人不胜枚举，在此只好挂一漏万，纸短情长。

——夏汉关

吃水不忘挖井人 永远怀念叶涛坚先生

（注：2006年5月30日，太平洋精锻董事长夏汉关得知公司创始人叶涛坚先生去世的消息，无比悲痛。他眼含热泪，满怀深情地写下了这篇悼念叶先生的文章，发给了远在大洋彼岸的叶先生的家人。葬礼上，牧师当众宣读了这篇悼文。也正是这篇悼文，使牧师在对叶先生的人生总结中，继叶先生是一位父亲，是一位船长之外，又现场加上了一个总结——一位企业家，作为盖棺定论。）

纪念叶涛坚先生

公元2006年5月30日，敬爱的叶涛坚先生永远离开了我们，我和太平洋精锻公司所有的员工都非常的悲痛，大家都在深切地缅怀他这位公司的创始人。

1992年6月，叶先生来祖国大陆投资创业；992年12月，合资创建江苏太平洋精密锻造有限公司，转眼间已有近14个年头，我们一起并肩战斗，风雨同舟，大家建立了深厚的感情。叶先生为公司的创建特别是将公司从逆境中奋起可谓殚精竭虑，贡献了他晚年的大部分精力。

1998年5月，在太平洋公司发展历史上最困难的时刻，他以公司300多个员工的生计为念，将濒临破产的合资公司接管注资，改制为独资公司。在他的领导下，我们可以自豪地说，经过几年艰苦的努力，公司渡过了难关，走出了困境，逐年发展壮大，现已成为中国第一流的锻造企业。

正当我们满怀豪情，按照他指导绘制的成为全球优秀企业的宏伟蓝图付诸实施的时候，叶先生却离我们而去。他的逝世，使太平洋公司在国际化的征程上失去了一位最受尊敬的优秀导师，是太平洋公司发展史上不可估量的巨大损失。

叶先生虽然离开了我们，但他永远活在太平洋精锻400多位员工的心中，他的名字将永远和太平洋精锻联系在一起。与叶先生14年的相处，他最大的成功之一是改变了我们这一代年轻中国人的思想。

2003年6月，他给我发来传真，充满深情地写道："只要能改变你们的思想，一切都值了，也算是我对祖国的一点点贡献，帮你们去追赶西欧。"他鄙视那种"我们不能与日本人比，不能与欧美比"的自卑心理，而要我们"以自己是中国人为荣，教育和鞭策我们改进做事的态度，克服自我陶醉、要脸面图虚荣，报喜不报忧，做事喜欢耍小聪明、抄近路的劣根，发扬中国人自强不息的优良传统，发挥自己的聪明才智，接受新思想，凡事要精益求精而要使自己有自知自觉，长期坚持不懈，奋发图强，我们绝对可以赶上欧美。"他的这些感人至深的肺腑之言，寄托着对中华民族振兴图强的期待，已成为我们的人生信条和哲学理念。

叶先生对生活始终充满激情，他从不言败而积极开拓进取，他为人诚信，处事公正，凡事讲究合理、公平和双赢，总是替别人着想，深得我和公司员工的敬重和信赖，他常讲："如果公司倒闭，吃最大亏的是我，但我不会舍不得，在公司没有赚钱之前，我不会先讲个人的得失。"他总是把公司和员工的利益放在首位，他高尚的人格魅力，将影响我们一生。

叶先生对年轻人的学习进步充满了热情与关爱，一直倡导和鼓励公司年轻的一代走出国门放眼看世界，抓住一切机会向欧洲、美国、日本优秀的同行学习交流，并且身体力行。特别是2004年，他不顾年高体病，在欧洲亲自驾车带领我们开拓市场走访客户，每日驱车千里的感人场面至今仍历历在目。

叶先生始终念念不忘公司的发展和前程，他对公司对我们的关爱甚至超过他的儿女。正如秉晖兄对我说："我爸有四个小孩，太平洋公司是他最关心的小孩。"每当他在美国的下午和邻居一起散步锻炼的时候，他总会提前回家顾及时差而与我们联系。早年，他和他的小女儿从台湾负重带粉末模具钢到公司，帮助提高模具寿命而不明不白地石沉大海没有人负责任的憾事，现已成为公司教育培训年轻一代勇担责任改进工作的案例。叶先生，您放心仙游吧，今后再也不会有那样的事发生了。

叶先生一生爱好学习，始终对新知识、新思想孜孜不倦地追求。2000年以来，他已古稀之年仍勤奋耕耘。他送给公司和朋友们《改变世界的机器》一书，鼓励大家学习日本丰田的精益生产方式。通过与美国的财务公司合作，他精通了公司的财务管理，对企业的经营管理和财务报表有独特的见解。他以丰富的阅历，洞察一切，对企业的资本运作，尽职调查也很有见地。但他却始终在这方面自觉谦虚，从不满足，他教导我们做财务报表要严谨，要符合逻辑，要使读者更容易理解。

他就是这样一丝不苟，可以说，如今太平洋公司在外界有良好的形象，是与他不厌其烦的辅导分不开的。一些欧美日的客户来到今天的太平洋公司，总是这么评价，这个公司不像传统的中国企业，很有希望和潜力，赞叹之词，溢于言表。可以告慰叶先生的是，美国通用汽车上海采购中心已通知我们，说他们正在起草合约，我们将获得他们欧洲公司的第一个700万欧元的订单。

叶先生对我的知遇之恩，可谓关爱有加，与他交往的14年，我自觉收获巨大，对我个人的成长获益匪浅，他是对我一生中影响最大的人。他给我充分的信任和权力，使我有一个难得的锻炼平台，我们配合默契，心有灵犀一点通。他鼓励我学习进步，极力推荐我进入中欧国际工商学院读EMBA。教育我成大事者一定要公正无私，即使在他生命的最后日子里，与我通话时仍给我鼓励，指导公司的国际化要聘用国外的优秀人才。

他感恩生活，回报社会，教育和要求公司要积极参加社会公益活动，资助困难群体子女读书。他的高尚人格、博大情怀、生活感悟、工作激情、为人之道，过去现在和将来都将对我和太平洋公司产生深刻的影响。这样一位慈祥的长者、良师和挚友离我们而去，公司在发展的道路上少了一位导师和引路人，使我感到少了依靠，但我很有信心来完成他的未尽之志。相信叶先生在天之灵一定会保佑我们，同时也一定会很高兴看到太平洋公司的蒸蒸日上。

叶先生一生阅历丰富，充满传奇，尽管他在许多方面已经美国化，但他对他的祖国始终有着深厚的感情，他的爱国精神更让我们以他为自豪。他是我们中华民族的骄傲。叶先生虽然和我们永别了，但他的音容犹在，我们将继承他的美德，努力工作，诚信经营，将太平洋公司做强做大做成百年老店，成为中国第一和进入全球先进行列。忠实履行责任和义务，造福员工和社会，报效国家，以告慰叶先生的在天之灵。

由于不能实时获得赴美签证，我不能亲赴美国参加叶先生的葬礼，向叶先生作最后的告别,这将是我终身的憾事。相信叶先生一定会理解和感知我的心情,原谅我的不到。日后赴美,我一定会到叶先生的墓前叩拜祭祀!

叶先生,您安息吧!呜呼哀哉!

夏汉关率太平洋精锻公司全体员工
2006年6月12日

员工与股东 太平洋精锻发展的动力源泉

一个企业能够从小到大、从弱到强,离不开全体员工的共同努力。太平洋精锻的荣光是我们全体员工的荣光,也是全体员工勤勉付出的结果。

感恩员工的认同,将太平洋精锻作为自己职业生涯的一个部分甚至全部。

感恩员工在太平洋精锻发展壮大过程中逢山开道、遇水架桥的创新精神。

感恩员工团结一心、尽职尽责、热情投入。感恩市场营销人员开拓市场,感恩工艺技术人员创新研发,感恩质量管控人员严把质量关口,感恩设备维护人员保驾护航,感恩生产一线人员加大出产……,感恩全体员工急用户之所急,无数次春节、国庆节放弃休假,无数次为准时交货自觉加班加点,顶着高温、挥汗如雨、奔走服务客户现场……,员工敬业,才能生产出高质量的产品。员工敬业,才使太平洋精锻开拓出了更好的市场局面,让公司得以发展壮大。

感恩历年来当选的年度优秀员工、质量标兵、营销标兵、提案标兵、优秀班组长、优秀管理者、优秀班组、先进集体……,正是你们的优秀,才有太平洋精锻今天的辉煌!

感恩公司全体技师、工程师、经济师、会计师、高级技师、高级工程师、高级经济师、高级会计师等各类专业技术人员,正是你们的攻坚克难、勤劳付出,才有太平洋精锻今天的成就。

感恩所有在太平洋精锻工作过、奋斗过的员工，感恩太平洋精锻已经退休或仍在公司上班的退休返聘员工，公司的发展进程中留下了你们的足迹，祝你们一切顺利，幸福安康！

感恩在公司发展进程中作出贡献的各级主管、历届管理团队成员、董事会成员、监事会成员、外部独立董事，感恩公司党委和全体党员，感恩工会、妇联、共青团等组织成员，正是你们在各自的岗位上身体力行，勤勉尽职，传播正能量，给员工树立了榜样，团队才更有战斗力，公司才更有前途！

追思怀念营销战线的先驱钱文双同志，在企业扭亏增盈迎来高速成长的初期，2003年12月22日出差四川雅安因公殉职，钱文双为企业发展抢抓市场的感人形象至今仍历历在目！

30年来，大家并肩作战，风雨同舟，员工是公司最宝贵的财富，是公司发展和成长的动力源泉。更感谢在员工背后默默支持的家人，是他们对我们工作的支持，才使得我们能够更安心忘我地工作。做好一个企业，是一种社会责任，也是幸福千百个家庭的大事。

感恩叶涛坚家族，吃水不忘挖井人，正是你们1992年从美国来泰州姜堰投资才会有公司的今天。叶先生过世后，公司高级顾问翁嘉贻女士（叶太太）和其儿女（叶秉晖先生和两个姐姐）都时刻关心和关注公司发展，嘱咐我们一定要把公司发展好。在2011年8月收到邀请他们到深圳参加公司上市挂牌仪式的邮件后，翁嘉贻女士给公司回复："恭喜你们终于达到了多年的心愿，我和秉晖都为此兴奋不已，这也是叶先生一直希望你们能做到的，如今对他在天之灵也是一个安慰。谢谢你们的邀请，我和秉晖都去问过中国签证书，由于时间太匆忙，不能在三天内拿到签证，暑期的机票也难安排，我们只能在此遥祝你们一切顺利，等过一阵子有机会一定会去上海看你们。再次祝贺你们一帆风顺，万事如意。"多年来，公司与叶太太一家人一直保持着良好的交往，叶涛坚先生和翁嘉贻女士乐观豁达，慈祥博爱，品德高尚，受人尊敬。

感恩公司广大股东，正是大家对公司的信任，给了我们施展才华、创造价值的机会；正是大家对公司的支持，使得我们对未来发展更加充满信心，我们将不负广大股东期望，团结广大员工，依靠人才团队，注重公司发展战略布局，着力提升公司组织能力，反省保持危机意识，勤勉尽职，打造诚信的企业文化，做到上级有格局、下属有担当、组织有执行力，发扬艰苦奋斗的精神，以客户为中心，争取最好的业绩，不负伟大的时代，持续为股东创造价值。

我们唯有更加勤勉地工作，唯有更加务实地创新，唯有培育更多更好的人才，唯有坚持不懈地学习，唯有口碑更好的产品，唯有追求卓越的团队，唯有持续成长的业绩，才能得到客户和市场的厚爱，才能得到社会的认可，也才能承担更多的社会责任，造福员工、造福股东、造福社区、造福行业，企业才会有更好的发展。让我们团结一心，继续努力，奋勇向前，开创太平洋精锻更加美好的未来！

至尊客户 太平洋精锻的衣食父母

感恩客户给我们信任，给我们项目和订单，给我们成长的机会。使得我们有更多的机会和精力去发展科技，创新研究，以满足客户需求和潜在期望，为客户和社会提供更多更好的产品。

感恩客户给我们宽容，给我们业务培训和能力提升的指导，以打造强有力的供应链。

感恩客户给我们荣誉，如德国大众集团授予我们2020年度大众汽车集团顶级供应商大奖，英国GKN集团授予我们2021年度GKN全球最具竞争力大奖……，正是你们的支持与厚爱，让我们对未来更有信心。

感恩客户给予我们继续成长的机会，我们将不负期望，继续以优质的产品、有竞争力的价格、准时保质保量的交付、良好的服务、客户期望的研发能力和可持续发展能力，与客户一起前行，迎接市场的挑战。

"你期待" 引导我们站在"巨人"的肩膀上

20世纪90年代中后期，是太平洋精锻最困难的时期，但即便如此，我们也没有封闭自己，而是选择走出去，去参访世界上做到行业中最主流的企业。其中，日本的"你期待"株式会社就是一家非常出色的企业，通过与他们的不断合作与交流，我们可谓是收获颇丰。太平洋精锻从一开始的齿轮模具设备还比较落后，到2000年之后就已经具备完全自主生产模具的能力。这离不开去"你期待"的参访学习，和"你期待"怀着生态共生理念的不吝赐教。

也正是"你期待"当初在结合齿轮和差速器齿轮方向上的指导，使太平洋精锻提前确定了主打产品，并先人一步地做起研发与生产。之后，不仅赶上了中国汽车市场的"井喷"，而且扭转了10年亏损的困局。

30年的海外交流中，太平洋精锻应该是中国锻压行业里对外交流最为频繁的一个企业，我们参访过欧、美、日、韩等地区或国家同行业至少70家优秀企业，还有一大批全球机床行业的领先企业。"你期待"的帮助与关照，让我们体会到了什么是"站在巨人的肩膀上与巨人同行"。在此过程中，需要特别感谢改革开放以来为中日锻造行业友好交往做出特别贡献的重要人物杨国彬博士。

大学院所产学研合作　名师指点走上创新成功之路

太平洋精锻发展至今的30年，是依靠科技创新驱动企业成长的30年。30年创新成长，30年硕果累累。太平洋精锻能有今天，得益于一大批著名高校的产学研合作，得益于一大批院士教授、专家学者的精心指导。以下摘录部分创新成果，以激励未来。

1992年，重庆五九研究所胡亚民高工回家乡探亲，太平洋精锻首次接触冷摆动辗压成形技术。

2003年，太平洋精锻和重庆工学院胡亚民教授团队合作联合申报的"摆动辗压（轨道成形）技术"项目荣获2003年度重庆市科技进步三等奖。

2003年，太平洋精锻牵头申报的"汽车变速箱结合齿精锻齿坯"项目荣获2003年度中国机械工业科学技术奖二等奖。

2005年，太平洋精锻和武汉理工大学华林教授、胡亚民教授团队合作联合申报的"汽车摩托车齿轮类零件冷摆辗精密成形关键技术及应用"项目荣获2005年度国家科技进步奖二等奖，华林教授担当过太平洋精锻技术中心负责人，公司首位省双创博士，双方至今保持良好合作。

2006年，太平洋精锻和华中科技大学材料成形与模具技术国家重点实验室共建"精密锻造技术研究开发中心"，从此夏巨谌教授团队一直都在关心、支持太平洋精锻的技术进步和参加新产品的研发。夏教授的为人师表、培养年轻人甘为人梯的高风亮节，为太平洋精锻培育人才做出了示范引领。

2007年，太平洋精锻和武汉理工大学、华中科技大学合作申报江苏省科技成果转化专项资金项目——摆辗复合精密成形汽车齿轮关键技术开发及产业化。

2007年，太平洋精锻成为全国锻压标准化技术委员会委员单位。多年来，太平洋精锻的标准化工作得到了中国机械工程学会塑性工程分会秘书长、全国锻压标准化技术委员会秘书长金红研究员的大力支持，截至2022年10月，太平洋精锻牵头和参加起草《钢质精密热模锻件通用技术条件》《温锻冷锻联合成形锻件通用技术条件》等国家标准13项，《直齿锥齿轮精密冷锻件技术条件》《热锻模技术条件》等行业标准9项，《铜及铜合金热模锻件通用技术条件》《精锻汽车差速器直齿锥齿轮技术条件》等团体标准3项。

2009年，太平洋精锻荣获科技部认定"科技型中小企业技术创新基金实施十周年优秀企业"。

2009年，太平洋精锻和华中科技大学合作，参加"高档数控机床与基础制造装备"科技重大专项课题"黑色金属和轻合金的冷/温锻精密成形技术"子课题"典型零件/温锻精密成形技术产业化研究"。

2009年，太平洋精锻和机科发展科技股份有限公司合作，参加"高档数控机床与基础制造装备"科技重大专项课题"重量1~2kg复杂零件的冷锻模具和6~10mm中厚复杂零件的精冲模具"子课题"1~2kg复杂零件高寿命冷锻模具加工技术与精度控制验证研究"。

2009年，太平洋精锻和北京机电研究所有限公司合作，参加"高档数控机床与基础制造装备"科技重大专项课题"大公称力行程冷锻成形压力机应用示范"，被选中为用户企业。通过参加上述三个项目课题研究，中国汽车齿轮的冷锻工艺水平和模具寿命，得到大幅提高，太平洋精锻的工艺技术水平也随之迈上了一个新台阶。

2010年，太平洋精锻成为全国汽车标准化技术委员会汽车变速器分技术委员会委员单位。

2010年，太平洋精锻和华中科技大学、上海交通大学合作申报江苏省科技成果转化专项资金项目——高精度净成形模具与轿车自动变速器关键零部件研发及产业化。

2010年，太平洋精锻在华中科技大学设立"太平洋精锻奖学金"。

2010年，太平洋精锻独立申报的"汽车自动变速器成套齿轮近净成形关键技术开发及产业化"项目荣获2010年中国机械工业科学技术奖二等奖。

2010年，太平洋精锻独立申报的"轿车齿轮净成形工艺与模具制造关键技术及应用"项目荣获2010年度江苏省科学技术奖一等奖。

2010年，太平洋精锻全资子公司齿轮传动公司承担实施中央预算内投资计划项目——精锻齿轮（轴）成品制造和差速器总成建设项目。

2011年，太平洋精锻与南京理工大学合作成立江苏省企业研究生工作站。

2012年，共同设立华中科技大学–江苏太平洋精锻科技股份有限公司国家级工程实践教育中心。

2012年，太平洋精锻独立申报的"轿车齿轮净成形工艺与模具制造关键技术及应用"项目荣获2012年度中国机械工业科学技术奖二等奖。

2012年，太平洋精锻荣获全国"讲理想、比贡献"活动先进集体（中国科协等四部门表彰）。

2013年，太平洋精锻成为全国模具标准化技术委员会委员单位。

2014年，太平洋精锻首次获得"标准化良好行为证书（AAAA级）"。

2014年，太平洋精锻荣获江苏省科学技术奖—企业技术创新奖。

2014年，太平洋精锻与华中科技大学联合申报的"多工位精锻技术及其装备的研发与应用"项目荣获2014年度中国机械工业科学技术奖一等奖。

2015年，太平洋精锻和南京理工大学合作申请江苏省前瞻性联合研究项目"新能源汽车传动系统关键零部件的开发"项目得到立项。

2015年，太平洋精锻独立申报的"双离合器变速器齿轮冷温精密近净成形制造技术开发与应用"项目荣获2015年度中国机械工业科学技术奖一等奖和2015年度江苏省科学技术奖二等奖。

2015年，太平洋精锻成为"江苏省创新示范企业"（江苏省科技厅认定）。

2015年，太平洋精锻获得国家发改委等四部门联合认定"国家企业技术中心"。

2016年，太平洋精锻获得国家知识产权局认定"国家知识产权优势企业"。

2016年，太平洋精锻成为全国热处理标准化技术委员会委员单位。

2016年，太平洋精锻与华中科技大学李德群院士签订了项目合作协议，并在太平洋精锻成立了"企业院士工作站"。李院士在企业发展战略研讨会上首次提出太平洋精锻要在上海建立研发中心的远见构想，要求太平洋精锻加大投资实验室能力建设，为太平洋精锻的研发能力建设指明了正确的方向。

2016年，太平洋精锻和华中科技大学王新云教授、夏巨谌教授团队合作联合申报的"多工位精锻净成形关键技术与装备"项目荣获2016年度国家技术发明奖二等奖。

2017年，太平洋精锻成为全国齿轮标准化技术委员会委员单位。

2018年，太平洋精锻成为"江苏省管理创新示范企业"（江苏省工信厅认定）。

2018年，太平洋精锻成为"江苏省创新型领军企业入库企业"（江苏省科技厅认定）。

2018年，太平洋精锻获得江苏省质量奖——优秀奖（江苏省人民政府）。

2018年，太平洋精锻获得国家知识产权局认定"国家知识产权示范企业"。

2018年，太平洋精锻获得工信部认定"制造业单项冠军示范企业"。

2018年，太平洋精锻与华中科技大学合作联合申报的"汽车齿轮精锻成形工艺与装备"项目荣获2018年度中国产学研合作创新成果奖一等奖。

2018年，太平洋精锻与华中科技大学、北京机电研究所有限公司、上海交通大学、南京理工大学等合作，牵头组织实施"高档数控机床与基础制造装备"国家科技重大专项课题"乘用车变速器轴齿类零部件精密成形与加工装备集成示范工程"，太平洋精锻成为行业标杆。在项目策划、立项、论证和答辩过程中，原北京机电研究所副所长谢谈教授给予了精心的指导与帮助。太平洋精锻借着国家研究课题的东风，不仅提高了工艺装备水平，也使研发生产能力得到了明显加强，进一步巩固了太平洋精锻在行业领先企业的地位。

2019年，太平洋精锻获得江苏省省长质量奖（江苏省人民政府）。

2019年，太平洋精锻获得工信部认定"国家技术创新示范企业"。

2020年，太平洋精锻和华中科技大学李中伟教授、史玉升教授团队合作联合申报的"热模锻件在线自动化三维测量技术及装备"项目荣获2020年度中国机械工业科学技术奖一等奖。

2020年，太平洋精锻和华中科技大学史玉升教授、李中伟教授团队合作联合申报的"自动化热模锻生产线关键技术的自主研发与产业化"项目荣获2020年度湖北省科学技术奖一等奖。

2020年，太平洋精锻与南京理工大学团队合作联合申报的"高效多模式新能源汽车动力传动系统关键技术及应用"项目荣获2020年度江苏省科学技术奖三等奖。

2021年，太平洋精锻参加起草的《钢质冷挤压件工艺规范（GB/T35082–2018）》项目荣获中国机械工业科学技术奖三等奖。

2021年，太平洋精锻与华中科技大学共同组建"汽车关键零部件精密成形技术中心"。

到"中欧"读书 改变了太平洋精锻的命运

2006~2008年在中欧国际工商学院EMBA读书深造的两年，使夏汉关不仅吸收了大量的管理知识，而且得到了名师指导，这为太平洋精锻之后的发展和管理变革打下了良好的基础。

在中欧，让夏汉关看到了企业管理的另一番天地，也极大地开阔了国际视野。让夏汉关从原来凭借经验和实践管理企业，实现了理性高度的提升，对经营一个现代化企业有了更多的理论和管理方法。

在中欧，夏汉关不仅结识了有着证券行业经验的同学，而且深入了解了资本市场对于企业发展的助力。如果没有这两年的读书，太平洋精锻的上市可能还会经历一个比较漫长的过程。

在中欧，和同学一起将太平洋精锻的发展战略作为毕业论文的小组研究课题。在教授的指导下，分析论证了太平洋精锻在生产经营、国际市场开拓、人力资源建设、组织能力修炼、资本市场布局以及产品市场风险识别等各项现实问题，提出了在国际市场保持成本比较优势，使成本在长期内低于竞争对手，在国内市场保持了品牌相对优势，比竞争对手获得了更多的订单和相对高的溢价。

同时，在论文课题中还指出太平洋精锻应强化人力资源建设，着力提升自主创新能力，巩固已有的竞争优势，积极吸纳国外先进管理方法，避免成本优势被管理劣势损耗。并运用先进的信息化管理工具，将质量领先和自主研发作为未来发展的战略定位，坚持本土市场为主、轿车市场为主和主动走向国际市场。

太平洋精锻将研究报告拟定的发展战略和应变方案有效贯彻实施，在财务能力许可的前提下投资发展防范风险，优先选择自主上市，对外资的并购与合资慎重对待，为太平洋精锻成为全球精密锻造汽车齿轮行业具有较大影响力的优秀企业发挥了重要作用。直到今天，那篇毕业课题论文仍然是太平洋精锻国际化发展道路上的重要指导文件。

如今，夏汉关又到中欧国际工商学院继续深造攻读DBA课程，凭借中欧"中国深度，全球广度"的胸襟，经过深度和系统化的思维训练，将严谨的学术教育和广博的商业实践相结合，潜心循证，深耕学术，经世致用，一定能够做到贯通学科，知行合一，贡献太平洋精锻原创性商业思想。为太平洋精锻打造全球标杆、为中国锻压行业更广阔的发展贡献商业智慧，承担更多的社会责任。相信"中欧力量，超越梦想"，太平洋精锻的未来一定会更加美好！

感恩中欧！知识能够改变命运，去"中欧"读书，改变了很多中国企业的命运，太平洋精锻就是其中的受益者。

中国锻压协会秘书长张金 志同道合的引路人

特别同意张金秘书长说过的，管理是有背景、有土壤、有文化的。只关着门学习是不行的，要走出去看看发达国家的管理到底是怎么长出来的。

所以，从20世纪80年中期他就开始组织中国企业前去国外访学，大家都亲切地称他为"出国专业户"。在跟着张金秘书长组织出国参访的众多企业里，太平洋精锻算是参访次数比较多的一家，基本上是一次不落。也正是那些年的开放与积累，才有了太平洋精锻后来的厚积薄发和技艺的突飞猛进。

2000年过后，中国好多企业在忙着搞多元化，纷纷以营收和规模作为评价标准。而那时,夏汉关正好刚刚上任太平洋精锻总经理一职,对于企业下一步该怎么走,该用什么样的思维做产品,尚存有一些困惑。于是,到北京去拜访了张金秘书长。

当时的太平洋精锻产品还相对单一,且特色不是很明显。张金作为走在行业最前沿的人,非常具有前瞻性。他说,世界上只有两种产品,一种是有人在做的,另一种是没人做的。既然现在能力有限,不妨就先做有人做的,把产品做好、做大、做绝。

最终,我们一致认定中国汽车市场会像美国那样迎来大发展,而变速箱齿轮也一定是不可缺少的产品。同时,在改革发展过程中,要坚守三定:产品定,人员定,领导者意志坚定。

他说,一名企业领导者,首先得是战略型企业家。哪怕不会用电脑,但头脑一定要有想法,这很重要。其次,企业家还要非常专注。只要专注,只要一门心思想做成一件事,就一定能做好一个企业。

在中国锻压行业,张金秘书长有着坚定的目标追求,而太平洋精锻用事实在印证着他的目标。中国锻压行业每一年的持续进步,他都能给予有理有据的总结与提炼。我们有着共同的高度、共同的视野和共同的使命,我们决心要把中国锻压事业推向全球,做得更好。

中外管理 我们学习管理理念的指路明灯

中国改革开放40多年,是一个融入全球的过程。在这个过程里,需要有人引领指路。为国内著名企业管理传媒服务平台的《中外管理》将全球的先进管理理念源源不断地向国内企业传播,将中外管理思想进行了很好的融合,起到了重要的桥梁与引领作用,使中国企业深受启发,太平洋精锻是其中之一。

太平洋精锻一路成长,能够追赶世界潮流,能够接收先进的管理理念指导,能够解放思想、开拓视野,得益于《中外管理》营养滋润。其中,我们还多次参加一年一度的"中外管理官产学恳谈会",见识到了大师级人物的思想激荡与高瞻远瞩,印象深刻的是能够有机会当场聆听到稻盛和夫、张瑞敏、宋志平、李莉、沙祖康等一大批中外名家演讲,启迪思想和商业智慧,以及对不同时期经济环境进行的宏观、中观、微观层面的解读,非常有指导意义,受益匪浅。

感谢《中外管理》,它是我们学习优秀管理理念的指路明灯。

利益相关方 太平洋精锻的成长外力

感恩供应商,感恩友商,感恩志同道合的合作方,感恩支持我们的社会各界朋友。正是供应商和合作方的全力支持,我们才能够战胜竞争对手获得客户订单,取得共赢发展;我们愿意与供应商和合作方一起打造强大的供应链和合作平台,共建良性发展的多赢共益生态,只有如此,我们才能一起向未来!

感恩券商、会计师事务所、律师事务所等各类中介机构,各位保荐人、会计师、律师,正是你们秉承合规合法、公正公允、培训辅导、尽职履责的认真督导和核查审计,使得公司能够更好更规范地依法合规治理;正是你们的保荐才使得公司成功登陆资本市场并依靠资本的力量取得更好的发展。30年发展成就已成过去,展望新的赶考之路,我们将不忘初心,一如既往,加强自律,依法合规经营,依靠科技创新,依靠广大员工,以市场为导向,以客户为中心,制造最具竞争力的产品,强化可持续发展能力,为员工创造福利,为股东和社会创造价值,积极履行社会责任,致力成为优秀的企业公民。

感恩竞争对手,感恩所有与我们利益相关的各方。竞争催人奋进,正是有了和竞争对手的比赛,才能够让我们成长更快,更有外力和内生动力。我们始终认为,同行不是冤家,合作比竞争更重要,同行需要在相互尊重和公平竞争的基础上开展交流与合作,行业的发展生态需要我们一起共建。我们始终坚守诚信,诚信是市场经济的基石,诚信经营也是太平洋精锻的核心价值观之首。

党委政府 太平洋精锻的坚强后盾

感恩各级党委、政府、人大、政协对太平洋精锻长期以来一如既往的关心和支持,尤其是创建初期,处于历史上最困难的阶段,如果没有地方党委政府的全力支持与关爱,我们就难以走到今天。

感恩国家发改委、工信部、科技部、人社部、中国科协等各部委和地方各级主管部门给予太平洋精锻各类项目建设、技术改造、科技创新、成果转化、产学研合作等工作的全力支持,让太平洋精锻顺应国家发展大势,取得持续健康的发展。

感恩省委组织部"333人才工程"、泰州市委组织部"311人才工程"、姜堰区委组织部"321人才工程"给予太平洋精锻人才培养提供了强大的支持平台,让人才第一资源在公司得到组织和制度保证。

感恩省委宣传部和地方各级宣传部门对太平洋精锻的持续关注和宣传报道,让太平洋精锻的品牌效应得以发扬光大。

感恩中国证监会和深圳证券交易所,如果没有资本市场的认可与支持,公司就难以把握住中国汽车市场高速成长和海外市场需求快速上升的历史机遇期,也就难有今天的成就。

感恩各级领导对太平洋精锻长期以来一如既往地关心和爱护,正是你们的爱护,太平洋精锻才能茁壮成长,生机盎然,充满无限希望。

感恩这个伟大的时代,是时代造就了太平洋精锻,如果没有中国的改革开放,如果没有中国汽车市场的快速成长,就没有太平洋精锻的今天。

发自内心地对每一位关心帮助过太平洋精锻的人说一句:感恩有你!陪伴我们走过了难忘的30年,期待未来一路同行。

步入新时代新征程,太平洋精锻将会积极担当、主动作为,用创新的思维、商业的逻辑、利他的初心,坚守使命、愿景、价值观,创建共益企业,为加快建设"科技强国、制造强国、质量强国"做出新的更大的贡献。

对话夏汉关
30年，太平洋精锻究竟做对了什么

提起太平洋精锻，不一定是尽人皆知。

但提起大众、奔驰、宝马、奥迪、丰田、日产、通用、福特、沃尔沃、比亚迪等一众知名汽车品牌，一定是无人不晓。在这些汽车的传动系统中都有一种不可或缺的核心部件——差速器齿轮（调节汽车转弯时产生转速差的核心部件）。而太平洋精锻正是中国同行企业中唯一一家同时给这几大汽车公司众多车型配套精锻齿轮的标杆企业。

太平洋精锻不仅进入了以上终端客户供应链，还进入了吉凯恩、麦格纳、美国车桥、德纳、博格华纳、伊顿等全球知名客户的汽车配套体系。太平洋精锻汽车差速器齿轮的市场占有率，已经位居中国第一，全球第二。

在此基础之上，太平洋精锻又率先抓住新能源汽车的发展趋势，实现了差速器总成和轻量化铝合金锻件的自主研发生产。

作为幕后英雄，太平洋精锻在中外管理传媒发起的"中国造隐形冠军"第三届当选名单中赫然在列，被称为是当之无愧的"隐形冠军"。

30年上下求索，太平洋精锻交出的无疑是一张亮眼的成绩单。

创立于1992年的太平洋精锻，30年来风雨兼程。回顾这不平凡的30年，正好可以以10年为节点分成三个阶段。第一个10年，是创业摸索的10年，是连续亏损的10年，也是积累总结的10年。第二个10年，是正确发展的10年，也是厚积薄发的10年。第三个10年，是进入资本市场的10年，也是顺势腾飞的10年。

当大家都在赚快钱时，太平洋精锻却耐得住10年亏损的寂寞。当中国汽车市场尚处初步阶段时,太平洋精锻却果敢地认准冷精密成形和冷/温/热复合精密成形差速器锥齿轮和变速器结合齿轮是未来发展方向。当别人"去杠杆"收缩投资时,太平洋精锻却在加快产能扩张……这一切,背后的底层逻辑究竟是什么?

又为什么说这一切都离不开对工业文明的坚守与传承?与西方发达国家上百年的工业化历史相比,中国的工业化才只有几十年,那么中国的工业文明又该从何谈起?

下一个30年的大幕即将拉开,高瞻远瞩的太平洋精锻又会绘制出怎样一幅宏伟蓝图?

围绕这些问题,中外管理传媒与太平洋精锻的掌舵人夏汉关进行了一次深度对话。

中外管理传媒: 面对全球新一轮工业革命蓄势待发的新形势,世界主要国家纷纷探寻新的工业文明之路,美国出台"再工业化战略",德国提出"工业4.0",日本实施"再兴战略"。那么,您认为,实现中国工业文明与之相比,不同之处是什么?实现的路径与抓手是什么?

夏汉关: 中国政府也在积极作为,在2015年5月提出了"中国制造2025"。从全球格局讲,这一定都是结合各自的国情,各自的供应链体系和比较优势提出来的。

面对未来发展的优势产业、绿色产业,在新一轮全球化竞争里我们应该站在什么地位?对于"中国制造2025",我们也做过学习研究和比较。美国、日本、德国,他们已经达到了相当发达的工业基础,他们的配套体系和整个品质各方面都比中国高级。他们的产业基础技术研究做得很扎实,而且他们对全球化工业领域的价值链做得也很高端,附加值比较高。

中国改革开放以后,制造业和工业发展大部分都是低端的,人工的,消耗资源的。发达国家在工业化的进程中,把对环境有污染的、消耗劳动力的、工业附加值不高的产业转移到了发展中国家,中国接受了相应的产业转移。所以我们的工业发展起来的,很大一部分是这类产品。

当我们发展到一个阶段的时候，老百姓的人均收入提高，劳动力成本上升，也面临产业转移。同时我们也要追求环境安全，追求排放无污染，未来中国相当一部分产业向外转移也是不可逆的，这是工业发展的规律。

我总觉得我们制造业被高估了一些。西方国家已经达到3.0阶段，我们可能在1.5到2.0之间，极个别做到了2.5，也有很多企业甚至连1.0都不算，原始的信息化基础条件都没有。所以，明显差一段，我们要认识到这一点。中国现在已经是工业大国，但不是一个工业强国。

还要讲一条，所有的信息化、智能化制造是建立在基础管理水平上的。什么是基础管理？就是现场的定制化，现场的精益生产，现场流水线的规范，现场作业标准化的规定，劳动者最基本的现场操作技能与个人职业素质。

基础管理不到位，信息化是没有办法有效落实的，因为信息化是讲某一个管理系统，要按一个程序或一个逻辑来做的，每一步都是一个逻辑，每一步都是一个平台，每一步都是真实的数据反映。如果基础管理的数据都不准，那不就是一堆垃圾吗？只有基础管理好了，才具备土壤，才能长出智能化、信息化的大树。所以，无论到了哪个阶段，还是要讲一条，就是工业文明最基本的东西要做好，这个基本功是必须要做到的。

终极目标都一样，不同之处就是我们要认识到我们的国情，认识到我们的产业情况，认识到我们企业的实际现状，不能好高骛远和拔苗助长。人家在搞4.0，我们可能把1.0和2.0补一补，把基本功练好，2.0上来以后再努力追赶。

至于实现的路径和抓手，我觉得没有什么捷径，就是培育人才团队，持续投资信息化基础能力建设，走自动化、省人化、信息化、数字化、网络化、智能化、智慧化逐级成长道路。一个企业首先要在正常运转的基础上把基础管理做好，基础管理做好的同时人员的基本素质也到位，这才具备智能化、数字化改造的基础条件，然后再逐步往上走。虽然没有捷径，但我们可以考虑能不能努力在未来10年追赶上与人家20年甚至更远的差距。

中外管理传媒： 这个事情跟您探讨一下，因为过去10年我们中国的主流思想是承认落后，现在则开始主张并肩甚至超越，并且强调颠覆，更形象的词叫弯道超车或换道超车。这对于制造业而言，作为后发的中国工业文明，像您说的没有捷径，要回归本源的东西，那是不是意味着和过去10年应该是有修正的？就是我们要相信规律，而不是相信颠覆？

夏汉关：我觉得弯道超车这个概念本来就有问题，弯道超车一旦翻车不就产生危险甚至车毁人亡了吗？弯道超车的时候要顾及到平衡与安全，那得冒着多大的风险！从工业企业角度来讲，我不认同弯道超车这个观点。

我觉得中国的制造业要想追赶世界潮流的话，还是要务实一点，认识到自身的不足，虚心学习发达国家在工业制造领域最先进的地方。不要以为我们干得不错了，已经飘飘然了。好的东西要能够传承，良好的习惯要继续保持。

日本现在之所以强大，就在于二战以后那一段时间的励精图治。日本在20世纪60年代，工业界、大学研究所基本上已经把西方工业制造领域的所有涉及基础学科的原创性的、原理性的东西研究透了。但他们并没有照搬，而是把欧美的那套原理性的东西消化以后变成了自己创新的东西。

中外管理传媒：太平洋精锻的"隐形冠军"道路，与所追求的工业文明是什么关系？扮演什么角色？

夏汉关：其实，真正的"隐形冠军"，就是尊重了工业文明最基础的准则才做得出来的。所以，我觉得"隐形冠军道路"和工业文明本质上是相同的，只是"隐形冠军"是工业文明做得比较好的一种表现形式。只要尊重规则，尊重文明，一步一个脚印地坚守，到最后想不成为"隐形冠军"都是不可能的。"隐形冠军"是工业文明规则遵循者的优秀代表。

中外管理传媒：在取得"单项冠军""中国造隐形冠军"这两大荣誉时，您曾说过一辈子只做精锻这一件事。而近年也有其他行业的隐形冠军企业在困惑：要专注至死吗？那么太平洋精锻对于专注、聚焦（匠人精神），与应变、转型（互联网思维）的关系，作为一家工业企业，在经营哲学上有怎样的理解？

夏汉关： 一个企业发展就像一个人走路一样，既要低头赶路，也要抬头看天。假如在未来发展过程中有颠覆性的技术能够把你这个产业颠覆掉，你都茫然不知，那么即使专注也会迟早消亡，因为你没有尊重这个产业的规律。所以，一旦发现这种情况，应该及时调整资源，现有的业务要缩减规模，收能蓄势谋划新路。

这和传统的匠人精神没有冲突，换一种产业，但精神是一样的。比如，说我们现在电动汽车不用发动机，改用电池，但是对工业文明规则的遵守，对企业内部的技术管理，对竞争对手的尊重，对新技术的追求等这些共同的东西没有改变。

还有一种就是不专注，是这山望着那山高，没有把自己的强项集中优势资源发挥，而是干了一件与自身能力不匹配的事情，或者是进入了一个不擅长的领域，导致企业出现了风险。其实不是主业不好，而是你没有坚持主业，盲目投资，或者说即使你没有投资，但在主营业务方面没有尊重客观规律，使决策失误了。

颠覆性技术出现的时候，要能够先知先觉，要把前瞻性的基础研究做好，否则当新技术来的时候，你会不知所措，和"隐形冠军"的标准当然也就有差距。在每个产业里，不可能每一个企业都做到"单项冠军"或"隐形冠军"。"隐形冠军"是一个最高目标，如果不能成为"隐形冠军"，那也要成为离"隐形冠军"近一点的准冠军，只要这个产业是社会需要的，只要能够对社会有贡献就可以进取。

中外管理传媒： 工匠精神和互联网+，这两者搁到一起大家讨论得很少，但各自谈得很多。那么这两者兼不兼容？以及如何兼容？

夏汉关： 中欧国际工商学院许小年教授的观点提到，互联网是个好路子，但是不应该是互联网+各个产业，而是各个产业根据自己的需要去+互联网，这个主次、本末不能倒置。他的意见是，互联网只是一种共性的技术或工具，要把互联网对你有用的东西用起来，能够帮你提高效率的，能够帮你提高信息化基础的，能够帮你减少人为劳动的，要吸收过来，无益的不要用。

用批判的精神把事物的本质和表象区别清楚，这个企业就不会有问题。而不是它+我，它为主，我要适应它，把我该坚守的东西不坚守了，去搞花架子的互联网+，劳民伤财，增加了运营成本，最后把自己的手脚也束缚了起来。

搞任何的投资或技术改造，能创造价值就搞，不能创造价值就不要搞。把互联网引到公司来，如果不能给你创造效益和价值，就说明你走错了。

中外管理传媒：太平洋精锻今年要引入100台机器人以提升效率，您怎么看基于数字化与智能化的无人化管理，与以人为本传统哲学的关系？

夏汉关：所有企业在追求未来成长时，都是跟人分不开的。存在人口红利的时候，企业不仅提供了就业岗位，劳动力的成本也相对更有竞争力。但是现在拐点出现了，人工成本已经大于机器人成本，且人力资源不能保证我们的需求，如果还是依靠人，就会有问题。这个时候必须用机器人代替人。但机器人不能够完全代替人，它代替的是简单的、重复的、不要思考的劳动，以及不太适合人干的环境下的劳动。机器换人的观念跟用人理念不矛盾。

中外管理传媒：但随着这个拐点继续深化，机器人确实在经济性、稳定性、可靠性上更划算，那么是不是还存在除了应用场景之外企业也更愿意用机器人，不愿意用人？

夏汉关：肯定有这个趋势，但是有一条，就是机器人目前还胜任不了复杂的劳动，要去研发，它毕竟是人发明的，是受人支配的。我觉得本质上并没有对立。现在整个国家到处都是用工短缺、用人紧张，人从这些机器可以替代的岗位下来可能会找到更加适合的工作。

从尊重人性的角度，把人从机械的动作里解放出来，让人去干更喜欢的工作，释放了人性，增加了人的幸福感。从这一点来讲，它是促进社会进步的，更何况在人口短缺的时代。

中外管理传媒：近年不少同行纷纷"去杠杆"收缩投资时，太平洋精锻却在加快产能扩张，而您2020年疫情之初就对前景很乐观。请问这是一种习惯，即只是巴菲特式的逆向思维,还是您对产业周期当前走势有独到的判断?未来10年,您认为锻压和齿轮行业最大的变化与不变是什么?

夏汉关:我对这个问题的看法更多的是一种思维方式。30年一路走来,我们也会反思30年做对了什么?哪些该做的事情没做,想做的时候却晚了?经济是有周期的,但往往大多数人都是遇到问题再想办法。通过研究成功企业演变的规律,会发现他们往往不是在最差的时候变革,因为那时候已经来不及了。而是在上升阶段,在好的状态时发生变革,这个时候的变革成本容许试错,即使受到影响,也有足够的时间来应对。但如果形势不好了再想到改革,可能反而会加重企业的衰退。

要更多看到未来的产业发展方向,只要战略方向是正确的,那么距离成功肯定会越来越近,只是快慢而已。但是如果方向跑反了,则跑得越快,离原点越远。就像当年红军长征到陕北就走对了,最穷的地方,国民党不统一的地方,人的革命性越强,如果往南走或者往沿海走那就全完了。

那么怎么才能走上正确的道路?就要对未来保持先知先觉,对外多交流,坐在家里,永远看不到最好的,永远不了解这个行业。就像我们当初要到欧洲、美国去,看他们过去走过的路,跟他们研发部门多交流,看他们对未来世界产业变化的认知,多听不同意见,看日本人、欧洲人、美国人各是怎么理解的。三个国家所明确的方向,再加上我们自己的判断,基本上就能看到未来怎么样。

比如,近几年政府讲新能源政策,其实我们早在2008年就在关心我们产业会不会变,就在关注新能源,并作出研发调整。第一步到位之后,我们就确立了市场领先地位,那么当市场快速增长时,我们的机会就比别人多得多,就更敢于投入。当前中国电动汽车产业发展领先全球,低碳制造、节能减排是全球趋势,而轻量化是应对之策,我们在发展电动车差速器的同时,已在投资布局轻量化铝合金锻造产能建设,这就是建立在前期进行大量行业跟踪与对未来调研论证的基础上,说白了,还是厚积薄发。

从这一点来讲,我觉得不管是企业还是行业,乃至国家、个人,机会总是永远给提前思考的人准备的。这和我们刚才讲的变革也一样,安逸的时候,就要想到不安逸的时候怎么办。不能说等到不安逸时再想，那就没有太多时间给你考虑了。

中外管理传媒： 假如判断错了呢？有没有一个风控措施？

夏汉关： 有一条，做这个事情的时候有没有考虑到最坏的状态，跟自身能力是否匹敌？成功固然好，但如果不成功的风险太大，那我觉得就要慎重一点，因为现在做企业，如果出现重大失误，基本上很难再恢复元气，那为什么还要冒这个险呢？

企业负责人也要有平常心，要想到假如不成功，会怎么样？在决定企业未来的时候，少一点赌徒的心态，要寻找并遵守规律。一旦企业遇到重大变化，生存安全是第一位，手上要有现金流，否则所有资金都不是你的。企业在正常运转的时候，你代表企业讲话，一旦进入企业运转不灵的时候，你是一把手也没用。法律规定，企业失灵时破产清算组说了算，没你的份。

尤其面对全球化时，要怎么走？我们总结出一条，所有中国企业走出去要注意跟全球化搞得好的国家学，美国、德国、日本，他们走过的工业文明道路，也有血的教训。欧美企业往哪个地区发展，一定会研究这个地区的政治、经济、法制、安全、人才等各种资源要素，最后他们认为这里是安全的，值得投资，土壤适合来，他们才会来。全球化的本质就是，要对投资负责，要对当地社区的服务与发展负责，到一个地方投资的时候，要对当地社会进步有益，要对当地民生有益，只有如此才能最终实现共赢。

中外管理传媒： 对，这个我特别有感触，2019年4月份，我们中外管理带队去日本开一个零售业峰会。当时优衣库的创始人柳井正讲他对外投资的三个基本理念，我觉得特别受启发。

第一，我知道我是谁，我和投资地方的同行有什么差别？如果我干的跟你一样，我来抢你的饭碗，对不起，这个事儿就不要去干了。或者搞不清我的优势是什么，也不要去干了。

第二，我到这个地方去投资，到底能给这个地方做出什么贡献？我当时想，中国企业绝大部分不这么想的，我们到任何地方投资，比如去美国投资，税收有优惠；去欧洲投资，有很多非常棒的中小企业，可以通过并购去买专利；去非洲投资，是为了拿原料、资源；去东南亚投资，可以解决人工成本问题。可是这些考虑都是基于这个目的地能给我带来什么，我从那儿能获得什么，而不是我为这个地方创造什么。这个问题我觉得绝大多数中国企业在对外投资的时候，至少是考虑不周的。

第三，不仅仅自己要干什么还要让人相信能干成什么。就是自己以前在哪个地方投资，曾经给这个地方带来过什么贡献，要加以证明。

夏汉关：稻盛和夫讲心怀利他之心，就是不要站在一己私利的立场，要做一个市场规则的维护者，让这个市场更加焕发活力。

未来10年我们面临最大的市场变化，就是新能源汽车产业转型，带来整个传统行业市场变化、需求变化。不变的是低碳绿色可持续发展，不变的是节能减排轻量化，不变的是齿轮永远追求高精度、低噪音、长寿命这三项指标，过去传统也是这些要求，未来发展仍然也是这些要求。所以，时代在变，需求在变，但不管怎样，工业产品都要追求最佳品质，最佳可靠性，这个不会变，想偷工减料，永远出不了好东西。

中外管理传媒：您执掌了20年，上市后10年与之前10年，太平洋精锻最大的压力与变化是什么？公司的压力与您个人的压力有不同吗？

夏汉关：上市之前也会去关注市场，但是作为我来讲，核心问题就是怎么样让现金流更好。其实企业经营最终都要集中到资金层面上去，就像一个家庭要维持开销的能力，要有流动资金。在上市之前，我80%的精力都在思考公司怎么盈利和运转，真正去研究产品，研究市场，研究做管理提升只占20%的精力，因为公司如果不运转，其他什么都白干。所以，上市之前第一考虑的是怎么生存。

上市以后生存问题解决了，当然就会考虑到对股东怎么回报，这个时候觉悟会提高，怎么样对股东、对员工各方面做好一点，去履行社会责任。我们的企业文化中有这样几句话：让员工满意，让客户满意，让股东满意，让政府满意。

其中把让员工满意放在第一位,因为员工不满意,干出的产品就会出现不合格,产品不合格,客户就不满意,客户不满意,股东就不满意,这三个都不满意,政府肯定不满意,因为企业赚不到钱就没有纳税。

至于说上市以后,公司压力和我个人压力有什么不同?我觉得没什么不同。因为我是公司的控制人,公司压力就等同于我的压力,公司的未来就是我的未来,互相捆绑。但是有一条,上市就是一个企业更加规范的过程,既然要规范,那么即便事情多,比较忙,但是心并不累。因为太平洋精锻能够让员工不断成长,能够为行业发展做出贡献,也能够为地方税收做出贡献,我觉得有干劲,乐此不疲。

每个人对快乐的追求感觉不一样,别人可能觉得打个牌就是快乐的,我则在工作时是快乐的,看书时是快乐的。只要有时间,厂休日、节假日我也会到公司来,坐在那里思考学习就有一种责任感、安全感。因为当客户来找我们开发产品时,就是客户对我们有需求,所以要好好努力,不辜负客户的期望。如果每个人都是这个想法,那企业不就安全了吗?

中外管理传媒: 请您谈谈公司的未来发展规划,下一个30年,您心目中的太平洋精锻将是什么样?在产业链中的位置会有不同吗?

夏汉关: 按照未来经济增长规律,国家经济总量上去以后,一定会有很多大企业出来。但在我们锻压行业,中国还没有很大的企业集团,但印度、德国、日本都有。

我觉得是他们全球化比我们做得好,像日本、德国的企业,战略性举措做得多,他们今天的成就不是一天两天取得的,是很长时间的积累,他们把资本市场也用得比较好。

所以,在中国向全球最大经济体成长的过程中,我们应该抓住机会去做各方面的准备,成为与国家地位相匹配的全球化企业。

要想成为全球化企业,就要一步一步地把全球化企业的基本功练好,把产业基础做好,人才配备好,还要有全球化的思想。不管到哪一天,不管什么行业，都少不了铸造、锻造、模具、热处理等基础制造工艺。我们就围绕基础工艺，干我们熟悉的领域，能够发挥特长的领域，然后把它变成跨国公司，布局到发达国家，成为代表中国国家形象的企业。

太平洋精锻从江苏泰州姜堰这个地方出发，发展到天津、宁波、重庆、上海、日本。我研究了一下，企业想要发展一定要到更安全的地方，即政治比较开明与稳定、法制健全、人民素养比较好的地方，那一定是经济发达的地方。发达地区，除了人工成本贵，其他成本相对都是比较低的，省心。

未来30年，我们有一个雄伟的目标，就是发展成为一个不一定是全球特别大的公司，但要成为战斗力最强的公司，要掌握核心技术。希望将来在欧洲、在东南亚、在美洲都有我们的企业和研发机构，逐步实现全球化。一步一个脚印，稳步前进。

中外管理传媒：在产业重大变局当中，下游整车厂对于不同前景的战略判断，会影响整个配套企业，太平洋精锻作为配套企业，如何调整？是各处下注还是摆好自己的位置？特别是未来30年。

夏汉关：我们现在每年也会研究讨论，对客户进行分类。对未来我们产业的上下游市场走向，上游原料供应商与下游客户，哪些企业会走得更远，进行定期评估。应该跟什么企业走到一块，大方向要把握。比如，我们当时考虑要走全球化路径，还是走国内自主品牌？后来我们总结，要跟世界上最好的公司走到一块，中国的汽车公司有许多都是只看重价格，虽有雄心但不讲商业诚信与道德，大部分都没办法做得长久，因此市场一定要有取舍。

中外管理传媒：太平洋精锻国际国内市场三七开比例会变吗？

夏汉关：我们希望未来变成四六开，国际市场比例增加一些。因为毕竟全球化海外市场更大。如果国际化做得更好，将来五五开也有可能，因为这是未来。所以，要有取舍，不是什么客户都合作。凡是给我们带来长期收益的，那就是我的优质客户，我们会全面跟进。凡是5年以后不行了的企业，就不要花费太多时间。总之，还是要跟优秀的群体走在一块，这是良性可持续发展的共同规律。

还有，做配套企业，大客户风险要控制，注意配套市场的变化。我始终认为，各行各业术业有专攻，可以开发新产品，干好当下，开拓未来，但要站好边界。所谓边界，就是企业发展的边界，不跟客户抢市场，其他客户把市场份额平衡了，那么市场即使有波动，对我们的冲击力也是有限的。

中外管理传媒： 在当前这个急剧变化的时代，您认为一个要打造工业文明的企业家，应同时具备怎样的认知、心智与精神？核心团队所需要的能力，与前30年会有哪些本质变化？

夏汉关： 我觉得作为企业带头人，要不断超越自我，不断反省。要想超越自我，就要保持进取心、学习力和对新事物特别感兴趣。不管遇到什么困难和挫折，都要永远保持积极向上的心态。只有不断学习，才能知道自己哪儿不行，以便及时发现与纠正。

还有，说大一点就是天下为公，如果你待人不公正，下面就肯定有问题。做到公平公正，你所有的人格、威信，大家的认可、评价就都是正面的。

核心团队则要保持勤奋、团结，要勇于奋斗。要给优秀的年轻人机会，我们公司党委及支部成员就是以年轻人为主，因为年轻人的威信不是一天两天建立的，要慢慢培养。所以，就先在党委熏陶和提拔，这是在业务线之外给他们的一个成长通道。

当初我们去日本马扎克进行访问，我有一个特别的收获，就是跟马扎克的老会长做面对面交流时，他提到一个企业能够成为百年老店，能够在市场竞争中取胜靠什么？然后他把他的经验和我做了分享。

听下来我总结了两条，一条是企业必须与众不同，必须掌握别人不具有的核心技术。但只有这一条还不够；另一条必须要舍得投资，去培养一支高技能、高素质的员工队伍。只有做到这两条，企业才能够在市场竞争中立于不败之地。

太平洋精锻企业文化

类别	文化体系内容	诠释
使命	追求 绿色智造 让社会 更美好	采用高效、节能、节材、节油、减排、降耗等先进的绿色制造技术，打造信息化、网络化、数字化、智能化的绿色制造工厂，自主研发，质量领先，满足客户要求，积极履行社会责任和义务，为人类更美好的生活提供优质、绿色、有竞争力的高技术产品，追求卓越，永续经营
愿景	成为汽车零部件的业界标杆和首席智造专家	坚守主业，对标学习和立志赶超全球优秀同行，发扬工匠精神，做专做精做强做大，掌握核心技术和先进科技，引领行业技术进步，实现智能制造，打造共赢价值链，成为人才集聚、管理先进、技术领先、质量精良、效率最优、综合竞争力最强的全球同行标杆和客户优先选择，创造价值，造福社会
核心价值观	诚信敬业	诚实守信，对岗位、员工、公司和社会尽责
核心价值观	追求卓越	积极进取，以卓越的过程追求卓越的结果
核心价值观	创新成长	不断创新，超越自我、竞争对手和行业标杆
核心价值观	合作共赢	员工、顾客、供应商、合作伙伴，相互尊重，一起成长，互惠双赢，分享成功

太平洋精锻企业战略

坚持质量领先和自主研发，以创新驱动成长；

创造用人环境优势，加大内培外引力度，打造高技能高素质人才团队高地；

加大研发投入，嫁接全球资源，布局上海欧美日，
打造行业领先水平的研发中心；

加大技改投入，提高装备现代化和工艺制造水平；

加大两化融合，打造数字化制造工厂，构建智能制造新型竞争能力；

加大欧美营销中心建设，大力开拓海外市场；

以乘用车和新能源汽车配套为重点，延伸公司产品价值链，
产品业务由零件向部件总成方向发展；

由黑色金属向有色金属和新材料业务方向拓展，
由机械零部件向电控零部件总成方向发展；

关注纯电动汽车、智能驾驶和共享汽车对行业发展的深刻影响，
优先布局和拓展新能源汽车机电液一体化电控零部件
和铝镁合金轻量化零部件业务；

用好资本市场平台，积极开展证券业务，加大行业研究，
发现和把握机遇，助推企业并购成长；

坚持产品专业化和品质精品化，充分发掘和打造成本优势，
巩固行业竞争优势地位，致力成为全球领先水平的汽车零部件智造专家、
深受客户认可的细分市场行业标杆供应商和员工认可的最佳雇主。

太平洋精锻30年故事与哲理纪年目录

1992年

003 **把钱投你们这儿,我放心**
要时刻践行商业逻辑,而非合作态度

039 **谁动了我的奶酪**
赠书育人,管理者善借之力

153 **打印室截出来的手写名额**
越是重要的机会,越是属于偏执狂

121 **争做一个"笔记控"**
高效抓住最关键的问题

005 **项目"折返跑"出来的全省"唯一"**
想让人认可你,先让人记住你

1993年

041 **当"拿来"的封面被"撞破"……**
坚信因祸得福,是创业成功的护身符

043 **白袜子,黑袜子**
大智慧都在小细节里

072 **一颗燎原的"火种"**
培养人才是企业发展的原动力

1994年

045 **从0到100%独家供应的大逆转**
坚持持续学习的心态,还要找准学习的路径

235 **夏汉关的"贤内福星"**
奋斗者文化,务必获得家属支持

178 **"5秒钟"干掉一个配件部**
无可替代,在于专、精、特、新

1995年

087　小旅馆里"藏"机会
经营即借力

156　骨折下的英雄赞歌
使命是"壮举"最好的催化剂

085　随手画下的两个"圈"
用纯粹的真诚，赢得高人指路

123　一对小齿轮赢来大客户
越是后来者，越要靠绝活儿

1996年

090　竞争对手的"七寸"到底在哪里
关键是找准"对的人"

092　据理力争时，什么才是"你期待"的
以退为进，受"鱼"到"渔"

218　"跑腿儿的"PK老专家
永远是市场，在引领和验证技术

1997年

237　太平洋精锻的"七年之痒"：破产，换人？
亏损往往是内部"制造"出来的

240　管住"花果山"的那帮"猴子"
改变，都是"诱导"出来的

220　被破译的参数"密码"
热爱，是开拓创新的第一引擎

034　工会是个大麻烦？
工会，是值得员工信赖的"娘家人"

1998年

125　从揪耳朵到拍肩膀
贴标签，是管理万恶之源

1999年

	047	被关照的"犯规" 超越，从做一个心底纯粹的学生开始
	094	一沓"有整有零"的10万元 现在能蹲多低，未来才能跳多高
	158	4倍高的工资！我去不去 最终拼的不是此刻的烧钱，而是未来的前景
	242	你们种出的庄稼能养活自己吗 用底线意识激发团队活力

2000年

	008	夏汉关的命运：当总经理向左，而董事长向右 成就事业需要自身努力和领导支持
	012	一笔已被银行"遗忘"的陈年贷款 坚守价值观，是最好的风控
	096	"十分之一"的徒弟订单 学会算感恩互利的大账
	049	副部长，业务员，再到副部长 学会用"优势"让"劣势"不再需要
	127	"业务员"从满篇"批红"到业绩"翻红" "反求诸己"是提高效率的绝对真理
	160	用5小时确定20年大方向 开拓视野，理念领先
	162	打牌，到底是谁输了，谁赢了 用终极价值驾驭自己的生命
	164	由区区一张效果图实现的模具国产化 因为相信，所以干成
	244	26套房子与"四渡赤水" 有了共同利益，才有团结一心

2001年

183　"向上向下向外"的注定失败
职业经理人，须先向内求"职业"

186　有事就好好说事……闹事就报警
首先抓住对方最核心的诉求

051　"13薪"元年
善用正面激励

247　像接待总经理一样接待应聘大学生
创新的起点，往往是目标的创新

2002年

249　用40万元从角落里租来3000万元产值
思维方式，往往才是决定性的

188　三个月象棋盘上租来的特别设备
经营人心，是经营企业的核心

076　学历不够就减不了税
以人为目的，是组织成长的引擎

2003年

129　精益生产是不是在"制造浪费"
从看见到实现，考验的是决策者的远见与定力

251　一分两半，多产10倍
"跳出来"成就卓越

131　太平洋精锻当机立断：从九页纸到半小时
最高效的谈判，是用对方的逻辑去谈

053　不着急，再看一会儿
把从容，只留给学习

032　要罚先罚夏汉关
"低价中标"就是饮鸩止渴

2004年

061 一个只有夏汉关敢用的人
人的忠诚，是在关键时刻信任出来的

190 玉龙雪山顶上的电脑包
行囊，不是包袱

055 太平洋精锻有点儿"怪"
"综合就是创造"

057 夏汉关为什么学会挣钱了，却反而选择去上学
保持一份"知道自己不知道"的清醒

2005年

166 "离职潮"，去留随意
扛过阵痛，才会有升华

098 在缺钱时，去为科鲁兹烧钱，值得吗
成就客户，才能成就自己

253 "处心积虑"的三个"51%"股权设计
越是成事后，越不要"只相信自己"

224 从"两会"上搬过来的管理改进
激发全员参与，决定制造业能否基业长青

2006年

192 谁说人不可貌相
用"细节"落实"爱"

194 夏家一门两硕士
持续行动"自带"领导力

014 绝不会多报账的瑞士"小时工"
诚信，是成本最低的工业文明第一准则

078 "伯乐"指点"千里马"
利用资源的能力是企业家的第一特质

2007年

149 一部"颜值秘籍"，拉开了行业差距
设备创新，奠定质量核心竞争力

168 喜欢追问"为什么"的"老师傅"
只要找到"真因"，答案往往迎刃而解

134 德国大众：中国人做不好！不要来
在全球配套"走上去"，品控团队最重要

196 电动车来了，燃油车要完
要用理性而非激情来做战略决策

2008年

059 你希望你的孩子像你一样吗
用员工自己的逻辑来改变员工

198 再给每人加俩炸鸡腿儿
为未来的人才投入，决定企业的未来

022 一误17年
贵人相助，在于自己值得

230 一封邮件改变的"刺儿头"
初入职场，最重要的就是学习和历练

080 一篇论文写出的"最高纲领"
目的性往往决定了有效性

267 站在"巨人"肩膀上的创新
它山之石，可以攻玉

2009年

016 上税的边角废料
规则在能通融时才最需要严格

100 "放心，你那个产品我不做"
尊重可信赖的对手：杜绝行业恶性竞争的起点

2010年

102 **10万元成全一个上市通路章**
利他，就是长远的利己

018 **一条"军令状"解了"卡脖子"**
技术攻关，是靠"诚信"激励出来的

020 **就凭这个，给你们5000万贷款，不要抵押**
信用，是一张"特别"通行证

137 **德国大众：中国人这次是真的干不了了**
以"先发"之心实现"后发"之业

2011年

200 **"抠门儿"的上市公司**
利润，是省出来的

024 **一份传真化解上市敲诈危机**
行正道，无招胜有招

255 **上不了市，都是我的错**
自信，也是生产力

104 **外交补课：用里子找回来的面子**
企业不分大小，只分强弱

026 **十年"加量不加价"的合作**
信任无价，更值钱

259 **是咬牙买房，还是立得10万？这是一个问题**
员工"统战"，如同客户营销

2012年

141 **一张"将错就错"的图纸**
从"对不对"到"服不服"，视野决定一切

2013年

257 **产品没问题，图纸就没问题吗**
要敢于打破"惯例"思维

	107	**别总盼着对手死掉** 有了格局，才有文明，才能卓越
	202	**董事长热衷当"媒婆"** 用心关爱"作为人"的员工
	139	**单列出来，省了上百万** "当责"，是更高层次的执行
	116	**绕不过去的安全科** 制度在可以通融时，才需要最严格
2014年	**064**	**你不能只是个翻译** 重新定义职责
2015年	**143**	**几万件齿轮，就地销毁** 要讲究，绝不将就
	145	**让机器人工作，我去谈恋爱** 无人化：取代人，正是为了"人"
	147	**不行！必须连夜返工** 站在产业链的角度看生产
	066	**"光杆司令"动起手来** 问题和答案都在现场
2016年	**204**	**一场连夜救命呼叫** 经营企业，首先经营人心
	261	**降服"伤人手"的冲床** 创新，源自对于攻克痛点的孜孜以求
	170	**陈兆根：做一只啃"硬骨头"的蚂蚁** 困境更能激发人的潜能

2017年

206 我有一个资料库
结果的效率，都来自日常

208 被浓缩了76%的PPT
少即是多

2018年

210 董事长的一兜养胃药
以人性为本，以细节为本，以行动为本

212 当6位与会领导，只有5瓶水时……
服务考验的是对人性的理解，进而做出应对

228 省一堆沙子，养一个习惯
精细化，重在意识

2019年

263 徐爱国意外闯"年关"
创新试错，需要一个"中试"

226 仅仅是为拿个"质量奖"吗
执行，始于认知

2020年

109 唯一的高管"外来户"
价值观一致，合作才最稳固、最务实

068 为了资本市场，再重翻大学课本
知识只有为了实践动起来，才会有用

112 始终保证充足的"家底儿"
产业协同，是企业最具格局的经济抉择

222 "栽"在MES系统里的小偷
领导者的责任，在于站在战略高坡上去"断"

2021年

172　不卑不亢的乙方
业务与法务的关系，在决定组织的活力

028　供应商突然送来一沓钱……
是规则与标准，而非人情，在决定企业命运

114　一封"牢骚满腹"的邮件之后
尊重客户的需求变化，是第一位的

265　他敢跟"大咖"顶嘴
观点多元，才是工业技术创新的保障

070　"落到"车间的"理论家"
基层现场是最好的干部历练

2022年

174　能做"CT"，就别做"核磁共振"
时刻杜绝一切浪费

214　"划"出一个越来越聚的"同心圆"
想不想，往往决定行不行

030　压出来的提前10天交付
管理，就是用异常来倒逼潜能

216　"1234"磁力棒
管理的改善，来自管理的可视化

176　一份百人名单与"灯下黑"
记忆，代表的是关注与信仰

074　500人课堂启发出来的"精锻大学堂"
只有洞悉人性，组织才会有效且持续